中国书院
文化建设丛书
邓洪波　主编

价值追求
书院精神初探

曾欢欢　著

海天出版社
HAITIAN PUBLISHING HOUSE
·深圳·

图书在版编目（CIP）数据

价值追求：书院精神初探 / 曾欢欢著. — 深圳：
海天出版社，2021.3
（中国书院文化建设丛书 / 邓洪波主编）
ISBN 978-7-5507-3061-8

Ⅰ.①价… Ⅱ.①曾… Ⅲ.①书院－研究－中国
Ⅳ.①G649.299

中国版本图书馆CIP数据核字(2020)第225652号

价值追求：书院精神初探
JIAZHI ZHUIQIU: SHUYUAN JINGSHEN CHUTAN

出 品 人	聂雄前	
项目负责人	孙　艳	
责 任 编 辑	孙　艳	
责 任 技 编	梁立新	
责 任 校 对	梁克虎	
封 面 设 计	蒙丹广告	

出 版 发 行	海天出版社
地　　　址	深圳市彩田南路海天综合大厦（518033）
网　　　址	www.htph.com.cn
订 购 电 话	0755-83460239（邮购、团购）
设 计 制 作	深圳市龙墨文化传播有限公司（电话：0755-83461000）
印　　　刷	深圳市希望印务有限公司
开　　　本	787mm×1092mm　1/16
印　　　张	16.75
字　　　数	230千
版　　　次	2021年3月第1版
印　　　次	2021年3月第1次
定　　　价	58.00元

自　序

书院始于唐代，是集人才培养、学术创新、文化传播等职能于一体的文化教育组织，为民族教育、学术、文化、出版、藏书等事业的发展，学风士气、民俗风情的培植，民众思维习惯、伦常观念的养成以及中华文明的传播作出了重大贡献。

在这一过程中，作为书院发展价值追求的书院精神不断丰富发展，形成了独特的精神品格和文化意蕴，其核心包含了独立自主的治学精神、以德育人的人文精神、求真务实的实践精神、兼容并蓄的开放精神和勇担道义的爱国精神。可以说，书院精神是书院办学风格和特色的集中体现，是书院发展中最精微的内在动力和思想基础，是书院教育传统的灵魂和精髓。

随着历史变迁，书院虽历经制度废存，但是书院精神却一直长存于文人志士的心间，不断地传承与革新，为不同时代文化教育的发展提供了精神指引。书院精神影响了中国知识分子上千年，其究竟有什么内涵，通过何种载体得以实施，于当下书院的复兴以及高等教育的发展又有何种价值，是值得探讨与研究的问题。是故，本书重点围绕这些内容展开。

本书是一群有着深厚的书院教育情怀的青年学者集体智慧和劳动的

结晶。全书由我负责拟定写作框架、理论论证和审稿统稿。第一章由曾欢欢、王欣执笔，第二章由蒋晶丽、冯雅执笔，第三章由李洪玉执笔，第四章由靳琳执笔，第五章由冯雅、王曦执笔，第六章由彭清萍、李凯龙执笔，第七章由彭清萍执笔。邓洪波、彭世文等老师也给予了大量指导。

此次成书，是对千余年来书院价值追求的一次梳理，是对书院精神的一次初探，我们的探索必然存在诸多不足之处，还请各位方家指正。

曾欢欢

2020 年 5 月于长沙

目录

第三章
以德育人的人文精神

第四章
求真务实的实践精神

第五章
兼容并蓄的开放精神

第六章
勇担道义的爱国精神

第一章

绪 论

　　书院始于唐代，是集人才培养、学术创新、文化传播等职能于一体的文化教育组织，为民族教育、学术、文化、出版、藏书等事业的发展，为学风士气、民俗风情的培植，为民众思维习惯、伦常观念的养成以及中华文明的传播做出了重大贡献。在这一过程中，作为书院发展价值追求的书院精神不断丰富发展，形成了独特的精神品格和文化意蕴，其核心包含了独立自主的治学精神、以德育人的人文精神、求真务实的实践精神、兼容并蓄的开放精神和勇担道义的爱国精神。可以说，书院精神是书院办学风格和特色的集中体现，也是书院教育传统的灵魂和精髓。随着历史变迁，书院虽历经制度废存、办学型制变异，但是书院精神却一直都长存于文人志士的心间，不断地传承与革新，为不同时代的文化教育发展提供了精神指引。书院精神影响了中国知识分子上千年，其究竟有什么内涵，通过何种载体得以实施，于当下书院的复兴以及高等教育的发展又有何种价值，是值得探讨与研究的问题。

第一节 书院精神的概念及内涵

一、书院精神是什么？

在中国古代文献中，"精"是精妙、精粹、精华、精微的意思；"神"主要是指玄妙、微妙、奇妙的变化。"精神"，是指天地万物的精气、活力，事物运动发展的精微的内在动力。[①]所谓书院精神，就是指书院在其长期的人才培养、学术创新、文化传播等文化教育实践活动过程中形成的具有独特性、思想性、持久性等特点的精神品格及文化意蕴，是整个书院发展中最精微的内在动力和思想基础，集中体现着作为文化教育组织的书院的价值追求。

书院精神形成于书院长期从事的文化教育实践活动中，要了解书院精神的特点，首先要了解书院在文化教育实践活动中所表现出的特点。

在功能上，邓洪波教授在《中国书院史》中概括道，"书院源于唐代私人治学的书斋和官府整理典籍的衙门，是中国古代士人享受新的印刷技术，在儒、佛、道融合的文化背景之下，围绕着书，开展包括藏书、读书、教书、讲书、修书、著书、刻书等各种活动，进行文化积累、研究、创造与传播的文化教育组织"[②]。刘道玉认为，书院最突出的贡献是"肩负着培养人才、从事高深学问研究和孕育学派三大功能"。

在书院的治学上，毛礼锐认为，书院"教学与研究相结合；盛行'讲会'

---

① 张岱年、方克立主编《中国文化概论》，北京师范大学出版社，1999。
② 邓洪波：《中国书院史（增订版）》，武汉大学出版社，2012。

制度，提倡百家争鸣；在教学上实行'门户开放'；学习以个人钻研为主；师生关系融洽"①。

在书院的管理上，季羡林认为，书院"管理机构一般比较精干；经费来自多种渠道，书院能独立自主；学规则灵活多样，能寓教于管等等"②。此外，毛泽东在《湖南自修大学创立宣言》中也谈到，书院"一来是师生的感情甚笃；一来没有教授管理，但为精神往来，自由研究；三来课程简而研究周，可以优游暇豫，玩索有得"。正是基于这种认知，他提出"自修大学就是取古代书院的形式，纳入现代学校的内容"。并规定：自修大学学生是"自己看书，自己思索"；又有"共同讨论，共同研究"；还有"随时指导的人做学生自修的补助"；"自修大学学生不但修学，还要有向上的意思，养成健全的人格，剪涤不良的习惯，为革新社会的准备"。这一实践活动得到了教育家蔡元培的赏识，称之为"合吾国书院与西洋研究所之长而活用之"③的典范。

从书院的这些特点中可以看出，书院具有人文化成、独立自主、重视实践、兼容并蓄等精神内涵和价值追求。进入近代，中国教育开启了从传统教育向近代教育转型的艰难历程，在改书院为学堂、西学东渐的曲折过程中，教育家、学者们对书院精神的认识进一步深化。

1924年，胡适在《书院制史略》中将书院精神凝炼为"代表时代精神""讲学与议政"和"自修与研究"。他认为书院之祭祀是民意之所寄托，代表时代的精神；书院代行古代民意机关的职责；它的研究是自由和自动的。其中他还特别提出"书院之真正的精神惟自修与研究，书院里的学生，无一不

---

① 季羡林：《书院漫谈》，《教学与教材研究》1997年第2期。
② 同上。
③ 蔡元培：《蔡元培全集》第4卷，中华书局，1984。

有自由研究的态度，虽旧有山长，不过为学问上之顾问，至研究发明，仍视平日自修的程度如何。所以书院与今日教育界所提倡道尔顿制的精神相同"①。这也是中国书院研究史上首次提出"书院精神"这一范畴。

1925 年，有学者将"经济独立与讲学自由"作为"书院的精神"，并表示"这两项正是今日学者所渴慕者"②。

1935 年，创办了学海书院和民族文化书院的张君劢针对当时中外各种大学"教师只卖知识，学生只买知识"的现象提出书院要负起责任，书院的精神在于"不但讲学识，尤其要敦品行""学侧重在真，行侧重在善，能将真与善研究到极处，并合并起来，这是书院的第一要义"。③

无独有偶，同年，马一浮创办复性书院。他针对引进西方教育、将学术变成获利的工具，导致人性的丧失和堕落，提出四目学规，"主敬为涵养之要，穷理为致知之要，博文为立事之要，笃行为进德之要"④。

1937 年，傅顺时在《两宋书院制度》一文中，将书院的精神概况为六点：时代思潮、怀疑态度、科学方法、人格精神、自动学习、反对科举。⑤在当时军阀专制、道德变革的背景下，学者们强调书院"独立""自由"的民主精神、"健全人格"的人文精神，是顺乎自然的事情。

随着人们对书院历史资料的进一步挖掘和整理，对书院职能、制度、课程等的进一步认识，越来越多现代学者继续研究和探讨着书院精神，涌现出一些比较有代表性的观点。如陈谷嘉认为，书院历千年而不衰，究其根由在

① 胡适：《书院制史略》，《东方杂志》1924年第21卷第3期。
② 盛郎西：《宋元书院讲学制》，《民铎杂志》1925年第6卷第1期。
③ 张君劢：《书院制度之精神与学海书院之设立》，《新民月刊》1935年第1卷第78期。
④ 马一浮：《复性书院开讲日示诸生》，载《马一浮学术文化随笔》，中国青年出版社，1999。
⑤ 傅顺时：《两宋书院制度》，《之江期刊》1937年第1卷第7期。

于它以人为本和以德育人的人文精神。①王炳照认为，聚集图书、自修研读、授徒讲学是书院精神的基本内涵，随着时代发展，名师讲学，学派间公开论辩，师生间平等质疑问难，教学与研究结合，培养人才与发展学术统一，以进德修身为重，德行道艺兼求，使书院精神不断丰富与鲜明。②朱汉民将古代书院精神归纳为：具有价值关怀的人文精神、对知识追求的学术精神和价值关怀与知识追求统一的精神。③唐亚阳纵观书院发展和演变史后提出：有别于官学的自主精神、反对封建特权的平等精神、打破官学自我封闭的兼容并蓄精神、切实躬行的践履精神成为古代书院诸多办学理念和文化意蕴精髓之所在。④此外，有一些学者认为书院精神具体表现为以下四个方面：自主办学、学术自由；体制灵活、目的明确；教学与学术研究相结合；治世救国，勇担道义。

还有些学者通过对个案的研究分析出书院精神的一些特质，例如，通过分析白鹿洞书院认为隐逸读书精神也应该是书院精神的一部分；通过分析岳麓书院、石鼓书院，得出湖湘文化中强烈的爱国主义精神、经世致用的学风、图变求新的思想交融于湖湘书院的精神之中，形成了湖湘书院特有的精神气质；等等。

应该说，书院历史源远流长，与书院特点和职能不断变革相伴的是，其精神内涵在不同时期不同地域亦表现出不同的特点，但因其固有的区别于传统官学的性质，书院精神的核心是永存不变的。其中，独立自主的治学精

---

① 陈谷嘉：《中国古代书院教育理念及人文精神再论》，《大学教育科学》2006年第3期。
② 王炳照：《书院精神的传承与创新》，《华东师范大学学报（教育科学版）》2008年第26卷第1期。
③ 朱汉民：《书院精神与书院制度的统一》，《大学教育科学》2011年第4期。
④ 唐亚阳、陈厚丰：《中国书院精神之探析》，《湖南大学学报（社会科学版）》2005年第19卷第6期。

神、以德育人的人文精神、求真务实的实践精神、兼容并蓄的开放精神和勇担道义的爱国精神正是作为文化教育组织的书院最具独特性、思想性、持久性的精神品格及文化意蕴，是书院发展中最精微的内在动力和思想基础。是故，本书也将重点围绕这五种精神展开。

二、书院精神内蕴

（一）独立自主的治学精神

书院作为我国传统社会集教育、教学和学术研究于一身的教育组织，自出现之日起，在整体运作、办学风格、教学理念和方式上均有别于传统官学。其财政和教育资源不完全由官府控制而保持的相对独立性，使得书院能够在办学和育人上实现一定的自主权。可以说，书院独立自主的治学精神是书院最核心的精神之一，其主要包含两个层面的内容：一是指书院治理的自主性，二是指书院教育的独立性。

在办学管理上，书院不依靠朝廷的正式诏令而建立，多为民间自主创办；有着较为独立的山长聘任、生徒管理等制度，组织管理精干，经费来源多样。在为学育人上，书院倡导学生自修与师者引导相结合，注重培养自学和独立钻研学术的能力；鼓励学术交流与质疑论辩，推动学术创新与学派发展。这些都是书院教育独立性的体现。

（二）以德育人的人文精神

人文精神是一种普遍的人类自我关怀，表现为对人的尊严、价值、命运的维护、追求和关切，对一种全面发展的理想人格的肯定和塑造。书院的人文精神，主要体现在书院"以人为本"、重视人的精神塑造的价值选择上，其核心是以德育人。"仁者，人也"，所谓以德育人就是培养和塑造人的道德人格和品性，主要包括两个层面的内涵：其一，修身，养道德，注重品德修养；其二，齐家，明人伦，完善自我人格。最终目标就是在个体自我道德完善的基础上，实现全社会的道德的完善，从而实现全社会的和谐。

书院虽然是教育机构，却并不只注重学习知识、探讨学术，而是奉行价值关怀与知识追求相统一的教育观念，将提升学生道德修养、培养全面发展的人作为首要教育目标，并通过制度、伦理和物质等多种载体和方式来实现这一目标。其中，学规最为明显地彰显了书院的办学宗旨和要求。如著名的《白鹿洞书院揭示》将儒家所倡导的"五伦"作为"五教之目"，意在将书院的教育目标定为对读书人道德人伦的教化，即培养有道德、明人伦的学者。《丽泽书院学规》将"孝悌、忠信、明理、躬行"作为基本的行为准则，要求生徒做到孝敬父母，忠于兄弟，与家人和谐相处，对待朋友诚信友善，言行一致，实事求是。可见，不论是精神层面的引导，还是行为层面的约束，书院的办学宗旨、办学要求都离不开"德行"二字。书院将学生的"德"与"才"看作不能分割的整体，认为只有德才兼备的学者才是合格的学者，这正是书院人文精神的重要体现。与此同时，书院在山长选任、课程设置、祭祀仪式和建筑人文环境方面都遵循了以德育人的标准和原则。

（三）求真务实的实践精神

自古以来，"求真务实"一直是衡量知识价值、治学方法、优秀人才的重要标准。书院作为人才培养机构，自然而然地将"求真务实"作为其价值导向。书院在教学过程中以追求知识、真理为目标，主张通今学古、学以致用，在培养生徒的圣贤品德的同时还鼓励生徒走出课堂，注重社会实践与积累，研究有用之学及与国家社会密切相关的现实问题，引导生徒走向实用、实行、实政的经邦济世之途。书院强调学习不能停留在经史考据之中，更应将其与时务相结合，提高自己运用知识解决问题的能力，以求在实践中利济苍生。长此以往，书院求真务实的实践精神得以形成。

如北宋教育家胡瑗创立"苏湖教法"，将学校分为"经义"和"治事"两斋，在儒家经典的基础之上增添了实践教学环节；南宋时期朱熹将践履作为书院教育的重要组成部分，强调走向社会，带领生徒实地考察名山大川、风俗人情；元代我国第一所也是唯一一所教授医学学科的书院——历山书院，为了让生徒更好地将理论知识与服务民众的道德教育落实到救死扶伤的具体行动中，在授课的同时特别开设门诊业务，学生一边学习，一边实践；明代东林书院面对阉党恶行，在顾宪成、高攀龙的带领下，把讲学与时局、政治斗争结合起来，呼吁任贤才、革弊政，立志救世；清代湘水校经堂要求生徒考究"古今天下治乱，中国强弱之故"，"举乎日所闻于经者，抒之为方略，成之为事功，一洗二百年穿凿之耻"，从而培养出了郭嵩焘、左宗棠等众多经世致用之才。可以说，实践精神是各时期的书院所共同追求的教育理念，不仅为社会培养了一大批实用人才，对社会的发展也起到了积极的促进作用。

（四）兼容并蓄的开放精神

作为我国私学发展的重要形式和官学的重要补充，书院追求的是一种"有教无类"、兼容并蓄的开放式教育。书院里没有宗派之见、派系之别、地位之分，来自全国各地、持不同意见观点的学派或个人开放教学、开放治学、教学相长。可以说，在其发展过程中，书院始终坚持兼容并蓄的开放姿态，不断吸收各家所长，完善自身的学术体系与精神内涵。

在办学上，书院从创立之始便带有浓厚的开放精神。作为公众活动的场所，书院面向社会开放，儒生、道士、和尚等皆可出入其间，择生也没有年龄、身份和地域的限制。相对于官学作为封建社会统治阶级的一种特权，专以官家子弟作为教育对象，书院允许社会下层的平民子弟入院学习，打破封

建社会统治阶级对教育的垄断，促成了教育的开放和下移。

在治学上，书院提倡以开放的态度看待不同学术观点，允许不同的学术流派各抒己见、相互辩论，并行发展。如史上有名的"朱张会讲""鹅湖之会"等，充分证明了兼容并蓄的开放精神对书院学者潜移默化的影响。正是这种兼容并蓄的开放精神推进了各学派之间的学术交流创新，成就了书院长达千年的强大生命力。

（五）勇担道义的爱国精神

爱国精神在不同时期表现出不同的特点，但其精神核心在于"道义"——道德与正义，这也是儒家学说乃至中国传统文化的核心命题。书院深受儒家思想影响，不仅注重引导师生从经典文集中明仁悟道，修身以安民，还鼓励师生勇担道义，坚守良知，履行社会责任，更倡扬书生血性，鼓舞师生在危难之际敢于舍生取义、守护义节，坚决维护国家和民族的统一。从古至今，书院的历史长河中不乏立志救国、兼济天下的时代巨子，也有敢于批判、不惧权贵的忠义之士，更有耕耘书院、化育众生的名师宿儒，共同铸就了书院勇担道义的爱国精神。可以说，爱国精神在书院主要表现在家国情怀、民族义节和社会担当上，是书院的价值追求，也对社会价值塑造产生了积极作用。

书院的爱国精神作为抽象的存在，需要依附实质性的载体来体现其内涵并实现其教育和传播。其实施载体主要包括办学理念、教育内容和社会服务，具体体现在以办学章程、学规、楹联等形式明确培养爱国主义者的办学理念，将爱国主义精神贯穿课程设置、教学内容、祭祀等教育内容之中，并引导师生通过兴办书院、社会宣讲、刻书藏书等践行"勇担道义"的爱国主义精神。

第二节　书院精神的时代特色

书院发展大致经过唐五代源起，两宋大盛，元、明初趋向官学化，明中叶后特质复归，清朝特质消亡以及在新式学校冲击下最后改制几个阶段。与书院的时代特质相同的是，书院精神也随时代变化呈现出不同的特质。

一、唐至五代书院精神

大唐五代，有文献资料记载的书院只有 70 余所，在中国书院发展史上，还只能算作起始阶段。此间，书院尚无系统规范的管理，个人读书治学成主流，学术交流活动也是自发而办，不成章法。伴随着五代具有教育教学功能的书院的数量显著增长，学校性质的书院取代读书治学式书院的发展趋势显现，初具文化教育组织的形态。与变化、发展为书院初期阶段生存状态的主要特征相适应的是，初期阶段书院精神也难以展现出整体的气质和内涵，但因其独立于官学的性质、文化教育组织的功能以及文人志士"独善其身""兼济天下"的理想追求，书院与生俱来的开放精神、独立精神、人文精神、爱国精神、学术创新精神开始萌芽。

（一）服务公众——独立开放精神孕育

书院产生于唐代，其起源有官民两途。官府的丽正、集贤书院，由朝廷整理图书典籍的机构脱胎而来，主要职责为藏书、校书、修书等，不具备讲学教化的功能。民间书院源出于读书人个人的书斋。与书斋不同的是，它向社会开放，成为公众文化教育活动的场所，学者、文人、墨客、儒生、道士、和尚等皆可出入其间。教育对象的"有教无类"，打破了封建社会统治阶级对教育的垄断，促成了教育的开放和下移。这也是书院独具特色的开放精神所在。

民间书院的开放精神常见于当年文人骚客的诗作之中。

同耿拾遗春中题第四郎新修书院①

［唐］卢纶

得接西园会，多因野性同。

引藤连树影，移石（一作柏）间花丛。

学就晨昏外，欢生礼乐中。

春游随墨客，夜宿伴潜公。

散帙灯惊燕，开帘月带风。

朝朝在门下，自与五侯通。

宴赵氏昆季书院因与会文并率尔投赠②

［唐］卢纶

诗体把余波，相欢在琢磨。

琴尊方会集，珠玉忽骈罗。

谢族风流盛，于门福庆多。

花攒骐骥枥，锦绚凤凰窠。

咏雪因饶妹，书经为爱鹅。

仍闻广练被，更有远儒过。

---

① 《全唐诗》卷二七八，中华书局，1960。此诗又名《同钱员外春中题薛载少府新书院》。

② 《全唐诗》卷二七九，中华书局，1960。

　　"大历十才子"之一的卢纶，在这两首诗中都描述了性情志趣相同的文朋诗友、文人墨客齐集书院，在游宴会友中讲学、会文、品诗的场面。"朝朝门下"，"学就晨昏"，"欢生礼乐"，这些说明书院已开展了教学活动。"谢族风流盛"，"于门福庆多"，"更有远儒过"，这些则说明书院广开门户，无身份限制，亦无官学地域的限制。

　　民间书院出现不久，就向广大民众敞开大门、开启传道授业的教学活动的典型例证还有漳州龙溪松洲书院。乾隆《龙溪县志》卷四载："松洲书院，在二十四都，唐陈珦与士民讲学处。"据地方志记载，陈珦字朝佩，漳州首任刺史陈元光之子，遂入籍为漳州人。在被授翰林承旨直学士后请求回漳州，并创办了松洲书院，与士民论说典礼。后接替父职任漳州刺史，退休后，"复寻松洲别业，聚徒教授"，一直到天宝元年（742）逝世时止。

　　由上可知，陈珦创办松洲书院的目的在于移风易俗，教化乡里。漳州是陈元光在垂拱二年（686）平定闽粤之间的"蛮苗"暴动后请求设立的，他认为"兵革徒威于外，礼让乃格其心……其本则在创州县，其要则在兴庠序。盖伦理讲则风俗自尔渐孚，治法彰则民心自知感激"①，设置州府与兴办书院是化民成俗最重要的两件事。漳州设置不久，陈珦就请辞回漳，应是希望能帮助父亲实现兴学安邦、渐孚风俗的愿望。由记载可见，松洲书院的教学形式多样，既有针对"士民"的社会教育，又有"聚徒"授业的专门教学；教学内容则为儒家经典礼仪；教授方法是"论说""开引"，重于启发，取得了"于风教多所裨益"的良好的教学效果。②

　　众所周知，在中国古代，官学一直是封建社会统治阶级的一种特权，它

---

① 陈元光：《请建州县表》，转引自周绍良主编《全唐文新编》第1部第3册，吉林文史出版社，2000。
② 邓洪波：《中国书院史（增订版）》，武汉大学出版社，2012。

专以官家子弟作为教育对象；对于普通民众，则实行"无知无欲而愚之"的政策，使得处于社会下层的平民子弟无缘教育。因而，从私家专有走向服务公众，既是书院脱离书斋的关键一步，由此中国社会产生了一种崭新而重要的文化教育机构；同时，也使得书院从创立之始便带有浓厚的开放精神、勇担道义的爱国精神。

此外，作为私人创办的书院，为了实现自给自足，很多学者还带领师生开垦农田，用于维持书院的各项开支，这一时期还被一些学者称为"书院耕读时代"。《南唐书》中记载，李渤在庐山白鹿洞设"白鹿洞馆学"，置田地以供诸生，学者朱弼讲学其中，"每升堂讲释，生徒环立，各执疑难，问辩峰起，弼应声解说，莫不造理"，"诸生诚服，皆循规范"，后发展成著名的白鹿洞书院。可见，在书院成立初期，其独立与开放的精神便孕育其中了，也为其传道济民的办学思想埋下了伏笔。

（二）临危受命——人文爱国精神萌芽

唐朝"安史之乱"后，国家由强盛走向衰落，政治腐败，民生凋敝，官学废弛，礼义衰亡，风俗败坏。"外王"而不能的知识分子，纷纷走向"内圣"之路。士人多隐居山林乡野，创学馆，建书堂，潜心自修，并延四方之士。元代学者欧阳玄在《贞文书院志》中称："以故家积书之多，学者就其书之所在而读之，因号为书院。"[①]聚集图书、论道修身、授徒讲学之风逐渐兴起，民间自主创办的书院显著增多。这一时期书院的出现颇有一种"勇担大义""临危受命"的意味，在这种时代背景下，书院的人文精神、爱国精神开始萌芽。这些生动的记录亦散落在诗篇之中。

---

① 欧阳玄：《贞文书院记》，载《圭斋文集》卷五，上海古籍出版社，1987。

题五老峰下费君书院①

[唐] 杨巨源

解向花间栽碧松，门前不负老人峰。

已将心事随身隐，认得溪云第几重。

　　杨巨源历任秘书郎、太常博士、礼部员外郎、国子司业等职，安史之乱后对现实世界极为失望，只得归隐山林。诗中清静怡人的环境与失魄儒士的心态对比，折射出儒士们强烈的社会责任感与严酷的现实之间的矛盾和痛苦。即便暂离现实世界的红尘，归隐美景如斯，内心的责任感仍不能让他们进入忘我之境；遂返归经典原作，重新探讨修齐治平的方法和路径，进行新的理论思考和创造。这便是书院人文精神产生的深层的文化背景。

宿沈彬进士书院②

[唐] 齐己

相期只为话篇章，踏雪曾来宿此房。

喧滑尽消城漏滴，窗扉初掩岳茶香。

旧山春暖生薇蕨，大国尘昏惧杀伤。

应有太平时节在，寒宵未卧共思量。

　　据《湖南历代名人词典》记载：齐己家贫早孤，出家为僧，酷爱山水，结交名流，与儒生沈彬为诗友。"相期只为话篇章"说明儒生与和尚二位朋

---

① 《全唐诗》卷三三三，中华书局，1960。
② 《全唐诗》卷八四四，中华书局，1960。

友定期在书院进行讲会等学术活动。"旧山春暖生薇蕨，大国尘昏惧杀伤"正是唐末政治腐败、战火横燃局面的写照，说明二人因学术而约，但因知识分子忧国忧民的责任感，还是不免谈到当时的政治。"应有太平时节在，寒宵未卧共思量"，则表明二人希图化战争为和平的良苦之心。也说明，书院的读书人并不是死抱书本，而是对社会政治极为关注。这正是"风声雨声读书声声声入耳，家事国事天下事事事关心"的爱国精神的本源。

唐五代的书院虽只有 70 余所，但后世书院几乎所有的活动都能在这里找到源头。读书人在其中藏书读书，校勘典籍，问学讲书，交流学术，教学授受，探究经史，研究著述等，也为此后书院的治学精神、实践精神等埋下伏笔。

二、宋代书院精神

两宋是书院发展的黄金时代。量的方面，书院达 720 所之多；质的方面，开创了书院与教育、学术一体化发展的新格局。伴随着量与质的飞跃，独立自主的治学精神、以德育人的人文精神、求真务实的实践精神、兼容并蓄的开放精神和勇担道义的爱国精神在这个阶段都得到了全面的丰富与发展，并影响了中国一代又一代的读书人。

（一）书院与教育一体化发展——以德育人的人文精神特质凸显

书院萌芽于唐代，但作为一种教育制度的确立则在宋朝，并形成了和官学平分秋色之势，共创古代教育的新格局。与当时官学教育沉溺于科举之学不同的是，书院教育更重视德业双修，并将以德育人的教育理念渗透到教育教学活动的每一个环节，制度化为学规、章程、校训等形式，使宋代书院教育呈现出典型的人文精神特质。

　　"仁者，人也"，以德育人是儒家一贯倡导的教育理念。儒家认为，道德品性是人的本质，所谓立人、树人、教人就是培养和塑造人的道德人格和品性。官学教育作为等级特权产物，其本质体现的即是对道德重视不足的等级特权思想，到了宋代立国时仍然如此。在宋代力倡科举，成倍增加取士名额的刺激下，官学成为名副其实的"官学"——读书为了做官，办学为了出官，官学不再立学教人。对此，南宋湖湘学派的奠基人胡宏曾在《碧泉书院上梁文》中批评在科举取士的影响下，学界"干禄仕以盈庭，鬻词章而塞路，斯文扫地，邪说滔天"的状况。朱熹也曾指出，"科举之学，误人知见，坏人心术，其技愈精，其害愈甚"。在朱熹看来，这样的风气让官学成为投机取巧的名利场，违背了立德树人的教育初衷，培养的生徒便会成为心术不正的不合格之人。作育人才的神圣殿堂变成了"声利之场"，学校变成了争名夺利的跳板和阶梯。究其原因，张栻认为乃"不悦儒学，争驰功利之末"，要革除官学教育的弊病，其关键是复兴或者说重新确立儒家以德育人的教育理念，恢复学校业已失去的立教育人的本意，使学校真正成为作育人才的神圣殿堂，成为道德教化的辐射源和基地。①

　　在这种反思下，以德育人的人文精神被书院教育家们首先在代表办学宗旨的学规、章程、校训等载体中予以明确。朱熹在著名的《白鹿洞书院揭示》中明确提出了书院的办学宗旨在于使学者讲明义理，"修其身，然后推己及人"表明书院的教育目标不仅仅在于士人个人的道德修养，还有传道济民的更高的道德追求。张栻认为书院应该"传道而济斯民"。主教岳麓书院期间，张栻把书院"明道"和"传道"的办学宗旨概括为"忠孝廉节"的四字校训，并请朱熹亲书于书院讲堂墙壁昭示生徒，成为"教养之规"而垂千年之久。吕祖谦在丽泽书院讲学，也定立学规，从待人、接物、求学等方面

---

① 陈谷嘉：《中国古代书院教育理念及人文精神再论》，《大学教育科学》2006年第3期。

对求学者的道德行为做了详细的规范。对于那些不忠不孝、文过饰非且屡教不改的学生给予开除学籍的处分。可见，宋代书院几乎普遍地提出了以德育人的办学宗旨。如果把书院教育与官学教育加以区别，最大的不同在于教育理念和办学精神。书院推崇的是以德育人的教育理念，官学则为等级化教育的办学思想。前者体现了一种追求做人做学问和经世致用真学的人文精神，后者表现了一种对道德重视不足的等级特权思想。

在学规、章程、校训的指导下，宋代书院将人文精神渗透到教育教学活动的每一个环节，使书院教育呈现出典型的人文特质。如在教学内容上由重视"五经"转而重视"四书"的教育；在祭祀中彰显本院的学派学风，树立生徒道德和学术的榜样；在环境选择上，既注重外部优美又注重内部环境布局遵循儒家纲常伦理；等等。

特别值得提及的是，随着宋代书院人文精神的发展，士与利禄相分离的思想不断深入人心，进而出现一批平民学者。他们不以仕进为目的，而以文化、教育为专业。据史书记载，岳麓书院的学生秉承师训，热心于创办书院、传播理学。如钟如愚主持衡山南岳书院，吴雄创立平江阳坪书院，曹集主教白鹿洞书院，程许修葺袁州南轩书院且聘宿儒为诸生讲说等等。[①]可以说，没有书院教育，宋代的士风不可能改变，也不可能出现平民学者阶层和文化教育的下移。而在这种开启民智的过程中，勇担道义的家国情怀在士人心中复苏并不断壮大。

同时，由于宋长期与辽、金、西夏交战，在书院重塑道德纲常的人文精神影响下，忠孝节义、精忠报国等思想内容不断出现在书院的讲堂上，不仅深入读书人之心，而且在文化教育下移的过程中在民众中广泛传播，妇孺皆知，形成了"饿死事小，失节事大"的社会共识。宋末，危急存亡之际，他

---

① 黄宗羲原著、全祖望补修《宋元学案》卷七十一，中华书局，1960。

们表现出赴义的忠贞。最典型的例证是岳麓书院师生的抗元事迹。山长尹谷，在元兵围城之前，率学生坚持读书，不废学业。激战之时，又毅然放下书本，荷戈登陴，与军民一起踞城共守。城破，岳麓诸生"多感激死义"，"死者什九"，尹谷则举家自焚，以身殉国。① 白鹭洲书院学生文天祥的"成仁取义"，亦是广泛流传的爱国精神事迹。

（二）书院与学术一体化发展——多元并蓄的治学精神特质形成

彼时，书院不仅是教育教学活动的中心，更是学术研究与创新的胜地。尤其是到了南宋，随着理学传播的扩展，书院出现了"百家争鸣"式的学术繁荣局面，各派学说交融荟萃、兼收并蓄，书院独立自主的治学精神、求真务实的实践精神、兼容并蓄的开放精神在这一时期得到了充分的发展。

诚如前文就人文精神所述，宋代书院教育家们将培养传道济民的儒生作为培养目标，为了实现这一目标，在办学实践中自然把振兴儒学放在极其重要的地位。这就带动了儒学的复兴，使得书院学术研究与人才培养浑然一体。北宋中期，二程、张载等人吸收宋初儒学家治学的经验，打破传注训诂的传统治学方法，创立了以"天理"为中心、富于思辨的理学思想体系。理学发展到南宋中期，出现不同的地域性学派，如以朱熹为代表的闽学派，以张栻为代表的湖湘学派，以吕祖谦为代表的金华学派。各学派虽都尊崇二程理学，但对经义概念的具体理解却并不完全相同，如张栻强调"义利之辨"，朱熹专讲"格物穷理"，陆九渊主张"先立乎其人"，吕祖谦提倡"明理躬行"，观点往往相异，且彼此都认为有进一步讨论辨析的必要，于是就以书院为依托，产生了会讲这种形式。会讲以学问为重，推崇辩论争鸣、取长补短的学风。如公元 1167 年，张栻主教岳麓书院期间，与朱熹会讲于岳麓书

---

① 杨慎初、朱汉民、邓洪波：《岳麓书院史略》，岳麓书社，1986。

院，以"中和"为主题，对理学中太极、心性、乾坤等一些重大概念进行了辩论问难，留下了"朱张会讲"千古佳话，开创了中国书院史上不同学派之间会讲的先河，在中国学术思想史上产生了重大的影响。"朱张会讲"八年后，朱熹又与陆九渊就教人之法在鹅湖寺进行学术辩论，使"鹅湖之会"成为千古美谈。

由此可见，书院在学术上追求打破自我封闭而兼容并蓄的开放精神。书院的会讲制度大大促进了不同学派学术思想的传播，推进了各学派之间的学术交流创新，书院独特的治学精神得到了非常大的发展，也成为书院的典型精神之一。

同时，作为学术圣地，书院主张通今学古、学以致用，在培养生徒德业双修的同时还鼓励生徒走出课堂，注重社会实践与积累，研究有用之学及与社会密切相关的现实问题，做到把研究经史和通晓时务结合起来，以求在实践中利济苍生。北宋教育家胡瑗创立"苏湖教法"，将学校分为"经义"和"治事"两斋，在儒家经典的基础之上增添了天文、军事、农田等实践教学环节；南宋时期朱熹将践履作为书院教育的重要组成部分，强调走向社会，带领生徒实地考察名山大川、风俗人情。许多书院还将学生参加社会实践的情况列为书院的考核项目，引导学生通过"知行合一"的方式用心感受知识在实践生活中的运用，感受客观真理在现实世界的表现形式，并在实践生活中反复论证所学知识的正确性，以达到"求真"的目的。可以说，求真务实的实践精神作为书院的教育理念，为社会培养了一大批实用人才，对社会的发展起到了积极的促进作用。

如前所述，两宋是书院发展的黄金时代。宋代书院不仅形成了包括讲学、藏书、祭祀、学田在内的基本规制，设置了负责教学、行政管理的山长、堂长、讲书、司录等，管理有了制度化的发展，还拟定了书院授课读书的课程体系，制定了有鲜明办学宗旨意味的学规、章程，更重要的是，孕育出了独树一帜的教育理念，丰富发展了多元并蓄的书院精神。

三、元代书院精神

元代是历史上出现的首次由少数民族建立的大一统王朝，统治者为了缓和各民族之间的矛盾，既大力支持书院的建设，同时也加强了对书院的控制。书院出现官学化趋势，独立性和自主性大大降低，独立自主、求真务实、兼容并蓄的书院精神被遏制。

（一）遗民办学——短暂独立风貌

蒙古贵族凭借强大武力建立了元政权，在统治前期面对的是一个庞大的、受忠孝义节道德纲常教育、曾与其拼死争斗、又自视清高不合作的宋遗民群体。面对如此形势，靠夺取政权的金戈铁马难以维系统治，为了缓和民族矛盾，蒙古贵族不得不对书院采取了保护政策。这种背景下，视入仕新政权为不忠不节的宋遗民大量归隐田园，创办书院，教授生徒，企盼教育救国，步入了另一条抵抗道路。这种远离新政权的心态，使得这些书院走向了更加纯粹的讲学明道、传承"圣贤一脉"之路，"宋儒开创的书院精神，在注入元儒的退隐理想之后，继续充满活力，发展下去"①。可以说，宋遗民的遗恨与理想，使得元初书院具有更加独立的精神与风貌。

（二）趋向官学化——独立自主治学精神被遏制

在民族大融合的旗帜下，书院不仅在南方得到继续发展，而且以强劲之

---

① 李弘祺：《绛帐遗风——私人讲学的传统》，载刘岱：《中国文化新论·学术篇·浩瀚的学海》，联经出版事业公司，1981。

势向北方推进，创造了"书院之设，莫盛于元，设山长以主之，给廪饩以养之，几遍天下"的历史记录。随着政权的逐步稳固，元统治阶层更加重视书院在维系人心、统一思想方面的政治功用，一方面开始了实际的建院活动，另一方面也加强了对书院的控制。政府通过严格创建报批手续、任命朝廷官员出任山长、控制书院经费使用权、控制师资延聘权等措施，加强对书院的掌控，并在教学中以传播程朱理学为宗旨。

这一措施实施的初期，确实对书院的发展起到积极作用，如促进了全国书院建设规模的扩张以及书院教育事业的快速发展，让读书人有了一定的社会地位，也让书院的人文精神得到发扬，被更多人所接受。但是，官学化对书院发展的消极作用也是明显的，特别是到了后期，其弊端更充分暴露。

首先，书院丧失了书院自身自主灵活的特性和独立办学的精神，混同于一般的封建官学，"书院如同官学，千院一面"。元代学者程钜夫曾批评说："近年书院之设日加多，其弊日加甚，何也？徒知假宠于有司，不知为教之大，徒徇其名不求其实然耳。"失去独特精神的书院，唯书院虚名而已。

其次，教书育人、创新学术的教师沦为不入流的下级官吏，甚至成为科场恩榜赐予老迈下等举人的安慰性职务，学术性和思辨性沦丧。对此，元代学者虞集曾批评说："今天下学官猥以资格授，强加之诸生之上"，"选用多不精，而称职者寡"。吴澄更明确指出，"今日所在书院，鳞比栉密，然教之之师，官实置之，而未尝甚精于选择"，其根本原因在于书院过多地"受官府之拘牵"，丧失了独立自主和学术创新的精神。

同时，程朱理学确定为书院讲学正宗，消解了书院讲学原有的批判性的生动内容，自由开放讲学的书院精神被遏制，最终使理学流于僵化和空疏。

可以说，随着书院逐渐官学化，书院独立自主之办学精神一步步淹没在强大的政治权势下，求真务实、兼容并蓄的精神最终走向僵化。

四、明代书院精神

明代书院的发展经历了沉寂、勃兴、禁毁的曲折道路。明初，因政府重视发展官学，力倡科举，官学兴极一时，书院备受冷落，近百年不兴。明中叶以后，王阳明等提出"心学"，冲决理学僵化后长久的压抑，造就了一场倾动朝野的思想解放运动，书院复苏，讲会盛行。在力倡独立思考、敢于质疑、兼容宽量的讲会制度激励下，元代被遏制的书院学术特质复归，书院独立自主的治学精神、兼容并蓄的开放精神为之一新，书院再度辉煌。明末，内监攫取政府实权，政局混乱。深受书院修齐治平人文精神影响的士人在学术上也提倡"治国平天下"的"有用之学"——实学，其中以东林书院最为典型，讲学关注时政、关注现实，激发士人关心国家民族前途命运的热情，书院的自由、民主、务实、批评精神达到巅峰，勇担道义的爱国救世精神展现得淋漓尽致。因而，也招致了统治阶层的恐惧，书院被连续禁毁。

（一）讲会盛行——独立开放的治学精神特质复归

明继宋元之后，继续推崇程朱理学，将程朱理学视为正统官学，并实施以官学结合科举制度的政策，书院备受冷落。这种背景下，程朱理学被演蜕成科举敲门砖，《四书集注》则被用于对标八股之文。到了明代中叶，空疏教条之学风愈发不可收拾，士人不择手段奔竞于科举仕途，诚所谓"率天下而为欲速成之童子，学问由此而衰，心术由此而坏"，而且纳粟之例一开，"使天下以货为贤，士风日陋"。①学术僵化，科举腐化，官学沦为科举附庸，

---

① 邓洪波：《中国书院史（增订版）》，武汉大学出版社，2012。

神似南宋初年情形，官学教育再次失败。对此，有识之士重新把目光转向书院教育，希望重建新的理论以拯救败坏的人心，书院教育由此复苏。针对业已支离烦琐、僵化呆滞的程朱理学，王阳明、湛若水等思想家倡导"心学"，提出"破心中贼"的目标和唯在心中"自得"圣人之道的治学方法，强调知行合一、强调生命过程。相对于僵化的理学，新学说关注人本，开人心智，迅速深入人心。其后，王、湛及弟子、后学广建书院，推行讲会，不断发展完善自己的学术主张和思想体系，造就了一场倾动朝野的思想解放运动，开启了中国历史上继南宋以来的第二个书院与学术一体发展的局面。书院再度辉煌，遍布明代版图，数量大大超过此前各代，多达 1962 所。[①]

讲会盛行也成为了明代书院的一大特点。对于讲会，王阳明提出，为学不可离群索居，不可一曝十寒，不可独学无友；固守一地，专从一师，难以长进；聚会讲习，师友相观而善，取长补短，从而诱掖奖劝、砥砺切磋。书院讲会有完备的规约，所谓"凡学必有约，凡会必有规"。学约、会约、会规、讲规等各种规约明晰而详密。据年谱记载，王阳明为了使讲会走向正规，不致因人之去留而聚散，他以书壁的形式对讲会的日期、原则和具体操作程序、方法等提出了要求，其称："予切望诸君勿以予之去留为聚散，或五六日、八九日，虽有俗事相妨，亦须破冗一会于此。务在诱掖奖劝，砥砺切磋，使道德仁义之习日亲日近，则势利纷华之染亦日远日疏，所谓相观而善，百工居肆以成其事者也。相会之时，尤须虚心逊志，相亲相敬。大抵朋友之交，以相下为益，或议论未合，要在从容涵育，相感以成；不得动气求胜，长傲遂非，务在默而成之，不言而信。其或矜己之长，攻人之短，粗心浮气，矫以沽名，讦以为道，挟胜心而行愤嫉，以讦族败群为志，则虽日讲

---

① 邓洪波：《中国书院史（增订版）》，武汉大学出版社，2012。

时习于此，亦无益矣。"①可见，讲会是书院的主要活动，是教学的主要方式，其突出特点是：打破门户之见而博采众家之长，提倡敢于怀疑，注重独立思考，强调平等论学，求同存异，兼容宽量，反对株守门户、以己见强加于人，发扬豪杰之气、侠义之风，更明显地倡导主动、自觉、进取、求异的学风，为学术论争增添了生气和活力。②

明代书院在传承书院讲会优良传统中，鼓励创新，再度形成学术百花齐放之势，在全国掀起了一股思想解放的浪潮。其思想成果不仅仅涉及各地的地方文化建设，还在民间规范百姓的思想行为，甚至走出国门，移植到朝鲜、日本。元代被遏制的书院学术特质终于复归，书院独立自主的治学精神、兼容并蓄的开放精神为之一新。

（二）讲实学议时政——勇担道义的爱国救世精神勃发

明中叶以后，政局变化，皇帝多怠政或荒政，内监攫取政府实权，朝政已到"政以贿成"的地步。基于对社会治乱的关心，深受书院修齐治平人文精神影响的书院士人在学术上也提倡"治国平天下"的"有用之学"，讲学关注时政，主张人人磨砺气节，个个讲求实学，其中以东林书院最为典型。

东林士人多是些在政治斗争中不愿与贪腐妥协的罢官废吏，他们在退出官场后，亦义无反顾追寻心中之"道"，致力于讲学论道，评议时政，以图影响政府，革除弊政。顾宪成为东林书院撰写的门联"风声雨声读书声声声入耳，家事国事天下事事事关心"，鲜明表明了东林书院的办学宗旨。他们认为讲学不仅可以传授知识，培养人才，而且可以挽救人心士风，重振纲

---

① 王守仁：《王阳明全集》卷三十五，吴光、钱明、董平等编校，上海古籍出版社，2012。
② 王炳照：《书院精神的传承与创新》，《华东师范大学学报（教育科学版）》2008年第26卷第1期。

常，扶持正论，为益国益民之道。"其讲习之余，往往讽议朝政，裁量人物，朝士慕其风者，多遥相应和"，鲜明的政治参与取向和救世情怀是顾宪成的讲学治学特点，也是所有东林人士讲学治学活动的共同特点。这一学术特点形成于其对学术社会功能的认知之上。顾宪成、高攀龙等人认为"学术之邪正，关系治乱甚大"，"学术者，天下之大本也。学术正，政事焉有不正"，[1]认为天下之治乱系于纲纪人伦，学术的邪正与政治的治乱直接相关。在他们看来，程朱理学的日趋空疏衰败，尤其是阳明"心学"的禅化是天下乱治的思想根源，因此坚决反对空谈心性，倡导"学必实用"的务实致用之风，以有用的"实学"取代"明心见性"之空谈。这种认识导致了他们讲学与议政直接联系起来的治学特色，亦开启了明清实学思潮之端。故有人称："东林党人的最大的特色，是把讲学同政治活动结合起来，把关心国事当作自己的座右铭，身体力行之。"[2]东林人士对国事民情的关怀，是其勇担道义的爱国救世精神的外在体现，也是书院修齐治平人文精神在他们身上的自然反映。东林书院因此招致权贵者忌恨，天启五年（1625），太监魏忠贤下令禁毁天下书院，首先从东林书院下手，造成了中国历史上有名的迫害东林党人的大案。

书院虽遭禁毁，但东林精神为书院爱国精神融入了新的内涵，使书院成为"代表民意的机关"，因而"亦可代表古时候议政的精神"[3]，并在救亡图存而务实革新的历史长河中历久弥新。

① 高廷珍：《东林书院志》，中华书局，2004。
② 李尚英：《明末东林党》，中华书局，1983。
③ 胡适：《书院制史略》，《东方杂志》1924年第21卷第3册。

五、清代书院精神

普及和流变是清代书院的最大特点。由于官民共力，清代书院进入前所未有的繁荣时期，创建复兴书院达5836所，遍及城乡。清初统治者鉴于明末书院清议朝政、动摇政局的教训，大力将书院纳入官学化轨道，力倡服务科举，在教学内容上推崇程朱理学，其他学说不得在书院会讲。在这种文化高压政策下，书院成为地地道道八股取士的场所。两宋以来，书院形成的独立自主的办学精神、开放自由的学术精神基本成为历史，书院精神消极流变。鸦片战争后，面对突如其来的西方文化，在救亡图存的压力下，改制中的书院丰富发展了治学精神、实践精神和爱国精神的内涵，并为近代教育的发展做了学术思想和教育思想的准备。

（一）完全官学化——书院精神消极流变

书院从元代起官学化，明朝强化了对书院的控制，到了清代这种控制更加严密。明中叶书院的勃兴和讲会盛行，活跃了学术，激发了士人关心民族前途命运的热情，也招致了统治阶层的恐惧。此外，由于清朝是被汉族知识分子视为"非我族类"的少数民族所建，清初反抗运动更是风起云涌，为防止书院讲学宣传"严华夷之辨"，朝廷对书院严加抑制。如顺治九年（1652）朝廷就通令"不许别创书院，群聚徒党，及号召地方游食无行之徒，空谈废业"，因而，在清代开国的九十年间，书院沉寂。

康乾时期政权稳固后，朝廷通过兴文教、崇经术、开太平等政策笼络汉族知识分子，大力将书院纳入官学化轨道，尽管政策有所放宽，但依旧极力阻抑自明代以来书院形成的自由讲学、关注时政、清议朝政之风，并且重新在教学内容上推崇程朱理学，把其他学问定义成异学、俗学，不允许在书院里宣讲。如乾隆元年（1736）上谕称："书院之制，所以导进人才，广学校所不及。……该部即行文各省督抚学政，凡书院之长，必选经明行修、足为多士模范者，以礼聘请。负笈生徒，必择乡里秀异、沉潜学问者，肄业其中。其恃才放诞、佻达不羁之士，不得滥入书院中。……仿《分年读书法》，予之课程，使贯通乎经史。有不率教者，则摒弃勿留。"①可见，在朝廷看来，书院首先是一种用来补充官学"导进人才"的教育机构；书院山长由官府进行选聘；书院的学生亦是选拔制，唯"乡里秀异、沉潜学问者"能入学，学业优秀者可以直接做官；书院的教学内容受到限制，重视"经史文章"，以八股为主，采用考课形式，为科举服务，对有不率教者则"摒弃勿留"。与此同时，为加强对书院的控制，官方经费成为书院办学的主要经济来源，即使有民间资助，也需在官方主管部门登记才能付诸实施。

这些措施，从管理体制、学习内容和学习形式多方面对书院独立、自由、民主、批判的精神进行抑制。在这种文化高压政策下，"绝大多数已背离了书院的办学的原旨与精神，不仅学术的探究严重受阻，就连一般旧学的内容也被科举八股时文所淹没"②，书院徒有书院之名，成为地地道道八股取士的场所。至此，两宋以来，书院形成的独立自主的办学精神、开放自由的学术精神基本成为历史，书院精神消极流变。

（二）书院改革改制——传统书院精神与现代教育发展相结合

鸦片战争后，随着晚清闭关锁国政策在西方军事和经济的双重挤压下濒临崩溃，中国传统文化进入了"五千年之未有的大变局"中，安心于义理性命之学的书院与现实时局脱节的困境突显。一批有识之士意识到理学唯重性命义理，空疏教条无用，在西学东渐的激荡之下开始寻找救国除弊的有用之

---

① 陈谷嘉、邓洪波主编《中国书院史资料》，浙江教育出版社，1998。
② 丁钢、刘琪：《书院与中国文化》，上海教育出版社，1992。

学，于是实学思潮再度兴起。这个阶段的实学历经明清之际的"经世致用"、乾嘉时期的实证考据学风，再度扬起"经世致用"的旗帜。这种"经世致用"既包含对风雨飘摇中的民族的救亡图存，也包含对积弊已深的书院体制自身的救亡图存。在改变改造改革家国和自身中，书院走向追求实学实用、中西兼学、道艺并重之路。这一过程中，求真务实的实践精神、勇担道义的爱国精神被激发，治学精神的内涵也更为丰富，并为近代教育的发展做了学术思想和教育思想的准备。

书院改制，究其内容，主要就是将无裨实用的科举之业变为实学，包括经世致用之学和新学、西学。如开拓出"经济之学"天地的长沙湘水校经堂——校经书院，首任山长成孺以经济之学训士，要诸生"寝馈于四书、六经，探治平之本，然后遍读经世之书，以研究乎农桑、钱币、仓储、漕运、盐课、榷酤、水利、屯垦、兵法、马政之属，以征诸实用"。到了光绪十六年，在经世致用旗帜下，书院又专门设经义、治事二斋，专门教授经史大义和当世之务，要求学生考究"古今天下之乱，中国强弱之故"，"养成有体有用之材"①。甲午战争后，书院改革力度再次加大，先是新建藏有中西学书籍的书楼，又改革课程，在改为主学经学、史学、掌故、舆地、算学、词章六科的同时，还添置天文、测量仪、光化矿电试验等仪器，探索实用的自然科学，以期改造实际生产和社会实践。在这种务实革新精神的指导下，书院培养出了郭嵩焘、左宗棠等众多经世致用之才。再如由张之洞创办的主张"中体西用"的湖北两湖书院，作为一所新式书院，甲午战争之后，其办学理念由经世致用过渡为中体西用，课程设置由主修中学变为增修西学和兵操，还选派留学生去日本学习军事、工商、教育等。通过变革，两湖书院在学术上实现了转向，学科的分类专门化、中西学并举，实用主义越发凸显。

---

① 邓洪波：《中国书院史（增订版）》，武汉大学出版社，2012。

这些都表明，经具有实学精神的知识分子的办学实践，经世致用的学术主张和治世救国的现实政治在书院结合，丰富发展了治学精神、实践精神和爱国精神的内涵。

由此可见，清代书院总体上在流变，但是作为一种独特的文化教育机构，书院办学历程中所形成的书院精神作为中华传统文化精髓，仍为知识分子推崇。围绕书院改制进行的思考和实践，实质上是书院精神在新的历史条件下传承和创新的一个机遇。可以说，"将书院精神融入新式学堂的创办和发展的过程，是将传统的书院精神与现代教育发展相结合的一次努力，是丰富和发扬传统书院精神的一次尝试"①。

---

① 王炳照：《书院精神的传承与创新》，《华东师范大学学报（教育科学版）》2008年第26卷第1期。

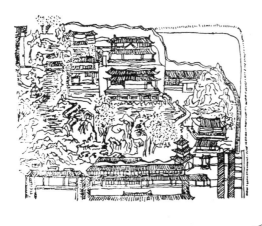

第二章

独立自主的治学精神

　　书院作为中国传统社会集教育、教学和研究于一身的教育机构，自出现之日起，在整体运作、办学风格、教学理念和方式上均有别于传统官学。其在经费和教育资源上相对独立，不受官府管控，因而在办学和育人上拥有一定的自主权。可以说，书院独立自主的治学精神是书院精神中最核心的精神之一。在办学管理上，书院不依靠朝廷的正式诏令而建立，多为民间自主创办；有着较为独立的山长聘任、生徒管理等制度，组织管理精干，经费来源多样。在为学育人上，书院倡导生徒自修与师者引导相结合，注重培养自学和独立钻研学术的能力；鼓励学术交流与质疑论辩，推动学术创新与学派发展。

第一节　书院治学精神的具体内蕴

　　独立自主的治学精神是书院最具典型意义的特征之一。本书所说的书院独立自主的治学精神，包含两个层面的内容：一是指书院治理的自主性，二是指书院教育的独立性。

一、书院治理的自主性

书院继承了古代私学的自主办学精神，其在治理上的自主性就是重要体现。书院在一定范围内独立办学，在山长选聘、经费运营、生徒管理等方面，享有不同于官学的相对自主权。这是书院在治理上自主性的重要体现。

（一）独立办学

书院最早起源于私人治学的书斋与官府整理典籍的衙门，有官府与民间两大源头。在相当长的时间里，民间力量始终是书院建设与发展的主要力量，占绝对主导的地位。可以说，书院的独立自主精神首先体现在独立办学上。

唐代初年，在官府的丽正书院、集贤书院之前，民间已有书院存在。湖南攸县光石山书院、陕西蓝田瀛洲书院、山东临朐李公书院和河北满城张说书院，是唐代最早的四所书院。当时的书院还只是士人个人的读书、治学、藏修之所。民间书院出现不久，就将其服务范围从个人扩展至众人，发展成聚徒教授、开引士民的教学机构，形成了服务公众的学校性质的书院。乾隆《龙溪县志》卷四载，"松洲书院，在二十四都，唐陈珦与士民讲学处"。漳州龙溪松洲书院就是典型的例证。

两宋时期，书院受到大家重视，数量快速增长，总数是唐五代书院总和的10倍以上。可以说，"民间力量决定着书院命运的盛与衰。北宋庆历以后书院的发展、南宋乾淳之盛局面的形成，皆与民力的决定因素相关"。[1]以当时书院最为发达的地区为例，"庆历至靖康（1041—1127）年间，共创建

---

① 邓洪波：《中国书院史》，东方出版中心，2004。

24 所书院，可以确定其创建人的有 21 所，其中仅赣州清溪书院为知州赵抃所建"①，"湖南北宋 12 所书院，其中庆历以降 6 所书院是士人所建"②，可见民间力量确实沉默无声地推动着北宋后期书院的向前发展。

元代，政府通过设山长为学官，用直学管钱粮，即"置官师"与"官总其费"等措施，加强了对书院的控制，使书院发展呈现官学化趋势。但在书院创建上，仍是以民间力量为主，在官民二者的对比中，民间办学占绝对主导的地位。以元初为例，宋遗民创建书院、精舍讲学，教授后学，表率地方，在当时的江南成为一种普遍的社会现象。如湖南谭渊创建凤山书院，江西刘君举创建管陶书院、刘壎创建水云书院，浙江卫富益创建白社书院等。

明代开始，书院发展的主要动力发生了变化，官方力量首次超过了民间力量，但民间力量在书院的建设中仍然占有重要的地位。清朝，"从雍正年间省会书院的建立开始，官方强力介入书院建设，各级官办书院成为全国各地大小不等的学术教育中心。民间主要致力于乡村、家族书院的建设，承担着普及文化知识的基础教育任务"③。

由此可见，真正具有学校性质的书院起始于民间，在民间和官府两种力量的对比中，书院建设与发展主要以民间力量为主，这是书院独立自主精神的首要体现。

（二）自主管理

书院的管理基本上是书院师生的自我管理，即书院自主管理。这也是书院独立自主精神的重要体现。元代以后，一些书院虽然会受到官府的管控，但是书院的治理要落到实处，具体还是需要依靠山长等人。书院管理者大多

---

① 邓洪波：《中国书院史》，东方出版中心，2004。
②③ 同上。

执着和热心教育、学术，而不是沉溺于功利的追求。因此书院的管理，始终保持一种独立的文化人格，可以自行订立学规、设计教学课程、聘用教师和招收生徒。

　　书院根据自身的发展需要，在借鉴官学经验的基础上，形成了更加健全的管理制度。书院管理体制形成并得以确立的重要时期是南宋。"南宋理学家和书院结为一体，赋予书院更多的学术教育理念，使书院承担起研究学术、发展教育、推行教化的重任，其管理亦借鉴官方学校、禅林精舍、道家清规，形成各种制度。诚如朱熹所称'近世于学有规'，制度化管理成为一种普遍现象，以吕祖谦乾道年间为丽泽书院制定的《规约》、朱熹的《白鹿洞书院揭示》、陈文蔚的《双溪书院揭示》、徐元杰的《延平郡学及书院诸学榜》，以及《明道书院规程》等为代表，书院完成并确定了自己的管理体系。这个体系具有比较严密、分工明确、便于操作的特点，其内容大体上包括五个方面：一是以山长负责制、堂长负责制为代表的管理体制及与之相配套的组织系统，它从组织上保证书院的管理有序有效。二是师资管理，主要是山长的遴选，或重学行，或重科举出身，从制度上提出资格的要求，确保书院的学术研究及教学水平能够达到一定的标准。三是生徒管理，入院肄业要经过考试且有名额限制，学业德行各有要求，言行举止皆有尺度，并建立了考勤、奖惩制度。四是教学管理，山长授课依课程定期进行，有授讲、签讲、覆讲等方式方法，生徒学习按早上、早饭后、午后、晚上四节，各定功课，形成'日习常式'，每月定期考试。五是经费管理，经费的筹措，常年开支的分配，各有定规，它从经济上保障书院的正常运行。"①通过师资、生徒、教学、经费等方面的管理，书院实现了自主管理。

---

① 邓洪波：《中国书院史》，东方出版中心，2004。

二、书院教育的独立性

古代书院具有强大生命力的重要原因就是书院的教育独立。在传习学术时，书院以生徒自学自修为主，辅以教师的启发引导。可以说，自学自修为主的教学原则为历代书院所保留。此外，书院在宋元明清时期成为主要的学术基地，以追求知识为目标，注重创新，勉励学者超越固有的学术传统，使书院成为新的学术思潮的大本营。这些都是书院教育独立性的体现。

（一）自学自修

孔子曾说："不愤不启，不悱不发。""愤"，指学生遇到问题，思考而不能解决时的矛盾心情；老师抓住这个时机对学生进行指导，便称之为"启"。"悱"指思考尚未成熟，想说又说不出的另一种复杂心情；老师在此时帮助学生理清思路，揭示事物本质，便是"发"。可见，"启发诱导""学思结合"是中国古代教育的优良传统。在办学过程中，书院鼓励生徒独立思考、自主学习，正是这些优良传统的集中体现。

书院倡导生徒自学自修。在教学活动中，教师和学生都处于主体互动的积极状态。把学生置于学习主体的地位，强调以个人自学为主，辅以教师的答疑及师友间的论学，反对教师无的放矢地"支离多说"，十分重视学生学习的主动性和独立钻研能力的培养。简言之，书院教育既强调生徒自主学习，又重视老师的引导、点拨以及朋辈激励、合作，力求实现两个方面的统一，以实现独立自主的治学。

（二）学术独立

书院学术的相对独立是有别于官学的重要特征。自宋代以来，书院以宽松的办学环境为基础，以学术大师云集书院为推动力，鼓励不同学派共同论道，倡导百家争鸣。同时，提倡师生相互切磋商讨、答疑问难、相互激荡，获得新的观点与思想。由此，书院成了研究高深学问的场所，集教学和科研为一体，成为学术研究、传播的基地。

宋代学者通过重新阐释儒家经典，打破汉唐经师对儒家经典解释的垄断地位，推动了宋代理学思潮的大发展。明代阳明心学大兴，王阳明及其弟子希望进一步突破宋儒的"支离"，在南北各地的书院大讲"知行合一""致良知"的学术主张。清代考据学家为了知识求真，通过书院的学术研究、人才培养，推动了新兴学术思潮（乾嘉考据学思潮）的进一步发展。可见，书院学术的相对独立是通过学术批判和学术创新实现的。

第二节　书院治学精神的实施载体

所谓"乡党之学，贤士大夫留意斯文所建也，故前规后随，皆务兴起。后来所至，书院尤多，而其田土之赐，教养之规，往往过于州县学，盖皆欲仿四书院云"①。书院虽然多为民间自主创办，但相对官学而言，书院在制度建设上"往往过于州县学"。书院就是通过山长聘任、财务管理和生徒管理等载体来保证独立自主的治学精神之实现的。

一、创办渠道

在中国古代书院的发展史上，没有哪一个官方文件规定，书院作为"储

---

① 马端临：《文献通考》卷四十六，浙江古籍出版社，1988。

才以应科目"的机构被纳入官学体系之中。其主持者、管理者都没有纳入朝廷的官学教职之中，民间自主创办始终是其产生和发展的主要渠道。具体而言，主要有三大渠道：一是一般的读书人私人创办，二是巨家大姓举族而办，三是村社乡里集体兴办。

（一）一般的读书人私人创办

对于一些读书人而言，书院是他们传播自己的学术思想、实现其政治抱负的一种渠道。因此，在书院的发展历程中，不乏学者私人创办书院者，这样的例子不胜枚举。如常州士人曹善诚始"买地作祠宇，而辟讲堂于其后，列斋庐于其旁"（《文学书院记》）①，于至顺二年建文学书院。又如应天府书院，"宋城富人曹诚者，独首捐私钱，建书院城中，前庙后堂，旁列斋舍，凡百余区"②，可见，其主要由个人捐款所筹建。此外，还有一些学者热衷于恢复、重修甚至重建那些因各种原因被毁坏的书院，如湖南谭渊创建凤山书院，"一时彬彬称盛，学者称古山先生"③，福建刘应李创建化龙书院等。

（二）巨家大姓举族而办

在民间创办书院的多种力量中，家族力量是不可忽视的重要因素。许多家族聚族而居，同姓的占绝大多数，往往具有较大的规模和势力。为了培养好本族子弟，提高家族的整体素质，扩大家族在地方的影响，许多家族纷纷创办书院，大力发展书院教育。这些举族而办的书院被称之为家族书院。

中唐以来，许多巨家大姓举全族之力兴办书院。唐代最早的家族书院是

---

① 黄浩：《苏州府志》卷二十七，光绪八年刻本。
② 陈谷嘉、邓洪波主编《中国书院史资料》，浙江教育出版社，1998。
③ 曾国荃、郭嵩焘：《湖南通志二》卷一六四，上海古籍出版社，1990。

洪城幸氏桂岩书院，曾任国子监祭酒的幸南容为给本族子弟创造读书求仕的条件，于元和九年（814）创立了桂岩书院，"直到咸通九年（868），幸氏举家迁居郡城，其间55年，桂岩书院皆为幸氏储书授徒、培养子弟之所"[①]。最有名的当属江州义门陈氏东佳书堂，北宋初期，它与奉新胡氏华林书院、安义洪氏雷塘书院一起"鼎峙乎江南"，是当时著名的三所家族书院之一。家族书院在宋代尤其是南宋时期发展得比较快，"以郴州兴宁县（今湖南资兴）程水乡为例，一乡之中就创办了4所书院。按程水各姓，以曹氏最旺，所谓'乡举里选，代不乏人'，袁氏、焦氏次之。曹氏先创建醴泉、观澜二书院，'以训族党之少俊'，袁氏、焦氏相与争锋，先后创建辰冈书院、文峰书院"[②]。元明以后，家族书院多沿袭两宋，兹不赘举。

这里以江州义门陈氏东佳书堂为典型代表。东佳书堂，由聚居的义门家族创办，从唐大顺元年（890）创建至宋仁宗嘉祐七年（1062）义门陈氏被迫奉旨分家时为止，不间断地存在了近172年。"南北朝时期，陈宜都王陈叔明之后陈伯宣由泉州仙游来庐山定居，伯宣孙陈旺徙居德安县太平乡常乐里，陈旺后嗣义不析产，累世聚居，至唐僖宗（874—888）时诏族为'义门'，世称'义门陈'。"[③]唐大顺元年（890），因聚居地人口众多，陈氏家长陈崇"以治家之道必从孝道始，乃撰《家法》垂示将来"[④]。《陈氏家法》中有两条规定："一、立书堂一所于东佳庄。弟侄子孙有赋性聪敏者，令修学。稍有功业精进应举者，除现置书籍外，须令添置。于书生中立一个掌书籍，出入须令照管，不得遗失。一应宾客寄止修业者，并延待于彼，一一出

---

① 李才栋：《江西古代书院研究》，江西教育出版社，1993。
② 邓洪波：《中国古代家族书院简论》，《湖南大学学报（社会科学版）》2003年第4期。
③ 张劲松：《从东佳书堂到敷阳书院：中国古代书院发展的一个历史缩影》，《南昌师范学院学报》2016年第37卷第2期。
④ 陈增荣：《义门陈氏宗谱》，民国二十五年宜春德星堂刊本。

东佳庄供应周旋。二、立书屋一所于住宅之西，训教童蒙。每年正月择吉日起馆，至冬月解散。童子年七岁令入学，至十五岁出学。有能者，令入东佳。逐年于书堂内次第抽二人归训，一为先生，一为副。其纸笔墨砚并出于宅库，管事收买应付。"[1]

又据《陈氏书堂记》载，"为书楼堂庑数十间，聚书数千卷，田二十顷，以为励学之资"，"自龙纪以降，崇之子蜕，从子渤，族子乘登进士第。近有蔚文，尤出表焉！曰逊，曰范，皆随计矣"。[2]由此可见，东佳书堂由家族自主创办、自主管理，根据家族需要，除了家族弱冠子弟外，也招收家族外的学子。该书院在经费、招生等方面有一定的自主权，充分体现了书院的独立性，在义门陈氏分家前，东佳书堂为陈氏家族培养了众多出色的下一代。

（三）村社乡里集体兴办

在民间书院的创办上，村社乡里也是一股重要的力量，由此产生了乡村书院。在书院发展史上，乡村书院与家族书院在书院发展史上渊源极深，乡村书院在一定程度上脱胎于家族书院，前者以其显著的地缘性特征，克服了后者因血缘局限所带来的不足，是家族书院的推广与延伸。宋代，地方民众，其中主要是大家族，由家族而及乡村，集体兴办书院。从明代开始，书院有从中心城镇下移乡村的倾向，到清代终成普及之势，尤其是清代中后期，一乡建一书院、联村合建书院者到处可见。

如浙江东阳郭钦止，创建石洞书院，将自家山、田、书捐献院中，请名师为山长，令郭氏子孙及乡里之秀肄业其中。山长叶适在《石洞书院》中曾

---

① 陈谷嘉、邓洪波主编《中国书院史资料》，浙江教育出版社，1998。
② 谢旻等：雍正《江西通志》卷一百二十二，四库全书本。

有明确记载，其称，"东阳郭君钦止，作书院于石洞之下。石洞，郭氏名山也。……（钦止）既而叹曰：'吾寒生也，地之偶出于吾庐，非赐余者，吾其可自泰而游！将使子孙勤而学于斯，学其可以专，盍使乡里之秀并焉！'于是度为书院，礼名士主其学，徙家之藏书以实之，储洞之田为书院之食，而斥洞之山为书院山，示郭氏不敢有也。君既卒，诸子修之不废"①。可见，石洞书院虽是郭氏所建，但郭氏不敢私有，它公属于乡里，当然也包括居乡之郭氏。这是典型的由家族脱胎而来的乡村书院。

又如前文所述，湖南兴宁县程水乡，"古有书院四，醴泉最先，观澜继之，辰冈次之，文峰又次之，其圮而废也均数百年矣。故何也？辰冈归袁，文峰归焦，醴泉、观澜归曹，其成也方术同之，其毁也一姓私之"②。程水自宋以来即有醴泉、观澜、文峰、辰冈四书院，分属曹、袁、焦三大家族，数百年弦歌不断，成为各家族的精神园地。但终于抵不住咸丰年间的大变故，废于乱局。战后，改"囿于一姓之私"，"合一乡之善"，各族各姓合力捐资兴建郴侯书院以代之。

总体而言，由巨家大姓举族而办、村社乡里集体兴办的书院，从数量上看，占据历代书院总量的大多数。家族和乡村是书院自主创办的重要力量，在当时发挥着普及教育的重要作用。

二、经费筹措

书院经济上的独立是书院自主办学的前提。所谓"经费志养源也"，"必

---

① 陈谷嘉、邓洪波主编《中国书院史资料》，浙江教育出版社，1998。
② 曹惟精：《郴侯书院志·序》，转引自赵所生、薛正兴主编《中国历代书院志》第5册，江苏教育出版社，1995。

经费有余而后事可经久"。经费是书院赖以存在和发展的基础，经费是否充足影响着书院的发展。从书院创办经费整体情况看，明代以前，民办比例均高于官办比例，直到明、清时期，官办比例才高于民办。由于民办书院在经费上基本能自给自足，这就为其独立自主办学奠定了坚实的基础。书院筹措经费的名目在各个时代有所不同，大致有官府拨付、民间捐助、书院自营三个大的方面，其中民间自愿捐资、书院自主经营具有持久性、稳定性，是最主要的经费来源。

（一）院产经营

书院作为一种教育机构，有自己的财产。书院的院产主要有学田、基金及其他经营所得。书院将获取的学田通过放租来收取田租，这是书院的稳定经济来源。除学田得到的经费外，书院还会把一些经费定期存放在典当行或者盐商处，从中获得利息，即发商生息，这是维持书院日常所用的另一种来源。这些产生利息的本金称为基金。此外，书院还通过经营手工业、著书刻书出版等来筹措经费。

1. 学田

学田是书院进行教育教学、学术研究、文化传播等事业的基础，也是书院具有独立自主性的经济保障。学田的多少从很大程度上标志着一所书院的兴旺程度。"院有田则士集，而讲道者千载一时，院无田则士难久集，院随以废，如讲道何哉？"[①]如果书院仅是单纯地进行文化教育活动，而没有物质基础，那么书院师生"无阖庐以辟燥湿，无短褐以御风寒，无粝粱之食以

---

① 邓洪波：《中国书院史》，东方出版中心，2004。

活躯命"①。所以说，"书院不可无田，无田是无书院也"②。

书院的田地具体来源比较复杂。一是民间置办，由学者、地方官绅、商人、普通老百姓捐赠田地。如枢密院编修丁易东于南宋末年捐私田 1200 亩用于湖南沅阳书院的兴办。又如熊勿轩《考亭书院记》载，"书院旧有田九十余亩，春秋祀犹不给，侯捐田为倡。郭君适自北来，议以克协诸名贤之胄与邦之大夫。士翕然和之，合为田五百亩有奇"③。《重修武夷书院记》载，"郭钦止，字德谊，东阳人。轻财好施。尝辟石洞书院，以教宗族子弟，乡之秀民愿请业者亦听学焉，拨田数百亩以隶之"④。

二是书院自置，有些书院通过民间捐赠或经营妥善所得的余钱，购买田地，扩充学田数量，以增加田租。如井隆县皆山书院记载："成立书院，必得多置学田，以供薪水膏火支用，方虞计无出，适有横南寨盐窑四座，各捐输一百千施入书院购买学田，又受义仓存余钱一百五十五千亦移入书院，二宗共钱五百五十五千，共计买地八十八亩，共买价钱五百六十八千，除存钱外，余又捐廉一十三千，以补足地价之数。"⑤有些是强大的宗族创办家族书院，自带大量的族田。前文提到的江州义门陈氏东佳书堂等家族书院就是典型的例子，兹不赘述。

三是无价所得，有些无主荒地会被当地官员拨付给书院。如河北永清县益昌书院载："同治七年，……知县邱铭勋踵成之。拨曹家务、胡其营、郭家埠、许辛庄、孟各庄新淤荒地二十顷有奇，以充经费。"（光绪《顺天府

① 高斯得：《公安南阳二书院记》，转引自陈谷嘉、邓洪波主编《中国书院史资料》，浙江教育出版社，1998。
② 娄性：《白鹿洞学田记》，转引自邓洪波：《中国书院史》，东方出版中心，2004。
③ 熊勿轩：《勿轩集》卷二，台湾商务印书馆，1986。
④ 《浙江通志》卷一百八十九《人物》，文渊阁四库全书本。
⑤ 常善修：光绪《井隆县志》卷三六，光绪元年刻本。

志》）又如磁县滏阳书院，"又书院旧有地三十亩，岁久寝失，查出，按亩收租，仍归书院。于是资用益饶，膏火益厚"。（同治《磁州志》）

总体而言，无论哪种土地来源，学田都是书院得以兴办和发展的前提和保障。

2. 基金

在工商业较为发达的清代，书院的经费来源还包括基金。除了日常所需，书院会将所收租金，连同其现银都交给诸如当铺、盐商等做生意，从中获取利息。如紫山书院，"同治十二年，知县王镛增建讲堂学舍，筹捐膏火，地七十二亩，钱四千三百千，发商生息"[①]。又如碣阳书院，"见存经费银五千二百两，同治二年，调署知县徐绖劝捐。现发商当生息，九吊钱作银价一两，按年一分行息，共计息钱四千六百八十两。又存银五百三十七两，以备生童膏火"[②]。由于这种发商生息的方式"以其利息作为日常经费。它不会因为外力，如人为延期拖付或自然因素，导致利息的损失，比较学田租，更加稳定快捷，而且不必直接经营产业，为书院节省了劳动力"[③]。因此，除学田经营外，这种方式被许多书院采用。

（二）民间捐资

民间捐资是书院的另一个重要经济来源。在书院的发展过程中，民间捐资占有相当大的比重，尤其是唐、宋、元时期，士绅及各界民间人士自愿、无偿地为书院捐赠银两、田地和房屋、店铺等行为构成了民间捐资的重要组成部分。

---

① 吴中彦、胡景桂：《光绪广平府志》卷二十九，光绪二十年刊本。
② 马恂：同治《昌黎县志》卷三，同治四年刊本。
③ 刘亚文：《同治年间书院教育研究》，河北大学，2011。

一是书院创办者的资产。书院的创办者中不乏经济实力雄厚者，其有能力且愿意出资修建或修复一批书院，以保障书院的正常运作，推动书院发展。如元成宗大德七年（1303），田希吕出资修建天门书院，不仅捐田二百亩，还从各地购买经书供书院生徒使用。又如孙梦鲤重建湖南主一书院，并捐田1000亩以供书院经营使用，食、官长的薪俸、祭祀物品、购书等皆来自学产。

二是士绅捐资。如前文所述应天府书院，由应天府民曹诚于名儒戚同文旧居旁，捐资建造学舍150间，聚书1500卷，"博延生徒，讲习甚盛"。又如文安县广陵书院，"至同治甲子春，邑侯大俊于西门内创立广陵书院，规模宏敞，甲于顺属，……绅董副贡贺家骏以天下之事，无以创之，莫开其始，无以承之，莫永其传，因邀同邑举人宋艿稷、武举郭梦熊、岁贡刘峻峦等筹办，酌定章程，切切作永久之计"（民国《文安县志》）。并载有捐资姓氏及数目，其文如下：

> 曹邑侯心谷捐钱四百吊。
>
> 武举任炳奎捐钱三百零五吊。
>
> 武举郭梦熊捐钱五十吊。
>
> 葛承炳捐钱七十三吊。
>
> 山长贺家骏捐钱八十三吊。（拨补卢各庄地价）
>
> …………

以上表明，在书院发展史上，士绅捐助的经费是书院经费的重要来源之一。与此同时，书院或将这些捐赠者的姓名载入书院志，或以其他方式回报，更加激发民众捐资的热情和积极性。

三是官员个人捐资。地方官员以个人身份和名义捐出自己的若干俸禄作为倡导来帮助书院开展活动，并利用自身的号召力做表率，带动乡绅百姓一起捐款兴学。如邯郸县邯山书院，同治"十一年，知县英棨捐置桌凳各二十张，并劝捐田亩钱文（本金制钱一千贯，发商生息，地二十六亩一分零）"[1]。磁县滏阳书院，"同治十年，知州程光滢以院中肄业者益众，需费益多，乃捐廉以补助之。州人之殷实者，亦相与观感，从事计集制钱三千六百吊"（《磁州志》）。这些官员对书院的投资修建行为是自愿的。他们支持书院出自自己的责任感，也带有自己的理想和信念。这种官员个人对书院的捐资助教行为也可以算作是民间捐资的一种形式。

三、组织管理

作为一种较为正规的教育机构，书院管理水平和组织化程度随着书院的不断发展逐渐提高，形成一套完备的组织管理体系。其组织机构和管理人员较为精简，生徒可直接参与书院管理，担任一些职事，很大程度上避免了人员冗杂的现象，提高了管理效率。如此，书院通过对师资和生徒的有效管理，实现了管理上的独立自主。

（一）师资管理

书院的管理以山长为领导核心，著名学者可自命山长。书院根据其规模大小，任命"年德老成"者担任山长、堂长等职位，管理书院，开展教育教学工作。规模小的书院只设山长一职，规模较大的书院设职事较多，如四大书院之首的岳麓书院，在宋代设有山长、副山长、斋长等职。

---

① 吴中彦、胡景桂：光绪《广平府志》卷三十，光绪二十年刊本。

1.书院主持人

宋代之前，书院的管理机构相对简单，书院主持人往往既负责组织管理又负责日常教学。随着书院的发展及其规模的扩大，书院的管理机构日益完备，逐渐形成了以山长为核心的独特的管理形式。书院对山长的管理能力和学术水平要求都很高，因此在书院的发展史上，绝大多数山长都是著名的学者或官员。元代文学家稽厚在《长芗书院记》中提道："创建书院的是大贤，而主持书院的则是名儒，如果山长不是名儒，书院的学术开展不起来，吸引不了生徒，废弛解散也是迟早的事情。"①

书院主持人的名称在各朝代、各地区也有所差异，甚至同一朝代、同一地区也不完全相同，使用最多的主要有洞主、山长、堂长、院长等。

洞主之称由白鹿洞书院而得名，其他书院一般不用这个称呼。山长的名称用得最久，也最普遍。最早使用山长这个名称，起自五代时，"五代蒋维东，隐居衡岳，受业者号为'山长'"。因书院起初多设于山林僻静处，在书院授徒讲学的人多是隐居的长老，"山长"就是山中长老的意思。由宋到清，绝大部分书院都相沿使用这个名称。

山长既是管理人员又是主讲教师，其学术水平、道德水准的高低直接关系到书院的生存和发展。因此，书院虽可以自聘山长，明代以前，山长的任职资格也没有严格的要求，但当时担任山长的人多是德才兼备或科第出身。岳麓书院的首任山长周式，就因为"学行兼善，尤以行义著称"，而受到宋真宗召见，并赐对衣鞍马，授官国子监主簿，享有亘古未有的殊荣。到绍兴年间，大学者胡宏"力辞召命，自请为岳麓书院山长"之后，"山长之称，

---

① 浮梁县地方志编纂委员会编《浮梁县志》，成文出版社，1999。

人以为非实行粹学者莫宜居"。①清代乾隆元年（1736）以后，书院山长的任职资格逐步明确。乾隆元年的上谕特别强调，"凡书院之长，必选经明行修、足为多士模范者，以礼聘请"。担任山长的人必须通晓经学，品行端正，且为众人的楷模。

堂长之称始于宋，清代也有堂长之称，但堂长的地位和职责大不相同。在宋代，堂长就是书院的主持人。但是，在宋代也有在洞主之下，另设堂长的。清代书院的堂长有的是由诸生中轮选的，负责督课考勤、替主讲教师作课堂记录，或搜集、整理诸生的疑难问题，相当于现代的生徒班长。院长之称，宋、元、明、清的书院都曾使用过，但为数不多。山长之名，已约定俗成，因而清代也仍以称山长者为多。

山长是书院的核心，在其聘任上，书院有着严格的要求。如宁乡云山书院章程规定："院长为士林楷模，必择本邑宿学名儒，预年由地方官聘，择其释奠，届期首事备舆迎接。"元代以后，虽然官府逐渐加强了对书院的管控，但官府仍需按照"学有专攻，德高望重"的原则以及书院的规章制度来行事。可见，书院在山长的聘任上保持着相对的自主权，使其日常管理和教育教学较少受外部环境影响。历史上较为著名的山长，都是当时的名师鸿儒，例如岳麓书院的张栻、白鹿洞书院的朱熹、东林书院的顾宪成等。

2. 其他管理人员

除了书院主持人，规模较大的书院还设有副山长、副讲、助教等职，协助山长工作。如清朝同治年间的岳麓书院，"从山长开始，下设有监院，再往下又有首士和斋长两个职位，其中，首士分看书、门夫、堂夫、斋夫、看

---

① 欧阳守道：《白鹭洲书院山长厅记》，转引自陈谷嘉、邓洪波主编《中国书院史资料》，浙江教育出版社，1998。

司、更夫六职，斋长分各斋生徒、监院衙口、清书书办三职"①，可见岳麓书院内部各个部门各司其职，井然有序。

又如，建康府（今江苏南京）明道书院是宋代管理组织最为庞大、完善的书院。"据景定《建康府志》卷二十九记载，它设有山长、堂长、堂录、讲书、提举官、堂宾、直学、讲宾、钱粮官、司计、掌书、掌仪、掌祠、斋长、医谕等共 15 种职位，庞大的组织管理体系从组织上保证了书院的管理有序有效地进行。其中，前四位居书院的重要地位，各设有专门的办公场所，分别叫作'山长位''堂长位''堂录位''讲书位'，另有'职事位'二处，居处其他九种职事。山长位高权重，主持教务，取舍诸生，是书院的核心，每月三次课试及逢一、三、六、八日讲课时到院，堂长为其副手，住院掌理日常院务。其他各职各有责守，分工明确，协助山长、堂长维持书院正常的教学、研究、祭祀、图书、经费等各项管理，甚至院中师生的身体状况亦有'医谕'来作保障"。②

（二）生徒管理

书院对生徒的管理包括招生、考勤、行为规范等方面。一方面，书院在管理上秉持刚柔并济、奖惩兼备的原则；另一方面，书院还鼓励生徒参与书院的管理和教学工作。

1. 入学考和定额招生

书院在招生方面的管理，主要包括入学考试和名额限制两项内容。书院的经费往往有限，为保证教学的质量，书院的招生往往有名额限制。如岳麓

---

① 刘晓飞：《古代书院教育对塑造大学精神品质的启示》，西北民族大学，2017。
② 邓洪波：《中国书院管理体制的形成与演变》，《大学教育科学》2003年第4期。

书院"南宋乾道元年（1165）重建，有四斋，'定额二十人'。淳熙十五年（1188）扩建二斋，'益额十人'。绍熙五年（1194），朱熹为潭州知州，更建院舍，又'别置额外生徒十员，以处四方游学之士'"①。其他书院亦是如此。书院招生名额有所限制，因此必然需要通过入学考试来甄选生徒，如宋代明道书院规定，"士之有志于学者，不拘远近，诣山长入状帘，引疑义一篇，文理通明者，请入书院，以杜其泛"②。

2. 考勤管理和行为规范

书院在考勤方面的管理，以唐代集贤书院"月终则进课于内，岁终则考最于外"为始，至宋代形成较为系统的规章制度。较为典型的是，建康府明道书院规定，"请假有簿，出不书簿者罚"。"当时有'请假簿'，它与记录山长讲学情况的'讲簿'、登记生徒文理优异及修德进业的'德业簿'、生徒领取钱米的'食簿'、领取灯油及寒炭的'宿斋簿'等并列，构成书院的簿书登记制度。"③可见，明道书院在生徒请假、住宿、学业等方面均有考察，且伴有相应的记录，使管理工作有据可查，形成一个较为全面的考勤制度。

所谓"士为四民（士农工商）之首"，书院还非常重视对生徒行为举止的规范。如前文所述明道书院，其"规程之职事生员出入并用深衣的规定，就是从衣饰上将其区别于一般民众，使其产生士人的责任感乃至优越感"④。又如"通行天下的朱熹《白鹿洞书院揭示》，以五教之目、为学之序、修身

---

① 邓洪波：《中国书院的教师与生徒管理制度》，《河北师范大学学报（教育科学版）》2003年第4期。
② 邓洪波编著《中国书院章程》，湖南大学出版社，2000。
③ 同上。
④ 邓洪波：《中国书院的教师与生徒管理制度》，《河北师范大学学报（教育科学版）》2003年第4期。

之要、处事之要、接物之要训勉诸生，意在修炼身心，锻造人格"①。与此相辅，书院还会规定一些禁令，违反者会受到训斥、责罚，严重者甚至会予以开除。吕祖谦制定的《丽泽书院学规》最为典型。

3. 鼓励生徒参与管理教学

书院还鼓励生徒积极参与书院的管理乃至教学工作。如前文所述，书院往往只设有山长一职，山长既负责组织管理，又负责日常教学。只有规模较大的书院，会增设副讲、典谒等职。由于这些职事十分有限，书院往往会任命生徒轮流担任。如此，书院通过制订一套共同遵守的学规，实现生徒的自我约束、自我管理。

书院从肄业生中择优选拔一些人担任管干、掌书、经长等，被选中的生徒被称作"职事生员"，可以获得"贴食钱""辛资"等相应酬劳。其中，最主要、设置最多的职事是斋长。"南宋时书院开始依照官学设置'斋长'，一般从住院生徒中选择品行端正、老成持重、学业优秀者担任。其主要职责是稽查考勤、劝善规过、辨疑释难，还帮助管理财产、图书，协办考试事务，发放膏火奖资，甚至稽核斋夫、门役等员工。"②斋长的任期根据工作好坏而定，没有期限，实际上可看作书院的行政管理人员。

如清康熙年间白鹿洞书院《白鹿洞志》卷十一，在"职事"条中载：

一、主洞："聘海内名儒，掌正学，励身浏，道高德厚，明体达用者主之。无则不妨暂缺。"

---

① 邓洪波：《中国书院的教师与生徒管理制度》，《河北师范大学学报（教育科学版）》2003年第4期。

② 欧阳峻翔：《构建传承书院精神的现代大学制度》，湖南大学，2010。

二、副讲："主批阅文字，辨析疑义"，"聘本省通五经、笃行谊者为之"。

三、堂长：主"督视课业勤惰"，"诱掖调和院中学徒"；"由主洞、副讲择学徒中之优者为之，不称职则更易"。

四、管干一人，副管干二人："专管洞内一切收支、出纳、米盐琐碎；修整部署诸务，即于洞中择有才而诚实者为之，不称职则更易。"

五、典谒二人："专管接待宾客及四方来学者"，"择洞中言貌娴雅者充之，按季更易。"

六、经长五人：经义斋五经各设一经长。

七、学长七人：治事斋七事各设一学长。七事包括礼、乐、射、书、数、历、律。

八、引赞二人："主谒圣引礼"；择"声音洪亮，进退疾徐中节者"充之。

九、火夫一人。

十、采樵二人。

十一、门斗一人：司启闭、洒扫、每夜提铃巡守轮值。[1]

由记载可见，白鹿洞书院职事共有26人，其中，主洞、副讲、堂长等管理人员有15人，正、副管干等工作人员有7人，火夫、采樵等勤杂人员有4人。其中专职人员只有主洞和副讲，勤杂人员都是聘请的临时人员，剩下的20人均由生徒担任。这表明白鹿洞书院的职事人员中，专职于管理和教学的人员很少，大多从生徒中择选，由生徒轮流担任。有时生徒还参与编校书院志、清查院田、征收田租等工作。总而言之，书院的管理主要是师生

---

① 陈元晖、尹德新、王炳照编著《中国古代的书院制度》，上海教育出版社，1981。

自主管理，不仅锻炼和提高了生徒的综合能力，还节省了书院的人力、物力、财力，书院的办学效率和质量由此得到提升。

四、学术独立

对书院而言，研究学问即传"道"。《宋元学案》载："文靖（杨时）曰：学而不闻道，犹不学也。若庸亦曰：创书院而不讲明此道，与无书院等。"[1]所谓"道"，即道学，也就是理学。传道源出于讲学，从逻辑上讲，其又居于讲学的上游。

千余年来，书院几经兴衰，但其传"道"精神却从未中断。作为知识传承和文化传播的场所，书院葆有的学术批判与创新精神，给予学者们探索和追求真理的灵感与勇气，成为书院生机与活力的象征。可以说，书院学术的相对独立是通过学术批判和学术创新实现的。

（一）学术批判

书院自诞生以来，即带有不愿被官学污浊之气沾染，遗世而独立的气节。书院多选在"山水胜地"建立，书院创设者以"隐士"自居，选择了在清静怡人之所专心治学，讲学授徒传道。这本身就有极大的寓意，表明批判并远离官场市井的态度。

北宋前期，书院讲学还基本停留在传播儒家文化基础知识的教人"读书"阶段，未上升到新理论整合、创建、推广的"传道"阶段。周敦颐、二程、张载、邵雍等人，反对汉唐以来的儒家学者只重经学的训诂、笺注，批判性地主张为学要能明心养性，讲明义理，是为理学传播的奠基者。

---

① 丁钢、刘琪：《书院与中国文化》，上海教育出版社，1992。

书院真正实现教育与学术研究相结合，始于南宋。南宋初年，士风败坏的严酷现实，向新一代理学家们提出了收拾人心、重建伦常、以一种新的价值观念维系世道民心的任务。①南宋书院的兴起，正源于理学家们的批判精神。

"开宝之肇创也，盖惟五代乱离之余，学政不修，而湖南遐远之郡，儒风未振，故俾学者于是焉而读书。乾道之重兴也，盖惟州县庠序之教，沉迷俗学，而科举利诱之习，蛊惑士心，故俾学者于是焉而讲道。"（吴澄《岳麓书院重修记》）②理学家吴澄曾将"传道"和"读书"概括为南北宋时期岳麓书院的特点。而纵观书院的发展历程，批判科举利诱，反对场屋俗学，正是历代理学家们讲学传道的切入点和突破口。

南宋乾道、淳熙时期，朱熹、张栻、吕祖谦、陆九渊等，从现实出发，归返儒家经典，兼收佛道理论，从各个方面探索，讲学传道，是为理学之集大成。朱熹在复兴白鹿洞书院时就反复劝勉学生不要参加科举、一心为官、追求利禄。他在《白鹿洞书院揭示》的跋中指出："窃观古者圣贤所以教人为学之意，莫非使之讲明义理，以修其身，然后推己及人，非徒欲其务记览，为词章，以钓声名，取利禄而已。"③他要求学生像颜渊那样，居陋巷不改其乐，钻研圣贤经传，只求明诚两进，敬义偕立，且乐此不疲。

到了明代中叶，随着科举与官学一体化的趋势，程朱理学逐渐演变为科举的敲门砖，四书五经等成了八股之文的材料。"率天下而为欲速成之童子，学问由此而衰，心术由此而坏"，而且纳粟之例一开，"使天下以货为贤，士

---

① 邓洪波、兰军：《书院：传承千年的中华文脉（上）》，《中国纪检监察报》2016年3月21日第5版。
② 陈谷嘉、邓洪波主编《中国书院史资料》，浙江教育出版社，1998。
③ 李兵、朱汉民：《中国古代大学精神的核心——书院精神探析》，《中国大学教学》2005年第11期。

风日陋"，人们为科举仕途所奔走，愈发不可收拾。

以王守仁、湛若水为代表的学术大家，深感程朱理学在修养方法和理论思想等方面，"物理吾心终若判而为二"①，遂由怀疑而走向批判，承担了重建理论、重振纲常的学术传播工作，阳明之学、白沙之学兴起。

王守仁建龙冈书院教授诸生，对朱熹"格物致知"之说提出大胆的怀疑与批判，以"龙场"顿悟而来的"心即理""知行合一"说建构起自己独立的学术思想体系；提出"破心中贼"的目标和惟在心中"自得"圣人之道的治学方法，一扫程朱理学"性即理""求理于事事物物"的学术之见，走向了"显与朱子背驰"的"心学"殿堂，顺应了理学革新的时代思潮，一时"士类感慕者云集听讲，居民环聚而观如堵焉，士习用变"②。

明末清初，中国早期启蒙思潮在对宋明理学的否定性批判中崛起。针对宋明理学的空论和空疏，顾炎武等提倡以经学代替理学，主张"穷经研史"，"博学以文，行己有耻"，反对"袭语录之糟粕，不以六经为根柢，束书而从事于游谈"③。

康熙中叶以后，统治者一面大开博学鸿词科，崇儒士，诱以功名利禄；一面大开文字狱，压制新思想。程朱理学的权威虽然在"敕纂""钦定"的形式下被官方恢复和确认，但书院学者对程朱理学普遍持怀疑和批评的态度，以汉儒训诂与朱注抗衡。

阮元设立新型书院，名为"诂经精舍"，"以励品学，非以弋功名"为指导思想。他"生平最怕八股，闻人苦读声谓之唱文，心甚薄之，故不能以此教弟子"④，反对人们沉湎于制艺，奔走于利禄之场。因而，诂经精舍和学

---

① 王守仁：《王阳明全集》，上海古籍出版社，1992。
② 王阳明：《阳明全书》卷六，泰东图书局，1925。
③ 全祖望：《全祖望集汇校集注》上册，上海古籍出版社，2000。
④ 阮元：《致梁章钜书》，载梁章钜：《师友集》，清道光二十五年刻本。

海堂在发展过程中，其培养目标、学术内容与科举八股绝缘。这既是对科举的有力批判，也推动了书院的学术教育发展。

纵观书院的发展历程，学者们从反对"但为决科利禄"入手，在书院讲其道传其学，将科举功名，置换成了天理人欲、义理之辨、治心修身、养于未发、察于将发等理学概念与理论，希望将危害士人的利禄之心，化融消解于理学精神之中，其以批判的姿态独立于官学之外。①

（二）学术创新

在书院发展的历史进程中，大师（学者）治学是浓墨重彩的一笔。一批学者从自由讲学到创办或复兴书院，聚徒兴学，致力于教育教学与学术创新。质疑问难、讲学论辩成为书院治学的重要传统，良好的学术氛围也促使书院逐步成为学术发展的策源地与传播基地。

1. 质疑问难

朱熹兴复白鹿洞书院，胡安国、胡宏父子创办并主持湘潭碧泉书堂，张栻掌教岳麓书院，陆九渊论道于象山书院和应天山精舍，吕祖谦聚徒兴学于丽泽书院，王阳明建龙冈书院教授诸生，大儒李二曲讲学于东林书院，阮元设立诂经精舍和学海堂……这些学术大师在相当长的时间都以书院为基地治学、讲学，传播自己学派的学术思想，吸引了大批士子慕名而来，在书院形成相互质疑问难的学术讨论盛况。

马令《南唐书·朱弼传》称，朱弼"每升堂讲释，生徒环立，各执疑难，问辩蜂起，弼应声解说，莫不造理。虽题非己出，而实事联缀，宛若宿构。

---

① 邓洪波：《南宋书院与理学的一体化》，《湖南大学学报（社会科学版）》2004年第5期。

以故诸生诚服，皆循规范"①。这一典型的升堂讲释、质疑问难的治学形式从侧面反映了书院学术之独立。

朱熹讲学白鹿洞书院时，提倡师生互相切磋、质疑问难，将其作为书院的"日课"。"从游之士，选诵所习以质疑。意有未喻，则委曲告之，而未尝倦。问有未切，则反复戒之，而未尝隐。务学笃则喜见于言，讲道难则忧形于色。讲经论典，商率至夜半。"（黄榦《朱子行状》）②朱熹认为，往复诘难，其辩愈详，其义愈精。读书，始读未知有疑，其次则渐渐有疑，中则节节是疑。过了这一番后，疑渐渐解，以致融会贯通，都无所疑，方始是学。③质疑问难成为白鹿洞书院讲学的特色，也成为南宋书院讲学的优良传统，为后世书院所遵循沿用。

胡安国、胡宏父子在南岳之下筑碧泉书堂，创文定书堂、道山书院，开风气之先传播理学。他们反对汉唐以来"干禄仕以盈庭"的官学教育，主张将书院教育与学术研究相结合，以穷理为根本。在教育实践过程中，书院兴问难论辩之风，为学术发展注入了活力。《知言疑义》记录了师生质疑问难的相关语录，节选如下：

> 彪居正问："心无穷际者，孟子何以言尽其心？"胡宏曰："惟仁者能尽其心。"居正问为仁。胡宏曰："欲为仁，先识仁之体。"居正再问："其体如何？"胡宏曰："仁之道，宏大而亲切，知者可以一言尽，不知者虽设千万言不知也；仁者可以一事举，不能者虽指千万事亦不能也。"④

---

① 李广生主编《趣谈中国书院》，百花文艺出版社，2002。
② 丁钢、刘琪：《书院与中国文化》，上海教育出版社，1992。
③ 黄宗羲原著、祖望补修《宋元学案·晦翁学案（上）》，中华书局，1960。
④ 李国钧主编《中国书院史》，湖南教育出版社，1994。

以上师生问难论辩探讨阐述的是湖湘学派关于仁体的学术主张。胡宏通过循循善诱，逐步引导学生探求问题的本质，解答"仁之体"是"万物与我唯一"的疑惑。

《宋元学案·草庐学案》也曾记载学生请教质询老师的例子。生徒熊本听闻师长吴澄讲学于崇仁山中，"负笈徒步往从，摘经中所疑七十二条，反复诘难，吴澄一一答之，中其肯綮"。熊本竟"为之喜而不寐"，"间论《古文尚书》数千言，援据精切"。吴澄"器之"。吴澄"每遇学者，无不必倾倒至尽，尤凡下者，尤反复嗟譬，至再四不厌，但恐己意如有不明不尽"。①

清代书院仍沿此教育传统，清代岳麓书院规定学生"每日讲堂讲经书一通"，并须"端坐辩难"，"有不明处，反复推详"，而"照所不晓者，即烦札记，以待四方高明者共相质证"。②又如，诂经精舍除定期月课之外主要进行答疑问难。汉学大师孙星衍说："暇日聚徒讲议服物典章，辩难同异，以附古人教学藏修息游之旨。"③师生常常就学术问题进行激烈的争论。

以上可知，师生之间"质疑问难"，相互质询，是书院治学非常重要的教育传统。这种平等、民主的治学形式是学术进步的基础，更体现了书院独立自主的学术风气。

2. 学术争鸣

书院教育提倡不同见解的交流论辩，以此深化学术思想。如著名的"朱张会讲"开创了不同学派"会讲"之先河，体现了书院"百家争鸣""独立自由讲学"的特色。

---

① 李才栋：《古代书院实施大学教育的教学组织形式》，《南昌航空工业学院学报（社会科学版）》2001年第1期。
② 丁钢、刘琪：《书院与中国文化》，上海教育出版社，1992。
③ 邓洪波：《中国书院史（增订版）》，武汉大学出版社，2012。

南宋乾道三年（1167），张栻主持岳麓书院。朱熹不远千里自福建崇安来到岳麓书院与张栻切磋学问，共同论道。当时盛况空前，"一时舆马之众，饮池水立涸"。

　　元代理学家吴澄评价："当张子无恙时，朱子自闽来潭，留止两月，相与讲论，阐明千古之秘，骤游岳麓，同跻岳顶而后去。自此之后，岳麓之为书院，非前之岳麓矣，地以人而重也。"（《重建岳麓书院记》）①据随朱熹访学的弟子范伯崇回忆："二先生论《中庸》之义，三日夜而不能合。"朱张二人所讨论之题主要集中在中庸之义和"太极"这两个宋代新儒家着重研究的问题上。②这次岳麓之会，开创了不同学派在书院讲学交流之风，对湖湘学派与闽学两派学术思想体系的建构产生了极大的影响。

　　"朱张会讲"之后，会讲的形式被宋代理学家广泛采用。淳熙八年（1181），朱熹请陆九渊登白鹿洞书院讲学。二人率弟子各守阵营，相互论辩，带有浓厚的学派争鸣的色彩。陆九渊讲到《论语》"君子喻于义，小人喻于利"一章时，听者哗然，甚至有泣下者。朱熹也极为赞许，当即离座说，"熹当与诸生共守，以无忘陆先生之训。"并再三表示："熹在此不曾说到这里，负愧何言。"③陆之讲义被朱熹刻于石碑以作纪念，即有名的《白鹿洞书堂讲义》。这也成为学术发展史上的一段佳话。

　　明清之时，定期举行的书院讲会逐渐以会约形式制度化。如《东林书院会约》载："每年一大会，或春或秋，临期酌定，先半月遣帖启知。每月一小会，除正月、六月、七月、十二月祁寒盛暑不举行外，二月、八月以仲丁之日为始，余月以十四日为始。会各三日。愿赴者听，不必遍启。每会推一

① 陈谷嘉、邓洪波主编《中国书院史资料》，浙江教育出版社，1998。
② 朱汉民：《中国书院精神的基本内涵》，载贾磊磊、杨朝明主编《第三届世界儒学大会学术论文集》，文化艺术出版社，2011。
③ 陆九渊：《陆九渊集》，中华书局，1980。

人为主，说《四书》一章。此外有问则问，有商量则商量。凡在会中，各虚怀以听。即有所见，须俟两下讲论已毕，更端呈请，不必搀乱。"①

讲会以学问推究为重，成为书院常规的一项治学活动。除了东林书院讲会外，惜阴书院讲会、徽州紫阳书院讲会、关中书院讲会、姚江书院讲会等亦较为知名。师生各抒己见，自由地研讨交流学术，最终"和而不同"，实现了学术之独立。

五、自学自修

书院某种程度上受禅宗"自悟"之说影响，倡导以自修自得、自主学习研究为主，师生共同起居，云游山水，质疑问难，相互启发。胡适在《书院制史略》中说："书院真正的精神惟自修与研究。书院里的学生，无一不有自由研究的态度。虽旧有山长，不过为学问上之顾问，至研究发明，仍视平日自修得如何。"②从书院学规与读书法、学习"常程"、读书日记等诸多史料中，可以窥见书院在治学过程中的"独立"之精神气质。

（一）书院学规

书院学规，也作规约、学则、规式、揭示。学规内容包罗甚广，主要涵盖三个层面的内容：一是确立办学宗旨，宣示书院教育的方针；二是规定进德立品、修身养性的程序和方法；三是指示读书、治学的门径和方法，多为山长半生攀登书山、畅游学海经验的总结。③其中，书院学规记载的一些读

① 陈谷嘉、邓洪波主编《中国书院史资料》，浙江教育出版社，1998。
② 邓洪波等编著《书院学档案》，武汉大学出版社，2017。
③ 邓洪波：《中国书院史》，东方出版中心，2004。

书治学之法，从侧面反映了书院教育的重要特色之一，即倡导学生"自主"学习。

"为学之道，莫先于穷理，穷理之要，必在于读书。"朱熹在《性理精义》中如是阐述，他认为格物致知的主要方式就是读书。在白鹿洞书院传道授业时，朱熹鼓励学生治学以认真读书、独立钻研、自行理会为主，而老师只是"引路人"的角色。

淳熙七年（1180），朱熹制订《白鹿洞书院揭示》，内容如下：

> 父子有亲，君臣有义，夫妇有别，长幼有序，朋友有信。
>
> 右五教之目。尧舜使契为司徒，敬敷五教，即此是也。学者学此而已，而其所以学之之序，亦有五焉，其别如左。
>
> 博学之，审问之，慎思之，明辨之，笃行之。
>
> 右为学之序。学、问、思、辨四者，所以穷理也。若夫笃行之事，则自修身以至于处事接物，亦各有要，其别如左。
>
> 言忠信，行笃敬，惩忿窒欲，迁善改过。
>
> 右修身之要。
>
> 正其义，不谋其利。明其道，不计其功。
>
> 右处事之要。
>
> 己所不欲，勿施于人。行有不得，反求诸己。
>
> 右接物之要。
>
> 熹窃观古昔圣贤所以教人为学之意，莫非使之讲明义理以修其身，然后推己及人，非徒欲其务记览为词章，以钓声名、取利禄而已也。今人之为学者，则既反是矣。然圣贤所以教人之法具存于经，有志之士，固当熟读深思而问辨之。苟知其理之当然，而责其身以必然，则夫规矩禁防之具，岂待他人设之而后有所持循哉？近世于学有规，其待学者为

已浅矣；而其为法，又未必古人之意也。故今不复以施于此堂，而特取凡圣贤所以教人为学之大端，条列如右，而揭之楣间。诸君其相与讲明遵守而责之于身焉。则夫思虑云为之际，其所以戒谨而恐惧者，必有严于彼者矣。其有不然，而或出于此言之所弃，则彼所谓规者，必将取之，固不得而略也。诸君其亦念之哉！①

《白鹿洞书院揭示》是中国书院发展史上的纲领性的规章，它明确了书院的为学之道，即教育目标是"五教五伦"；并提出"学之序"为"学、问、思、辨、行"，前四者皆为"穷理"之法，属于读书学习方法，"行"意为践履。朱熹希望学生读书穷理、以修其身，作"推己及人"的君子，而"非徒欲其务记览为词章，以钓声名取利禄"的小人。《白鹿洞书院揭示》后来成为书院精神的象征。

朱熹通过学规的制订，不仅为学生指明了为学的方向，还着力于学生自学自修能力的培养，注重对读书方法的指导。朱熹门徒后学将其关于读书方法的言论概括为"朱子读书法"，即循序渐进、熟读精思、虚心涵泳、切己体察、着紧用力、居敬持志等六项，为后世所习。

朱熹认为，读书研修不能急于求成，要反复读，才能真正掌握书中的道理；要虚心学习，沉浸于书中细心体会；并把书中理论应用于实际中，去认真体察；习读深钻，刻苦持久。"书用你自去读，道理用你自去究索，某只是做得个引路的人，做得个证明的人，有疑难处同商量而已"。②这种"自主"的读书自修方式，对于发挥学生的主动性和创造性具有重要的意义，也是书院教育独立性的鲜明体现。

---

① 邓洪波编著《中国书院学规》，湖南大学出版社，2000。
② 黎靖德编《朱子语类》卷十三，中华书局，1986。

又如，清初李颙曾执教关中书院，于康熙年间订立《关中书院学程》，对学生的读书自修做了相应规定：

——每日须黎明即起，正襟危坐少顷，以定夜气，屏缘息虑，以心观心，令昭昭灵灵之体，湛寂清明，了无一物，养未发之中，作应事之本。

——坐而起也，有事则治事，无事则读经数章，注取其明白正大、简易直截，其支离、缠绕、穿空、凿巧者，断勿寓目。

——饭后看《四书》数章，须看白文，勿先观注。白文不契，然后《阅注》及《大全》。凡阅一章，即思此章与自己身心有无交涉，务要体之于心，验之于行，苟一言一心不规诸此，是谓侮圣，言空自弃。

——中午焚香默坐，屏缘息虑以续夜气。饭后读《大学衍义》及《补》，此穷理致知之要也。深研细玩，务令精熟，熟则道德经济胥此焉出，夫是之谓大人之学。

——申酉之交，遇精神懒散，择诗文之痛快醒发者，如《汉魏古风》《出师表》《归去来辞》《正气歌》《却聘书》，从容朗诵，以鼓昏惰。

——每晚初更，灯下阅《资治通鉴纲目》或濂、洛、关、闽及河、会、姚、泾语录。阅讫，仍静坐，默检此日意念之邪正，言行之得失。苟一念稍差，一言一行之稍失，即焚香长跪，痛自责罚。如是日消月汰，久自成德。即意念无差，言行无失，亦必每晚思我今日曾行几善，有则便是日新，日新之谓盛德，无则便是虚度，虚度之谓自画。昔有一士自课，每日必力行数善，或是日无善可行，晚即自恸曰：今日又空过了一日。吾人苟亦如此，不患不及古人也……①

由记载可见，学生在早饭前"无事则读经数章"；早饭后可读《四书》，

————————————

① 李颙：《李二曲先生全集》卷十三，陈俊民点校，中华书局，1996。

"体之于心，验之于行"；午饭后读《大学衍义》及《大学衍义补》，"穷理致知之要也，深研细玩"；申酉之交，从容朗读《出师表》《正气歌》等，以振作精神；夜深时分，在油灯下读一读《资治通鉴纲目》别有一番滋味。由此，书院学程更像是学生自主学习的一本"手册"，让他们对不同时间段如何读书自修可了然于心。

再如，明正德年间，甘泉学派湛若水创建大科书院，手订《大科训规》。湛若水不认同江门学派陈献章所谓"此道苟能明，何必多读书"，主张天理蕴涵虽然在人的心中，但是"读书亦唤醒一番，何等有益"。他在《大科训规》中规定：

> 诸生进德修业，须分定程限，日以为常。
>
> 每日鸡鸣而起，以寅卯辰三时诵书，以巳午时看书，以未时作文，申酉二时默坐思索，戌亥二时温书。然此等大抵皆不可失了本领，通是涵养体认之意。如此持循，当月异而岁不同矣。
>
> …………
>
> 朔望升堂，先生讲书一章或二章，务以发明此心此学。诸生不可作一场说话听过，亦必虚心听受，使神意一时相授，乃有大益。
>
> 诸生朔望听讲之后，轮流一人讲书一章，以考其进修之益。
>
> 进德修业乃是一段工夫，总于修业上着力。每月二、六日考业，以验其进修之次第，所以鞭策令自力也。于所考文字只批点可否，令其自觉用心之精粗，以自励耳。依程子，更不考定高下，以起其争端而滋其胜心。胜心不忘，不可以入道。[①]

---

① 湛若水：《大科训规》，转引自陈谷嘉、邓洪波主编《中国书院史资料》，浙江教育出版社，1998。

由此可知，大科书院教学之法在于讲授与自修相结合，而以学生自修为主。每月老师升堂讲书两次，仅仅是在初一、十五，伴有诸生轮讲，其他时间由学生支配，主要是读书自学。书院还对学习时间作了具体规定，比如何时诵读、何时写文章、何时温习等。其考业督导亦十分严格。考试为命题作文，老师对试卷只批点可否，要求学生自行领会分析其批点，并加以改正。

由上可知不同时期书院对学生读书自修的重视及其相应的规定。作为书院的一种规制，无论是正面引导还是反面戒饬，学规都是书院教育实践经验的结晶，其中对于学习修身之内容、态度与方法等的明确规定，建立了书院教育教学的准则。这些无声的学规文字，鞭策着一代代书院生徒读书自修，传递着书院教育的独立之精神。

（二）学习"常程"

学习"常程"即教学常程，又称常式、课程，受分年读书法影响，一如现在的教学计划，规定书院一定时期的教学内容、讲课时间等。[①]如元至元年间，王构为江西安仁县倪氏锦江书院撰写碑记，其称，"惇延师儒，推请长谕，惟舆论是从，而无挠于私；若主奉掌祠，司财计之数，皆其子弟为之，而弗溷于宾。坐立有图，进退有仪，会课讲试，一如常式"（王构《锦江书院记》）[②]。

南宋绍定年间，知州徐元杰（绍定五年状元）秉承"以学化为先"的理念，为延平郡学及书院制订了一个"日习例程"，关顾诸生"每日所习何事，所读何书，所作何文"，将其理念具体落实到士友"所当习之业"。

① 邓洪波：《中国书院的教学管理制度》，《河北师范大学学报（教育科学版）》2005年第3期。
② 陈谷嘉、邓洪波主编《中国书院史资料》，浙江教育出版社，1998。

——早上文公四书，轮日自为常程，先《大学》，次《论语》，次《孟子》，次《中庸》。六经之书，随其所已，取训释与经解参看。

——早饭后类编文字，或聚会讲贯。

——午后本经论策，轮日自为常程。

——晚读《通鉴纲目》，须每日为课程，记其所读起止，前书皆然。

——每月三课，上旬本经，中旬论，下旬策。课册待索上看，佳者供赏。

——学职与堂职升黜，必关守倅。①

这六条规定中，除了一条涉及学生考试，一条涉及教职人员考核之外，四条均与学习"常程"有关，涉及教法、教材、课程安排等，充分反映了当年延平郡学及书院的教学常态。由此还可见"聚会讲贯"的课堂教学形式是书院自学为主的教学特色。

又如，南宋明道书院按计划进行教学工作，制定了纲领性文件《明道书院规程》，其规定：

一、春秋释菜，朔望谒祠，礼仪皆仿白鹿书院。

二、士之有志于学者，不拘远近，诣山长入状帘，引疑义一篇，文理通明者，请入书院，以杜其泛。

三、每旬山长入堂，会集职事生员授讲、签讲、覆讲如规。三八讲经，一六讲史，并书于讲簿。

四、每月三课，上旬经疑，中旬史疑，下旬举业。文理优者，传斋

---

① 徐元杰：《延平郡学及书院诸学榜》，转引自邓洪波编著《中国书院章程》，湖南大学出版社，2000。

书德业簿。

五、诸生德业修否，置簿书之，掌于直学，参考黜陟。

六、职事生员出入，并用深衣。

七、请假有簿，出不书簿者罚。

八、应书院士友，不许出外请谒投献，违者议罚。有讼在官者给假，事毕日参。

九、请假逾三月者，职事差替，生员不复再参。

十、凡谒祠、听讲、供课，若无故而不至者，书于簿，及三，罢职住供。

十一、凡职事生员犯规矩而出者，不许再参。①

该规程对书院的招生、课程、祭祀、考试等均做了规定。在学习"常程"方面，明道书院将授讲、签讲、覆讲连环相配；讲经、讲史分开进行，一三六八日交叉轮讲；考试科目经、史、举业并重。此外还设有以德业簿、请假簿、讲簿为核心的簿书登记制度，使教学、考核皆有据可查，有凭可证。

明清时期，学习"常程"这类常见于史志，兹举云南新平县《桂香书院学规》所附学程如下：

每月初一讲书，初□且簦官课，□一讲书，十二山长堂课，十六学师官课，二十一讲书，二十二山长堂课。试题：官课，制艺一篇，试帖一首；除艺帖外，间杂试经古及字课。讲书，经史诗文不一。②

---

① 邓洪波编著《中国书院章程》，湖南大学出版社，2000。
② 同上。

类似的学习"常程"亦可见于清代扬州书院。扬州书院每月授课两次，初二日为官课，由地方官吏到书院授课，主要讲授四书；十六日为山长课，讲授诗赋、经解、策论，每年正月、十二月停课。全年只有十次官课、十次院课，其余时间除组织一些论辩式的学术讲演活动外，大部分时间用于生徒自修。①此外，扬州书院藏书颇丰。扬州乐仪书院"院之中书籍具焉，经也、史也、子也、集也，传世之文、荣世之文，次购得，贮厦中楼，曰柜者四，几伴四库，吁，美矣！"②丰富的藏书也为书院生徒读书自修提供了便利。

除了日习、月习的"常程"外，一些书院还制订了分年日程。

如朱熹的再传弟子，元代江东书院山长程端礼制订了《读书分年日程》（以下简称《日程》）。从性质上来看，《日程》是一个指导自觉读书的课程计划。程端礼将朱子读书法以学问的循序渐进为线索，将时间划分为若干个大大小小的单元，用于一系列典籍的学习，从而使读书学习有一套严格的日程可以遵循，并可得到方法上的指导，这大致就是后来学校的课程计划表。③他认为，为学终不能有所成，其根本原因不在于其学不努力，而在于其"失序无本"。因此，他结合在江东书院授业的经验订立日程。其所定读书分年内容并不强制执行，进程可速可缓。在弹性基础上，日程还列出所读书目，明确了各阶段的读书要求和次序，提出了具体读书方法等。

由以上记载可以窥见书院自主学习之风。虽然也有升堂讲学，但书院给予学生的自主学习时间相当充裕。《伊川学案下·附录》载："伊川见人静坐，便叹其善学。"朱熹曰："用半日静坐，半日读书，如此一二年，何患不

---

① 杨本红、徐祥玲：《清代扬州书院教学及其管理述评》，《扬州师院学报（社会科学版）》1990年第2期。

② 余如进主编《中国扬州书院》，广陵书社，2013。

③ 徐雁平：《从程端礼〈读书分年日程〉到章太炎〈中学读经分年日程〉》，《古典文献研究》2004年第00期。

进？"①可见，学生的读书自修、自行领会是书院的教学常态，也成为书院的一道风景。

（三）读书日记

"学源于思"，读书明理、为学之道必"本于思"。"学"侧重于对内容的外在、直观的把握；"思"则是对学习内容的深刻理解，侧重于内容的领会和思考。历代书院十分重视学生的自主自学，通过日记学习（教学）法实现学思并重，启发引导学生自修自得。相关记载不胜枚举。如宋代吕祖谦订立的《丽泽书院·乾道五年规约》载："凡有所疑，专置册记录。同志异时相会，各出所习及所疑，互相商榷，仍手书名于册后。"②文天祥《兴国安湖书院记》载："置进学日记，令躬课其业，督以无怠。"③明代《白鹭洲书院馆规》规定："诸生各立日课簿，每日将用过工夫登簿内，或看经书若干，或读论策表若干，或看《通鉴》《性理》若干，或看程墨及时艺若干，或看古文若干，各随意见力量，但要日有日功，月不忘之。本府将不时抽签稽查。"④清代河北致用精舍规定：生徒"读经日以五页为率，四书不定页数，《通鉴》三十页为率，《史》《汉》一卷为率。人赋以日记簿，凡读书或有发明，或有指驳，或有疑难，或与师友讲论，以至身心微过，皆各书之"。⑤

可见，书院在教育实践中倡导学生自主读书，把每日所读书籍的思考感

① 黎靖德编《朱子语类》，中华书局，1986。

② 吕祖谦：《丽泽书院·乾道五年规约》，转引自陈谷嘉、邓洪波主编《中国书院史资料》，浙江教育出版社，1998。

③ 文天祥：《兴国安湖书院记》，商务印书馆，2005。

④ 李国钧主编《中国书院史》，湖南教育出版社，1994。

⑤ 李良玉：《清代书院与历史教育》，《清史研究》2006年第1期。

悟或疑难问题记在日记册、日记簿、日课簿中；老师以此作为学生课业的督查，师生相互讨论切磋，实现教师指导与学生自学相结合。日记学习（教学）法既能督促学生学习，又给予他们充分的学习自由和独立性。

清代龙门书院山长刘熙载《龙门书院课程六则》有"重躬行""勤读书""严日课""遵规矩""循礼仪""简出入"六则。[1]其中，第三条"严日课"载：

> 诸生宜各置行事日记册读书日记册，于行事日记册内分晨起、午前、午后、灯下四节，按时定课……虽间有参差，总以绵密无间为主，每日课程及事为按候记于行事册，读书有心得有疑义按日记于读书册。所记宜实，毋伪，宜要，毋泛，不得托故不记。逢日之五、十，呈于师前，以请业请益，师有指授，必宜月良膺。每月课文一次，岁终甄别，以验所学之浅深而进退焉……[2]

龙门书院规定，学生要分别记录读书和行事两本日记。行事日记册需每日分晨起、午前、午后、灯下四个时间进行记录，规范自己每日的行为；读书日记册，需记录自己在课堂的学习思考、困惑和心得感悟等。在龙门书院执教的十几年中，山长刘熙载"与诸生讲习，终日不倦。每五日必一一问其所读何书，所学何事，黜华崇实，祛惑存真"[3]。他坚持通过批阅日记册来了解学生读书、行事的情况，每隔五天与学生就日记内容"一对一"交谈。他鼓励学生在日记里表达独立的见解，甚至是质疑批判，同时帮助学生修正

---

① 陈仙、邓洪波：《古代书院日记教学法及其对现代大学教育的启示》，《现代大学教育》2014年第6期。
② 邓洪波主编《中国书院学规集成》，中西书局，2011。
③ 刘熙载：《刘熙载文集》，薛正兴点校，江苏古籍出版社，2000。

错误的认知。

曾任莲池书院山长并建苏州学古堂的黄彭年，也十分推崇日记学习（教学）法。他认为，清代阮元创办学海、诂经两书院采用课试、命题、限篇幅的方法有很大的弊端，在一定程度上抹杀了学生的主观能动性，[①]为此提出学生记日记，"积日而求之，逐事而稽之，知其所亡，无忘所能，为者不畏其难，教者得考其实，途有程也，匠有矩也"[②]。黄彭年要求学生用日记记录学习体会、读书进程、学业难点等，每十天上交书院，每月由老师讲评一次。学生日记作品还被遴选刊印为《莲池日记》。张之洞曾评价："黄彭年主讲莲池书院，购书三万三千余卷，储之院中，课士有度，度人给以札，使为日记，月考其得失而高下之，选刊莲池肄业生日记三十二卷，院中经明行修之士，接踵而起，人文彪蔚，一时称盛。"[③]

此外，作为晚清四大书院之一，乾嘉汉学的发源地，紫阳书院也要求学生在听讲时"各备日录一本，记日行何事，接何人，存何念，读何书，吐何论。须忠实记载……"，以便"查实录，定赏罚，登记考核成绩"。[④]其规定读书日记分为经、史、古今文、杂著等四类。

总体而言，在某种意义上，学生自主读书，教师解疑指导的过程，贯穿日记学习（教学）法的始终。它的意义在于改变了以教师主导、学生被动接受的学习方法，为学生打开了一扇窗，给予他们更多的空间去独立思考、探索辨析、追求新知。其中，书院老师更像是学生的朋友，是"引路人"。

① 王浩、张倩：《黄彭年与莲池书院》，《唐山师范学院学报》2010年第3期。
② 黄彭年：《陶楼文钞》，文海出版社，1969。
③ 苑书义、孙华峰、李秉新主编《张之洞全集》第2册，河北人民出版社，1998。
④ 庄华峰：《明清徽州书院考述》，《江淮论坛》1993年第3期。

第三节　书院治学精神之典范

一、吕祖谦与丽泽书院

丽泽书院在婺州（今浙江金华）明招山中，为南宋理学家吕祖谦讲学之所。命名丽泽，乃取《易经》"丽泽兑，君子以朋友讲习"之义。

南宋乾道二年（1166），吕母曾氏病逝，吕祖谦"护丧归婺，庐于武义明招山墓侧，四方之士争趋之"。乾道九年（1173），吕祖谦再次服丧，结庐守父丧于明招山侧至淳熙元年（1174）五月，其间问学诸生又重新集结起来，于是他再次设帐讲学。嘉靖《金华县志》载："丽泽书院，在旌孝门外，宋吕成公作书堂于城西，观前二湖，悦焉，取《易》兑象之意，以丽泽名。及卒，乡人为祠宇以祭。南宋淳祐年间（1241—1252）郡守许应龙建于双溪之游，南宋咸淳年间（1265—1274）徙今所。元至元年间（1264—1294）重建。明成化年间（1465—1487）佥事辛访令郡守李嗣重建。祀晦庵、南轩、东莱三先生。"①《宋史·本传》载："晚年会友之地曰丽泽书院，在金华城中。既殁，郡人即而祠之。"

以上可知，吕祖谦两次守丧家居，四方学子从而问学，遂建为书院，作为居家会友讲学之地。淳熙八年（1181）八月，吕祖谦逝世之后，其弟祖俭继掌丽泽，并扩建讲堂，建祠纪念。何基、王柏、袁桷等又先后出任山长，吕氏中原文献之学"由是传递不替，其与岳麓之泽并称克世"《丽泽诸

---

① 嵇曾筠修，沈翼机等编纂《浙江通志》，上海古籍出版社，1991。

儒学案》①，为学人所重，丽泽书院亦因此成为南宋四大书院之一。

丽泽书院最初类似私学，吕祖谦一人讲学，四方之士争趋之。当时书院招收的生徒很多，挑选并不严格，学生不受身份和地域限制。朱熹等人曾批评他"收徒杂"，但由此可见丽泽书院的平民化色彩。这也是其独立自主办学的基本特征之一。

吕祖谦非常重视教育，曾批评"后世自科举之说兴，学者视国家之事如越人视秦人之肥瘠，漠然不知，至有不识前辈姓名者。异时一旦立朝廷之上，委之以天下之事，便都是杜撰"②。在他看来，科举弊病很多，书院办学不应为科举，而在于培养"良公卿"之人才，这一办学理念正是丽泽书院独立于官学之外的体现。

吕祖谦前后讲学八九年之久，有《丽泽讲义》传世。在教学内容方面，丽泽书院以儒家经典为主，如《易经》《诗经》《尚书》《论语》《孟子》《周礼》《礼记》等，以历史方面的著作为辅，如《史记》等。

学有规，行有矩。乾道四年（1168），吕祖谦首订学规《乾道四年九月规约》，这是中国书院发展史上较早的学规，比朱熹《白鹿洞书院揭示》早12年。其后学规又多次修订，可谓书院讲学之经验总结，皆收入《东莱文集》。

乾道四年九月规约

凡预此集者，以孝悌忠信为本。其不顺于父母，不友于兄弟，不睦于宗族，不诚于朋友，言行相反，文过饰非者，不在此位。既预集而或犯，同志者，规之；规之不可，责之；责之不可，告于众而共勉之；终不悛者，除其籍。

---

① 转引自邓洪波：《南宋书院的蓬勃发展与书院制度的确立》，《江西教育科研》1995年第4期。

② 吕祖谦：《吕祖谦全集》第2册，浙江古籍出版社，2008。

　　凡预此集者，闻善相告，闻过相警，患难相恤，游居必以齿相呼，不以丈，不以爵，不以尔汝。

　　会讲之容，端而肃；群居之容，和而庄（箕踞、跛倚、喧哗、拥并，谓之不肃；狎侮、戏谑，谓之不庄）。

　　旧所从师，岁时往来，道路相遇，无废旧礼。

　　毋得品藻长上优劣，訾毁外人文字。

　　郡邑正事，乡间人物，称善不称恶。

　　毋得干谒、投献、请托。

　　毋得互相品题，高自标置，妄分清浊。

　　语毋亵、毋谀、毋妄、毋杂（妄语，非特以虚为实，如期约不信，出言不情，增加张大之类，皆是；杂语，凡无益之谈皆是）。

　　毋狎非类（亲戚故旧或非士类，情礼自不可废，但不当狎昵）。

　　毋亲鄙事（如赌博、斗殴、蹴鞠、笼养朴淳、酣饮酒肆、赴试代笔及自投两副卷、阅非僻文字之类，其余自可类推）。[1]

乾道五年规约

　　凡与此学者，以讲求经旨，明理躬行为本。

　　肄业当有常，日纪所习于簿，多寡随意。如遇有干辍业，亦书于簿。一岁无过百日，过百日者同志共摈之。

　　凡有所疑，专置册记录。同志异时相会，各出所习及所疑，互相商榷，仍手书名于册后。

　　怠惰苟且，虽漫应课程而全疏略无叙者，同志共摈之。

　　不修士检，乡论不齿者，同志共摈之。

---

① 吕祖谦：《吕祖谦全集》第1册，浙江古籍出版社，2008。

同志迁居，移书相报。①

以上可见，丽泽书院注重"明理躬行"，学风务实；实行"会讲制"，采取"小而精、少而精"的教学模式。会讲时要求学生遵守纪律，态度严肃认真，并采用问难论辩的教学形式。吕祖谦除了亲自给学生讲课外，还经常邀请朱熹、张栻等当时大名鼎鼎的学者前来讲学。

吕祖谦要求学生要看史书，并设身其中，"见事之利害，时之祸患"并"掩卷自思"，从中学习治理国家的知识与才干。他提出学贵创造，认为"今之为学，自初至长，多随所习熟者为之，皆不出于窠臼外；惟出窠臼外，然后有功"②。鼓励学生要独立钻研，各辟门径，不能落前人窠臼。这对于培养学生自主学习意识颇具现实意义。

据光绪《金华县志》载：东莱吕子，其会友之堂曰"丽泽"，可谓是"一时士人倾心向往，道统学派灿然昌明，名儒蔚兴，踵武相接，天下称婺州为小邹鲁"。可见丽泽书院当时办学之盛况。可以说"婺学"（或称"吕学"）的发展推动了丽泽书院的诞生，而丽泽书院又成为"婺学"或"吕学"形成和传播的基地。婺学以其兼取诸家而又复以中原文献之统润色的特色形成了足以与朱、陆相抗衡的学派。

淳祐六年（1246），知府许应龙迁建书院于双溪之畔，并奏请理宗皇帝赐额。其后，宋咸淳、元至元、明成化年间多次重建，兴学不断，影响深远，诚如全祖望、王梓材所称："明招诸生历元到明末绝，四百年文献之所寄也"，实"为有明开一代学绪之盛"。③

---

① 吕祖谦：《吕祖谦全集》，浙江古籍出版社，2008。
② 陈谷嘉、邓洪波主编《中国书院史资料》，浙江教育出版社，1998。
③ 邓洪波：《中国书院史》，东方出版中心，2004。

二、侯遗与茅山书院

茅山书院，又作金山书院，在江宁府金坛县三茅山。该书院为北宋"六大书院"之一；时至南宋，又被诗人范成大列为宋初"四大书院"之一。

如南宋《庆元建康志》云："天圣二年，知府王随奏处士侯遗于茅山营葺书院。"元至顺《镇江志》卷十一《学校·书院》云："茅山书院在金坛县西南五里顾龙山之麓。宋天圣中侯先生仲逸创建于三茅山，后为崇禧观所据。"①清《江南通志》卷九十《学校·书院·镇江府》云："茅山书院在金坛县茅山，宋天圣中侯仲逸创建，教授生徒。知府事王随奏给田三顷充书院用，后为崇禧观所并。端平中再建于三角山，寻圮。淳祐中郡守王埜复之。未几又圮。咸淳七年，更建于顾龙山。"②昌彼得等编《宋人传记资料索引》（台湾鼎文书局1984年印）载曰："侯仲逸，金坛人。天圣中创书院于茅山，身任教事，仁宗尝赐粟帛。乡人以先生称之。"③茅山由宋初处士侯遗（字仲逸）创建。侯遗应当时士子读书要求，聚徒讲学，创建了一所具有家塾性质的私立书院，选址在江宁府三茅山后侧，名为茅山书院。其办学经费有限，规模不大，虽由宋仁宗时江宁知府王随奏请朝廷获赐"院田"，但书院经费主要还是靠"自营粮食，积十余年"。

侯遗在五律诗《茅山书院》写道："精舍依岩壑，萧条自卜居。山花红踯躅，庭树绿栟榈。荷锸朝芸陇，分灯夜读书。浮云苍狗幻，一笑不关余。"④正如诗句所描绘的，茅山书院选址于峻峭岩壑、花木繁盛之处，别有

---

① 转引自李金坤：《侯遗与茅山书院述略》，《江苏地方志》2017年第1期。
②③ 同上。
④ 朱绪曾：《金陵诗徵》卷五。

一番世外桃源的幽静。书院师生亦耕亦读、自给自足，"荷锸朝芸陇，分灯夜读书"，白天种地、夜起读书，虽办学艰难，却淡然自若。侯遗在此地聚徒讲学，即使"浮云苍狗幻"，也不为世俗所扰，始终坚守着独立办学之精神。

宋代巫伋《茅山书院谒侯处士像》诗云："斋粮资讲舍，遗像拜山中。不尚神仙术，特存儒者风。斯文真未丧，吾道岂终穷。为忆皋比拥，庭前古木丛。"[1]这首诗即表达了对侯遗独立办学精神的敬意。

侯遗去世之后，书院渐废，其地遂为崇禧观所占。宋仁宗中期以后，政府大规模兴学，州县官学逐步取代了书院的地位，书院教育进入了一个沉寂时期，直到后来金坛人刘宰两度重建茅山书院。经清人全祖望考证，刘宰为著名理学家张栻的再传弟子，推崇二程之说。南宋度宗咸淳年间，刘宰将茅山书院迁建于金坛城南的顾龙山。清康熙时其院舍并入圆通庵……茅山书院存世240余年，院址屡迁，风雨飘摇，兴替更迭，但始终精诚办学。

---

① 朱绪曾：《金陵诗徵》卷七。

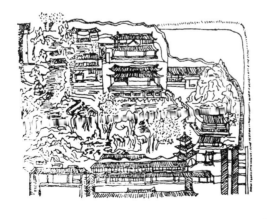

第三章

以德育人的人文精神

　　书院精神的产生和发展，与当时儒学的复兴和发展相辅相成。唐代，伴随着书院和教育事业的发展，儒学复苏，走向儒、道、释分争与融合的局面。宋代，伴随着儒学和佛道思想的不断发展和融合，理学发展成为儒学的一种新的呈现形式，与此同时，书院精神也在儒家和佛道文化的影响下进一步充实和发展。元至明初，程朱理学在思想领域的官方地位进一步明确，至明中叶，心学、实学冲决理学僵化后长久的压抑，形成了一场倾动朝野的思想解放运动。书院复苏，精神蓬勃。清代汉学旗帜高扬书院，实现了书院与汉学的一体化，深化了对儒家经书的校疏与整理。从书院的发展和流变可知，儒家思想一直贯穿于古代书院发展的始终，虽然其间出现过理学、心学等思想的交融，但是对儒家思想的继承和发展一直没有中断，"以德育人"的人文精神也在历代书院的教育文化实践中不断丰富发展。

　　"仁者，人也"，以德育人是儒家一贯倡导的教育理念。儒家认为，道德品性是人的本质，所谓立人、树人、教人就是培养和塑造人的道德人格和品性。这一理念也成为深受儒家思想影响的书院育人精神的价值追求。书院将人的道德培养和品格养成作为教育的首要任务和目标，以期通过修身、养道，完善品德修养；通过明伦、齐家，完善自我人格。最终希望在个体自我道德完善的基础上，实现全社会的道德的完善，从而实现全社会的和谐。明德修身和明伦齐家这两个层面正是书院"以德育人"人文精神的集中体现。与此同时，书院通过多种载体和方式来实现以德育人的目标，其中学规是最为集中的体现，很多书院都将德育作为办学宗旨的学规之首，并在课程设置、祭祀礼仪、山长选任、环境选择等具体办学实践中都遵循了以德育人的标准和原则。

第一节　书院人文精神的具体内蕴

"德"是儒家的核心价值，也是中国传统文化的重要体现，是古代教育的一种终极追求。它是"一种比较稳定和持久的履行道德原则和道德规范的个人秉性和气质，它使高尚的道德原则和道德规范融化到人的本性之中，成为一种相对稳定的自我人格属性"[①]。《左传》中言，"太上有立德，其次有立功，其次有立言，虽久不废，此之谓不朽"。即"立德"是实现不朽的首要因素，对人的素质养成和人格完善发挥着重要作用。书院"以德育人"的主要目标就是让生徒先学会"做人"，这是培养人的前提，之后才能更好地指导"做事"。与此同时，书院将"以德育人"渗透到讲学论道、藏书收集、祭祀仪式、教育管理等各方面，使"德"成为书院首要的育人目标。只有明德修身才能让生徒严格约束自己，提升个人素养，才能立大志，并通过不断自省、慎独完善自己，最终实现治国安邦的目标。可见，以德育人的具体内蕴主要包含修身和明伦两个方面。

---

① 陈法根：《德性论》，上海人民出版社，2004。

一、明德修身：立志、存养、自省、慎独

纵观书院以德育人的情况，立志、存养、自省、慎独四个方面的素质在明德修身中是必不可少的。王阳明在《教条示龙场诸生》中曾阐述："故立志而圣则圣矣，立志而贤则贤矣。志不立，如无舵之舟，无衔之马，漂荡奔逸，终亦何所底乎？"可见志向对成人的重要性，只有先确立伟大高远的志向，才能朝着这个方向不断努力，才有可能成为德才兼备的人才，这也是明德修身的前提。先立志，而后存养，朱熹在《答何叔京》中指出："二先生拈出敬之一字，真圣学之纲领，存养之要法。"陆游《存养堂为汪叔潜作》诗曰："三牲五鼎俱忘想，致一工夫在存养。"王夫之也在《读四书大全说·中庸第三三章五》中强调："如其未尝一日用力于存养，则凡今之人，醉梦于利欲之中，直无所欺而反得慊，无所恶而反遂其志矣。"保存本心，存养以培养善性是明德修身的另一重要体现。同时，在存养的基础上时刻自省，不断反思查找自身的不足，并将这些问题不断改进，进而内化成道德品质，即使在个人独处的时候也能保持良好的德性。可见，书院教育将立志、存养、自省、慎独作为明德修身的重要方面，以期培养真正有德之人。

（一）立志

立志是中国古代儒家教育修身的一个很重要的方面，也是书院德育的基础。立志是成才的前提，也是成才的关键，只有先定下目标，才能朝着目标不断努力，从而成为志存高远、德才兼备的人。正如朱熹所言："立志不定，如何读书。"①没有志向的人，不知道志向为何，读书为何，又怎么会努力读

---

① 黎靖德编《朱子语类》卷六十二，中华书局，1986。

书，认真修炼自我。又如王阳明认为，"志不立，天下无可成之事，虽百工技艺，未有不本于志者。今学者旷废隳惰，玩岁愒时，而百无所成，皆由于志之未立耳。故立志而圣，则圣矣；立志而贤，则贤矣。志不立，如无舵之舟，无衔之马，漂荡奔逸，终亦何所底乎？"①可见他始终坚持以天下为己任，在明武宗正德元年被贬谪到贵州龙场当驿丞时，面对龙场情况复杂，万山丛薄的偏僻困苦环境，潜心悟道，一直没有改变其青云之志和报国为民的初心。经过不断努力和艰苦的探索，他最后悟出"圣人之道，吾性自足，向之求理于事物者误也"的道理。也正是"龙场悟道"，阳明心学全面发展，成为了泽被后世的思想精华。

书院一直要求生徒入学之初，即当立定志向，并且要"使志识坚定，气量宏远，立朝必能建树，居乡亦足楷模。若立志不高，委琐龌龊之见，缠绕于胸中，他日即有造就，亦自卑隘"②。生徒入学后，第一件事就是要立志，不仅要立志，更要立大志，因为志向的高低往往决定努力的程度，从而影响未来成就的高度。立志也是明德修身的前提，只有树立远大志向和目标，才能在遇到挫折和困难的时候坚持下去，磨炼出勇气和魄力，最终成圣成贤。

（二）存养

最早论述和应用"存养"这一道德修养方法的是先秦教育家孟子，此后，朱熹、陆九渊等书院教育家都对这一思想表示推崇，并在一定程度上继承和发展了这一思想。朱熹一直认为，人的"心"中充斥着很多物欲，"存养"

① 许葆云：《王阳明·龙场悟道》，陕西人民出版社，2012。
② 杨绳武：《钟山书院规约》，载陈谷嘉、邓洪波主编《中国书院史资料》，浙江教育出版社，1998。

就是将不合理的物欲转化为现实的义理，从而达到收敛本心，心有主宰的目标。陆九渊也提倡存养而寡欲，才能实现"天理自全"，他曾谈到，"欲之多，则心之存者必寡，欲之寡，则心之存者必多。故君子不患夫心之不存，而患夫欲之不寡，欲去则心自存矣"[1]。由此可见，"存养"是书院德育的重要环节。书院主张生徒穷究义理、收敛妄心，讲义理深深植根心中，净化心灵，时刻用德来约束自己，这样恶念自然消除，恶行随之消失，个人和社会都实现和谐。通过不断修养，生徒的人心和人格完善，实现先天和先在的整体统一，这便是存养的目的。"孟子以善性先天本具于人心，故'学问之道无他，求其放心而已矣'，学问之道，要在反思本心，先立其大者，然后实地用功，推扩而至于物我一体、天人合一的境界，乃能实现人格的完成。"[2]程颢继承了这一思想，他提倡和注重原始存于内心的全体之仁，并通过不断诚敬存养，最后实现心中之仁的全体呈现。他认为"心体之原本的全体性和'明觉'虽在人的现实精神活动里往往被障蔽，但并未丧失，而且常在人心不假思索的'当下'活动里显露出来"[3]。因此，只要时刻坚持心中之仁德来克制本心，以诚敬之态存德养之，长久下来，德性就会内化到人的思想和行为中，并在全社会发挥作用。

（三）自省

《说文解字》曰："省，视也，从眉。"所谓"自省"就是以社会道德和行为规范为评价标准，通过对自己的反思、察看、审视和检查，发现问题和不足，并指导自己不断进行修正，使自己的行为和思想更加符合社会道德和

---

① 陆象山：《陆象山全集》卷二二，中国书店，1992。
② 李景林、杨静：《诚敬存养与格物穷理——二程人格修养学说论述》，《人文杂志》2019年第7期。
③ 同上。

行为规范，从而实现自我完善的过程。继承儒家优良修身传统的书院，非常重视对生徒的"自省"教育，在日常的课堂听讲、理义辩论、为人处世、交友之道中，他们都会要求生徒通过"自省"的方法，不断修正错误和不足，最终塑造理想的人格。朱熹有言："今人非无恻隐、羞恶、是非、辞让发见处，只是不省察了。"①查铎在明万历年间为水西书院制定的规条中提出，修身不能停留在口头，而需通过不断地自查自省并实际践行来提高德性修养，"论修己不外一敬，论待人不外一恕，论行有不得，不外一反己。此皆从身心性情上理会。须以此心之灵为主，时时著察，精神必敛，意气必平，举动必端，取与必慎，惩忿窒欲，无纵情以自肆，迁善改过，无长傲以遂非，无好争是非，无背言过失，常使一敬流过，毫发不敢自肆，真有终日对越上帝之心，此方是见在实功，方是入微路径"②。而《关中书院学程》更是要求生徒每日自察自省，"默想此日意念之邪正，言行之得失"③。

（四）慎独

"慎独"，顾名思义，即谨慎独处，不仅注重自己在大庭广众中的行为，而且更加注意"不欺暗室、不愧屋漏"的行为，这在书院也是一种重要的道德修养方法。对于"慎独"，朱熹指出，"君子慎其独，非特显明之处是如此，虽至微至隐，人所不知之地，亦常慎之。小处如此，大处亦如此；显明处如此，隐微处亦如此。表里内外，精粗显微，无不慎之，方谓之'诚其意'"④。他认为，"慎独"需真心实意地长期修身方能实现。鉴于"到得隐

---

① 黎靖德编《朱子语类》，中华书局，1986。
② 邓洪波编著《中国书院学规》，湖南大学出版社，2000。
③ 白新良：《中国古代书院发展史》，天津大学出版社，1995。
④ 朱熹：《四书章句集注》，中华书局，2012。

微之间，人所易忽"①，清光绪年间黄懋和在为诗山书院制定的课规中也明确规定，"诸生独居一室，虽无拘束，亦须检摄其心，不可偶萌妄念"（《诗山书院课规十则》)②。此外，程端蒙在《性理字训•学力》中强调"幽隐细微，必谨其几，是曰慎独"，即在无人所知、无人所见的幽隐细微之地，必须特别警惕自己的恶性、特别戒慎自己萌动的恶念，时时充当自己的监督者，才能称为真正的"慎独"。可见，书院教育非常注重用"慎独"的方法实现生徒内在"良心"的升华和完善，最终形成自我认同和接纳的更高层次的道德规范。

二、明伦齐家：孝悌、诚信、义节

"'伦'作为一种根本的观念和信念，构成了中国道德哲学和中国伦理精神最基本和最重要的文化气质和民族特点。"③张栻在《郴州学记》中谈道："然而学以何为要乎？孟子论三代之学，一言以蔽之，曰'皆所以明人伦也'。"④"人伦"是人生而为人的基本道德素质，也是确保社会发展的重要保证。每个人都在社会特定的人伦关系中，没有人可以做到独善其身，明人伦也是对人的最基本道德要求。所谓的"明伦"就是要求人人都能做到"以忠事君、以孝事亲、以义从兄、以智导引其思想、以礼节制其私欲、以信规范其行为，最终达于忠、孝、仁、义、礼、智、信之境界，实现天下秩序井然、国家安定和谐"⑤。纵观书院明伦教育，明伦齐家主要集中在孝悌、诚

① 黎靖德编《朱子语类》卷六十二，中华书局，1986。
② 邓洪波编著《中国书院章程》，湖南大学出版社，2000。
③ 樊浩：《"伦"的传统及其"终结"与"后伦理时代"》，《哲学研究》2007年第6期。
④ 苗春德主编《宋代教育》，河南大学出版社，1992。
⑤ 杜华伟：《中国古代书院个体德性培育研究》，中南大学博士论文，2012。

信、义节三个方面。孝悌是书院明伦教育的根本，所谓百善孝为先，足见孝悌对于家庭、社会的意义。诚信更被称为天之道，也是人与人相处的本质和底线。与此同时，还要分清大义和小义，"君子义以为质，得义则重，失义则轻，由义为荣，背义为辱"①。做到三者方能担负起对自己、他人和社会之责任。

（一）孝悌

孝是中华民族一直推崇的传统美德。"孝"主要是针对父母长辈。兄弟姐妹之间互敬互爱，称之为"悌"。在"孝悌"的发展过程中，与"孝"对应的父母对子女的养育爱护被称之为"慈"，与"悌"相对应的是兄弟姐妹之间的"友"。最终"孝、慈、悌、友"构成孝悌文化的基本内涵。最早"孝悌"只是家庭思想，后来家庭思想慢慢发展成为家国思想，孝亲忠君，家国一体，慢慢成为社会发展的基本准则，亦是书院人文精神的要求。如《岳麓书院学规》开篇即提出"时常省问父母"，其后还提出"行坐必依齿序"，拓展到"老吾老以及人之老，幼吾幼以及人之幼"这种"孝悌"的普遍价值。丽泽书院学规中明确要求书院学者做到"以孝悌忠信为本。其不顺于父母，不友于兄弟，不睦于宗族，不诚于朋友，言行相反，文过饰非者，不在此位……"

（二）诚信

儒家很早就把"诚"作为基本的道德伦理之一，与"天道"联系在一起，本质就是追求真实无妄，并提出"仁、义、礼、智、信"五常。"诚信"作为"天道"和"人道"的统一体，在书院教育中也有重要体现。

---

① 陆九渊：《陆九渊集》，中华书局，2012。

碧泉书院的山长胡宏曾提出："诚者，天之道也。"鹅湖书院的郑之侨曾经告诫生徒："'圣贤之学，以存诚为第一字'，如果能够做到'真实无妄，已尽乎诚之义矣'。"①可见，在书院教育中，诚信不仅是道德修养的重要目标之一，也是一个人学"道"的重要标准。二程在嵩山书院讲学时指出："学者不可以不诚，不诚无以为善，不诚无以为君子。修学不以诚，则学杂；为事不以诚，则事败；自谋不以诚，则是欺自心而自丧其忠；与人不以诚，则自丧其德而增人之怨。"②朱熹说："无妄者，圣人也。"③书院教育家认为"诚"既是"天之道"，又是"人事之本然"，故教育生徒要保持人的"诚"之本质，进而坚守"言行相顾"之"信"。

（三）义节

书院教育中，将"义节"的熏陶和培养放在了重要位置，并在教育中要求生徒把守义放在首位，因为"义"不是一个单纯的道德概念，而是一个多层次、综合性的道德概念。对朋友守信、对自己守节、对国家尽忠这些都是应有之义，也是应守之义。在"守义"的同时，还要做到"守节"，即使在艰难困苦的环境下也要穷达持节，坚守节操。朱陆在白鹿洞书院会讲之时，阐明"义"与"利"之精要。陆九渊的心学秉承儒家的孟子一派，以直指本心、明心见性、心即理的"易简工夫"独树一帜，创建了与程朱理学相并立的心学。淳熙八年（1181），陆九渊受朱熹的邀请，登白鹿洞，讲《论语》中的"君子喻于义，小人喻于利"一章时更发挥得淋漓尽致：

> 此章以义利判君子小人，辞旨晓白，然读之者苟不切己观省，亦恐

---

① 邓洪波编著《中国书院学规》，湖南大学出版社，2000。
② 程颢、程颐：《二程集》，中华书局，1981。
③ 黎靖德编《朱子语类》，中华书局，1986。

未能有益也。某平日读此，不无所感，窃谓学者于此，当辨其志。人之所喻，由其所习；所习，由其所志。志乎义，则所习者必在于义，所习在义，斯喻于义矣。志乎利，则所习者必在于利，所习在利，斯喻于利矣。故学者之志不可不辨也。科举取士久矣，名儒钜公皆由此出。……由是而仕，必皆共其职，勤其事，心乎国，心乎民，而不为身计，其得不谓之君子乎？①

由此可见，这里的"义利之辨"正体现出陆九渊心学体系的精髓。他曾自述："我无事时，只似一个全无知无能的人，乃事至方出来，又却似个无所不知、无所不能之人"，"仰首攀南斗，翻身倚北辰。举头天外望，无我这般人"。②陆九渊从"小我"的超越，到"大我"的成就，将本心放在整个宇宙之中，努力超脱"为己修身"，达到天人合一的境界。但是，人要坚守"义节"并不是件容易的事情，人生在世会受到名利的诱惑、贫贱的考验、外部的威胁，只有坚守"义节"才能守住德之本心。

第二节　书院人文精神的实施载体

书院"以德育人"的人文精神真正落实到其教育和人才培养中，还需要一些具体的物质载体，包括制度载体和环境载体。其中制度载体主要集中在学规、课程设置、祭祀仪式、山长选任等方面；环境载体主要指外部环境和

---

① 陆九渊：《白鹿洞书院论语讲义》，载《陆九渊集》卷二十三，中华书局，1980。
② 陆九渊：《语录》，载《陆九渊集》卷三十五，中华书局，1980。

内部环境，外部主要是指书院选址，内部环境主要指书院建筑布局、书院植物景观布局、书院楹联匾牌等。

一、制度载体：书院学规、课程设置、祭祀礼仪、山长选任

书院学规、课程、祭祀、山长选任等一系列的制度规定，都是书院"以德育人"人文精神的体现。在学规上，书院学规是其精神纲领，通过规范学生的行为举止、指示学生读书治学的途径和方法等来培养学生的品行。在课程设置上，大多书院的教育内容都包含对儒家"四书""五经"等经典著作和一些历史典籍的学习阐释，许多学术大师的著作也作为书院重要的学习课程，以扩充学生的知识面。在祭祀上，北宋时期的祭祀对象大多以儒学先贤为主，采用庙学之制，发展到南宋，祭祀对象范围进一步扩大，一些对书院建设做出贡献的名宦乡贤也成为书院祭祀的重要对象，书院通过祭祀先贤实现感召生徒的目的。在山长选任上，书院始终将"德"摆在选任标准的重要位置上，通过山长的言传身教，影响书院学生的道德品质。

（一）书院学规

书院学规，亦称之为学约、学则、学箴、规则、规训、讲规、会规、揭示、开示、院规、堂训、堂规等等，名称繁多。书院学规的主要作用体现在三个方面。首先，它是书院教育思想和教育方针的集中体现，是书院教育的灵魂所在；其次，学规进一步指导生徒树立远大志向和人生理想；最后，学规确立伦理纲常规范，其中不乏理性的规劝和深刻的分析，是生徒修身养性的重要原则和方法，为书院生徒提供了至善达德的标准和依据。

书院章程、学规集中体现了其"以德育人"的人文精神。其中白鹿洞书院、岳麓书院、丽泽书院、鹅湖书院的学规比较有代表性。《白鹿洞书院揭

示》由朱熹制定，并进行了系统推广。这份学规揭示了书院重道德修养胜于词章修养的办学思想，规定了五教之目、为学之序、修身之要、处事之要和接物之要，成为书院教育的共同方针，为历代书院所恪守。

　　岳麓书院学规经历了比较复杂的变化发展过程，从最早的《晦庵先生教条》，到李文炤、杨锡绂后期对学规的发展，再到岳麓书院山长王文清的系统完善。兹以王文清于乾隆十三年（1748）确定的学规内容为范本，分析其体现的德育思想。

> 　　时常省问父母，朔望恭谒圣贤；气习各矫偏处，举止整齐严肃；服食宜从俭素，外事毫不可干；行坐必依齿序，痛戒讦短毁长；损友必须拒绝，不可闲谈废时。[①]

　　学规以"孝""忠"开篇，强调要省问父母、恭谒圣贤，还要求在气习、举止、服食、外事、行坐的习惯举止上做到"庄、俭、和"，在为人处世上做到"义"。可见，这份学规就是岳麓书院生徒的道德行为准则，也是强化对生徒道德教育的方法和手段，更是岳麓书院以德育人思想的重要体现。

　　丽泽书院的学规由《乾道四年九月规约》和《乾道五年规约》两部分组成，都是由吕祖谦于南宋期间设立，也是书院以德育人的又一思想精髓。《乾道四年九月规约》首句"凡预此集者，以孝悌忠信为本"就确定了书院以"孝悌忠信"为本，并进一步明确了规劝、责罚、公布于众、除籍的系列惩罚举措。后面"凡与此学者，以讲求经旨、明理躬行为本"等还对生徒之间的关系、参与会讲的行为举止等方面也进行了系统的要求和规定。

　　可以看出，吕祖谦讲授"孝贤忠信"主要是让学生能够"躬行"，把自

---

① 邓洪波主编《中国书院学规集成》，中西书局，2011。

己学到的东西贯彻到实际生活中去，从而做到君君、臣臣、父父、子子，形成良好的个人生活之"礼"。

鹅湖书院的学规也经历了一个系统的发展过程，这要归功于当时的铅山县令郑之侨。郑之侨非常重视鹅湖书院，认为"鹅湖书院先儒讲学之所也。登其堂者慕其风而思其德，庶感发奋起而实学出焉"[1]。他主政期间，曾经为鹅湖书院制定三个学规。从《鹅湖学规说》到《辛酉戒诸生八则》，再到《壬戌示诸生十要》，详细并清晰地规定了书院生徒应当遵守的制度和规则。在《鹅湖学规说》中，他将"志于道，据于德，依于仁，游于艺"[2]作为书院总则，并指出，"志于道句，端志向以正其趋也。据于德句，主诚敬以存其心也。依于仁句，密操存以养其性也。游于艺句，博穷物理以尽应物之用也"[3]，详细解读了四个方面的意义和内涵。在《辛酉戒诸生八则》中，他提出"戒因循、戒嗜利、戒妒忌、戒钻营、戒欺妄、戒赌博、戒好讼、戒肆谈"[4]的书院八戒，并总结"以上八则，皆切今时之弊，侨每用以自警。因为衍说，以告同堂，共相砥砺，庶俗情既远而人道乃可有次第云"[5]。在《壬戌示诸生十要》中，他提出"知本、体认、力行、省察、存戒、益友、课程、读史、仪度、体裁"[6]十要标准。在郑之侨看来，鹅湖书院以教育英才为目的，诸生读圣贤之书，自然就会慢慢学会圣贤之道。鹅湖书院这三个学规，形成了完整的学规体系，也是鹅湖书院以德育人思想的体现。

可见，众多书院的学规都以"德育"和"治学"两个方面为重，尤以德育为主。书院把人才培养视为其工作的重中之重，将学生的德行作为衡量人才培养质量的重要标准，即把"以德育人"贯穿于学生学业的每一个环节，

---

① 郑之侨：《鹅湖讲学会编》卷十一，齐鲁书社，1996。
② 邓洪波主编《中国书院学规集成》，中西书局，2011。
③④⑤⑥ 同上。

把"为人"置于"为学"之上。此外，书院除了重视生徒自身的道德培养，还要求生徒用自己的德行去影响和熏陶其他人，以实现"使一人之行修移之于一家；一家之行修移之于乡党郡邑，则教化成"①的目的。

（二）课程设置

古语有云"穷则独善其身、达则兼济天下"，这也是儒家倡导的对人才教育和培养的目标之一，而书院实现这个目标的主要方法，就是在课程中以儒家经典著作为教材，通过学习儒家经典中的伦理纲常知识和道德教化理念，使生徒在这些思想的浸润下不断完善内在的道德品质，恪守生活中的礼仪规范，处理好各种人伦关系，从个体到群体，最终逐步实现整个社会的道德和谐。

书院首先将"四书""五经"列入了课程体系，因为这些著作中蕴含着深厚的道德理念、修身之道和济世治国之道，通过这些儒家经典的教育，让生徒首先做到明人伦。如白鹿洞书院以"四书""五经"作为主要教材。朱熹曾说："某要人先读《大学》，以立其规模；次读《论语》，以立其根本；次读《孟子》，以观其发越；次读《中庸》，以求古人之微妙处。"②象山书院以《诗》《书》《礼》《易》《乐》《春秋》《论语》《孟子》八种儒家经典作为教学的主要内容。沧州精舍明确要求诸生将《大学》《论语》《中庸》《孟子》及《诗》《书》《礼记》和程张诸书"分明易晓处反复读之，更就自己身心上存养玩索，著实行履"③。又如应天府书院，也将儒家经典作为教材要求生徒们进行研读，"经以明道，若太阳之御六合焉；文以通理，若四时之妙万

---

① 王志刚：《书院教育对现代大学精神建设的启迪》，《内蒙古社会科学（汉文版）》2016年第37卷第3期。
② 黎靖德编《朱子语类》卷一，中华书局，1986。
③ 朱熹：《朱文公文集》卷七十四，国家图书馆出版社，2006。

物焉"①。

除了儒家经典著作，历史典籍也是书院课程体系中不可或缺的重要组成部分，"史有四：有纪传之学，自《史记》《汉书》至《明史》，所谓二十二史是也；有编年之学，《通鉴》《纲目》是也；有纪事之学，袁枢《纪事本末》各书是也；有典章之学，《通典》《通志》《通考》《续通考》是也。得其一而熟究之，于古今治乱之故，无不了然胸臆间。上之开物成务，足以定大事，决大疑。下之撷华采英，足以宏著作"②。读史书可以积累更多前人经验，书院将学习经典和学习历史相结合，互为补充，互相促进，正所谓"治经者，必读史；治史者，必通经。观其会通，不可偏废"③。

在研习儒家经典的同时，书院还将《春秋》《左传》《公羊传》《穀梁传》《史记》《汉书》等著作，作为研习的重要内容。文石书院明确指出："经，经也；史，纬也。学者必读经，然后可以考圣贤之成法，则亦未有不读史而后可以知人论世者也。是十三经、二十二史，非学者所以必读之书而学问之根底者哉？"④通过经史结合，互相促进，进一步增强阅读效果，更好地实现德育的目标。

还有一些书院将本院学术大师的著作作为课程教材，如岳麓书院注重发扬儒学的传统文化，以孔孟之道为指导，将张栻的《南轩孟子说》和《南轩论语解》作为教学的内容，因为以上两部著作是对《论语》《孟子》这两部儒家经典的进一步分析和阐释。

---

① 范仲淹：《南京书院题名记》，转引自邓洪波：《中国书院史（增订版）》，武汉大学出版社，2017。
② 转引自杨布生、彭定国编著《中国书院与传统文化》，湖南教育出版社，1992。
③ 邓炬：《华阳书院章程》，转引自邓洪波主编《中国书院学规集成》，中西书局，2011。
④ 胡伟建.《文石书院学约》，转引自邓洪波编著《中国书院学规》，湖南大学出版社，2000。

由此可见，书院课程设置、符合人性之理，足能使生徒以德修身，并付诸行动，真正将道德知识内化为道德行为，达到真正的以德育人的目标。

（三）祭祀礼仪

　　祭祀是我国的一种传统文化仪式。《礼记》曰："天地之祭，宗庙之事，父子之道，君臣之义，伦也。"即为人要懂得父子之道、君臣之义、天地之祭、宗庙之事中的祭祀仪式都是伦理纲常的体现。书院祭祀是一种严肃而隆重的仪式，整个过程虽然繁杂，但是肃穆有序，目的是让生徒在仪式中领悟先贤的思想，深化对儒家传统文化的感知，以达到提升道德修养的目的。正如朱熹所言："惟国家稽古命祀，而祀先圣先师于学宫，盖将以明夫道之有统，使天下之学者皆知有所向往而及之，非徒修其墙屋、设其貌像、盛其器服升降俯仰之容以为观美而已也。"书院的祭祀一般分为两种形式，一种是"释奠"，一种是"释菜"，具体的祭祀仪式和流程主要依据《礼记》而行。

　　"释奠"仪式主要祭奠对象是德行高尚的先师圣贤，是祭祀中比较重要的仪式，主要是用羊、猪全牲供祭。《礼记·文王世子》载："凡学，春，官释奠于其先师，秋冬亦如之。凡始立学者，必释奠于先圣先师。及行事必以币。凡释奠者，必有合也，有国故则否。凡大合乐，必遂养老。"[1] "释菜"较之"释奠"仪式较简，用粟、菁菹等供祭，一般是在书院开学或者祭器完成时举行。《礼记·月令》载："（仲春之月）上丁，命乐正习舞，释菜。"[2]不同的书院因为传统和环境的不同，在祭祀日期、祭祀程序和祭祀内容上都有一定区别。如明代仁文书院通过庄严肃穆的祭祀仪式来达到以德育人的目的。

---

① 夏剑钦主编《十三经今注今译》上册，岳麓书社，1994。
② 同上。

议定每入谒，必盥沐而进，齐集于仁文堂。每会，巳时鸣钟五声，院赞二生导引齐入，肃仪澄虑，诣四先生神位前，唱："排班，班齐揖，平身。"如是揖者四，礼毕。初入会，谒者另出四拜。复导引出至仁文堂，东西分立，击鼓三声，各就班位，肃揖就坐。默坐少顷，院长先捧晦翁先生院规、象山先生喻义利章，或朗诵一过，或讨论一番，在坐者肃然倾听。复少顷，师友各随己意，以六经疑义互相问难。过未，击鼓七声，执事者进茶饼。毕，一揖乃退。①

由此可见，每次祭祀，必须盥洗沐浴才能进入，排位、拜谒、击鼓都有严格的规定，学习院规、朗诵、辩论、解决相互疑问，都是祭祀的重要环节。书院通过祭祀孔子及儒家先贤来育人，这正是书院有别于佛道祭祀菩萨神仙的重要体现。"凡书院，皆为先贤作也。先贤，能传先圣之道，以植世教，故师之。先贤之上祀先圣，祖之也；先圣之下祀先贤，宗之也。祖一而宗分，是以所祠或不同焉"，② "必本其学之所自出而各自祭之，非其师弗学，非其学弗祭也"，③因而书院一般在祭祀儒家先贤的基础上，也会对本派的开山师祖以及对书院建设发展有重要贡献的人物进行祭奠。如岳麓书院主祀朱张，"书院旧有祠以祀晦翁、南轩，潭人请以山长式、郡倅纲配，若或寝之而专祀朱张。潭人之言，文公集诸儒之成，以明圣贤之道，讲学于兹，吾师焉；安抚于兹，吾师焉。南轩世大儒，并时同业，夫所谓过化者存焉，吾祀之"（黄衷《岳麓书院祠祀记》）④。象山书院祭祀"三先生"，包含陆九渊、杨简、袁燮等；竹林精舍祭祀"七先生"，有周敦颐、二程、张载、邵

---

① 赵所生、薛正兴主编《中国历代书院志》第10册，江苏教育出版社，1995。
② 李修生：《全元文》第46册，江苏古籍出版社，2004。
③ 邓洪波：《中国书院史》，东方出版中心，2006。
④ 吴道行、赵宁：《岳麓书院志》，岳麓书社，2011。

雍、司马光、李桐等；丽泽书院祭祀书院创建者吕祖谦，并让其生前好友张栻、朱熹与其共享香火。还有一些学派祭祀本学派中最有代表性的人物，如姚江学派祭祀王守仁，甘泉学派祭祀陈献章、湛若水等。《礼记·祭统》认为祭祀是"教之本"，"夫祭之为物大矣，其兴物备矣，顺以备者也，其教之本与！……是故君子之教也，必由其本，顺之至也，祭其是与"。

以上可知，祭祀是书院对人们日常礼仪以及行为规范的一种指引，是书院教育思想和价值观念的一种呈现载体，是书院以德育人的一种重要方法。通过祭祀仪式让生徒进一步深刻感受到祭祀对象的深厚德性和高尚人格，提升生徒的归属感和自豪感，让生徒在内心形成一种目标导向，以期望所有生徒都以先贤为标准要求自己，成为德性深厚之人。

（四）山长选任

"山长"一词最早出现在五代十国时期。据有关史料记载，湖南永州名士蒋维东，好学能文，曾隐居南岳衡山讲学，因其才华出众，被众多受业者尊称为"山长"，这是"山长"一词最早的来源。后来宋代、元代、明代、清代的书院大多沿用"山长"这一称谓，到了清代乾隆年间，"山长"被改为"院长"。"山长"这一称呼是书院产生之初文化人自封的，从字面上看略带"野性"，加之其带有一种"自由主义"的成分，当时的主政者认为"山长"一词显得文化内涵不够深厚，遂将其改为"院长"，但是在民间还是习惯称"山长"。

明代以前，书院对山长的任职没有相关的制度规定可查，但是书院作为教育机构，比较注重山长的道德声誉和管理能力，当时的山长要么是德才兼备，要么是科第出身。负有盛名的书院，其山长多为当时全国有名的学者，一般书院的山长也是由"经明行修，堪为多士模范者"出任。众所周知，书院是为了"使之讲明义理以修其身，然后推己及人"，书院山长把教书育人作为自己的首要职责。而育人应该先育己，只有自身持志养气，才能熏陶和影响学生，进而使其成为德行兼备的人才。如岳麓书院的历代山长都是德才兼备的学术大师，首位山长周式，以"学行兼善，尤以行义著称"，在他主持岳麓书院期间，很多人慕名而来，书院生徒从几十人增至上百人，开启湖湘一脉浓厚学风，轰动一时，周式也因此得到宋真宗召见，赏赐对衣鞍马，授官国子监主簿，享有书院史上亘古未有的殊荣。可见，早期书院虽然对山长选任没有明确规定，但是始终把对德性的要求放在重要位置。

山长是一个书院的精神领袖，一个书院的山长，既是书院的管理者，又是主讲者和学术带头人，大多是品德高尚、学识渊博的名师大儒。他们是当时传播社会文化，为国家输送人才，正社会之风的重要力量。正是因为山长的学识和形象对书院的办学和发展有重要作用，清代以后，书院山长的任职资格逐步清晰，书院也开始实行严格而民主的山长选拔制。乾隆元年（1736）曾记载："凡书院之长，必选经明行修、足为多士模范者，以礼聘请。"可见，要担任山长者，必须是品德高尚的模范，通晓经学的学术大师，更要是人们效仿的楷模。乾隆三十年（1765）进一步要求，书院山长不得由丁忧在籍的官员担任；道光二年（1822）又提出，书院山长必须是科第出身之人。在后来的山长选任中，书院都坚持严格和民主的原则，要担任山长者，在道德修养和学术造诣方面都要是人中楷模，同时还必须接受公众的长期监督，审查程序也是相当严格。因此，后来的书院山长基本都是名宿大儒。

书院山长除了日常负责书院的教育管理之外，首先是一名老师，他们需要对书院的课程进行详细指导，也要定期开展授课演讲，认真批改生徒的文章，及时指出生徒不当的行为。他们是生徒最直接、最亲近的道德榜样和楷模。他们的学术传承、道德品行将在无形之中对生徒形成一种感召力，让广大生徒受用一生。在一定程度上，书院山长的德行直接影响书院德育水平。

因此，山长的德行和书院的声望、教育、管理等各方面密不可分，更与书院的长期维系、代代相传密不可分。

二、环境载体：书院选址、建筑人文环境

书院选址非常讲究，一般会选择依山傍水的城郊名人读书之处，远离喧嚣嘈杂，利用安静优美的自然环境陶冶情操，以文化名人的精神来影响生徒。书院不仅注重书院选址，同时也非常注重书院内部物质环境建设，建筑布局、自然景观布置和楹联、牌匾的选择设置都蕴含着德育思想。

（一）书院选址

书院尤其注重环境对人身心成长的作用，在选址方面秉承儒家"天人合一"的思想。书院创立之初，就被儒家士人定位为研究学问的安身立命之所。书院在选择自然环境的时候也将儒家精神文化植入其中，将超越现实和世俗教化有机融合。所谓"择胜地，立精舍，以为群居讲习之所"①，"泉清堪洗砚，山秀可藏书"②。这种"择胜"的选址观与很多古代名家士人的隐逸思想有异曲同工之妙。书院的主要功能是教书育人，选址之处风景优美，安静怡人，可以让读书人避开世俗的喧嚣和干扰，潜心治学，修身养性。唐代诗人贾岛《田将军书院》云："满庭花木半新栽，石自平湖远岸来。笋进邻家还长竹，地经山雨几层苔。井当深夜泉微上，阁入高秋户尽开。行背曲江谁到此，琴书锁著未朝回。"③该诗生动描绘了书院依山傍水之秀美、泉石

---

① 朱熹：《朱子文集》卷七十九，中华书局，1985。
② 汤移平：《泉清堪洗砚，山秀可藏书——江西书院研究》，《华中建筑》2017年第6期。
③ 《全唐诗》卷五百七十四，中华书局，1960。

楼阁之幽雅，是书院士人吟诗论道与修身养性的最佳之选。很多书院都选择在依山傍水，环境优美安静的地方，如白鹿洞书院，坐落于江西"俊伟诡特鲜有能过者，真天下之壮观也"（李白语）的庐山五老峰下。岳麓书院坐落于素有"岳麓之胜，甲于湘楚"的岳麓山脚下，更有湘江为伴，依山傍水，蔚为壮观。嵩阳书院坐落于五岳之一的河南嵩山脚下；石鼓书院坐落于"更是奇峰耸拔，中高而外秀"的衡阳石鼓山回雁峰下。朱熹在《行视武夷精舍作》中曰："是时芳节阑，红绿纷有烂。好鸟时一鸣，王孙远相唤。"[1]《南岳志》载："南岳七十二峰，共建书院一十八座，包括岳麓、石鼓、邺侯、甘泉等知名书院。"[2]因此，风景优美的自然环境之处，往往是书院汇聚之地。

（二）建筑人文环境

书院建筑布局体现了儒家道德伦理和纲常礼教的要求。书院擅长利用地形优势，大多依山而建，形成前低后高、层层叠进的建筑效果，再通过庭院绿化，林木遮掩，加之以亭阁、山墙、飞檐、翘角做点缀，形成错落有致的生动景象，最终与自然环境完美融合，达到骨色相和、神采互发的整体效果。由于书院注重对地形的利用，书院建筑群整体显得比较封闭，但是自然环境的开拓则与之相互补充，相互辉映，也恰巧成为天人沟通的重要体现形式。在古代，很多儒家士大夫把融入自然、悠然自得、寄情山水作为生活的理想，自然恬淡的心境和宁静幽美的山水悠然合一，也体现了儒家之道超越性的一面。

书院的建筑群以严谨著称，因为它不仅是书院精神的载体，更是社会群

---

① 邓洪波、彭爱学主编《中国书院揽胜》，湖南大学出版社，2000。
② 李元度：《南岳志》，岳麓书社，2013。

体意识的核心，因此，书院建筑一般都坚持"礼乐相成"的思想。从书院的功能来看，其建筑一般包含用于授课的讲堂，用于生活的斋舍，用于藏书的书楼，用于祭祀的祠堂等等。有些书院结合自身特色会有一些特色建筑。不同书院虽然有细微差别，但每个功能厅堂所在的位置、厅堂内的装饰风格等，都严格遵守儒家的纲常礼数，这也是在无形之中给生徒提供一面镜子，让生徒时刻浸润在道德伦常的观念和秩序中，以达到教化生徒、强化德育的目的。

讲堂作为书院建筑的中心，一般都是中轴对称，还有一些天井和庭院布局组合。中轴大多将大门、讲堂、祠堂和书楼依次排列，有机结合，也有些书院在此基础上增设二门、文昌阁等建筑，更多者甚至达五六进，这些正是书院讲学、藏书、祭祀三大事业的重要体现。斋舍一般分布在中轴两侧，有的在前，有的在后，单独成院落，房间数量不一，少的数间，多的数十间甚至上百间，主要满足生徒的生活需要。此外，书院因地制宜，不拘一格，根据实际情况建设各具特色的亭台楼阁。书院坚持中轴对称的布局，以中为尊，通过中轴线区分尊卑、上下、内外、主次，达到由序达敬的目的，同时辅之以特色庭院、天井、亭台楼阁的有机组合，形成序中有和、和中有序、和序统一的整体。如建康府明道书院是官立府级书院，建筑规模宏大，以大门、中门、祠堂、春风堂（御书阁）、主敬堂、燕居堂等六进为中轴线主建筑。象山精舍以讲学的草堂为中心，四周则根据山势地形，分列生徒自己建造的讲庐、书斋，命名为居仁、由义、养正、明德、志道等。从以上建筑风格和建筑命名的情况可以看到，书院非常重视建筑在生徒的德性修养和教化中发挥的潜移默化的作用。

除了建筑本身，书院在塑造自然绿化环境方面也有一定讲究。书院一般会选择代表德性高尚的植物进行布置，在树木选择上大多以绿竹、松树、桂树、梅树居多，同时再选择兰花、菊花等花卉补充。在植物之间，一般都有小桥流水和亭榭走廊，给人一种心旷神怡、清新自然之感。正如吕祖谦所言："儒生往往依山林，即间旷以讲授。"唐诗《杜中丞书院新移小竹》载："此地本无竹，远从山寺移。……色经寒不动，声与静相宜。爱护出常数，稀稠看自知。贫来缘未有，客散独行迟。"①"此地本无竹，远从山寺移"，书院想用竹子体现"色经寒不动，声与静相宜"的高贵品质与傲然本色，就从远处的山寺移植，这体现了书院对经寒不动、静处养性的理想人格的追求，也说明注重环境对修身养性、人格涵养的作用，其实质是重视书院环境以德育人的作用。除了自然环境的布置，书院还非常注重将建筑和人文环境相结合，这主要体现在书院的楹联上。楹联是书院作为古代文化传承之地的重要体现，"相较于祀祖颂德的宗祠楹联、超然玄妙的寺庙楹联，书院楹联多含导化性情、启迪智慧之意蕴，不仅有美化修饰建筑的作用，更是儒家文化在书院中最直接的体现"。②楹联大多以宣扬纲常礼教、教化劝学为主，内容丰富，辞藻优美，寓意深刻。如岳麓书院楹联，"是非审之于己，毁誉听之于人，得失安之于数，陟岳麓峰头，朗月清风，太极悠然可会；君亲恩何以酬，民物命何以立，圣贤道何以传，登赫曦台上，衡云湘水，斯文定有攸归。"又如顾宪成、高攀龙主持的东林书院楹联，"风声雨声读书声声声入耳，家事国事天下事事事关心"。将为学、为人的道理通过楹联展现，生徒每日耳濡目染，自然注重自身品性修养。

---

① 《全唐诗》卷二百九十九，中华书局，1960。
② 冯刚、田的：《泉清堪洗砚，山秀可藏书——从楹联谈中国古代书院建筑的审美取向》，《天津大学学报（社会科学版）》2009年第11卷第1期。

第三节　书院人文精神之典范

如前所述，书院人文精神的传承发展总是与书院的发展变迁紧密相连。"以德育人"的人文精神在书院的建设、教学与管理的过程中都有着深刻的体现，在书院的办学实践中也生成了诸多"以德育人"的经典案例。其中，《白鹿洞书院揭示》、岳麓书院祭祀较为典型。

一、《白鹿洞书院揭示》

学规是书院精神的集中体现，更是人文精神的主要表现形式。《白鹿洞书院揭示》是朱熹于淳熙六年（1179）在知南康军任上修复白鹿洞书院时撰就的。关于《白鹿洞书院揭示》的历史溯源，部分学者认为这是书院中最早的规条，也有学者认为《白鹿洞书院揭示》相对完善且影响力大，是比较有代表性的书院规条之一，但将其定位为最早不一定妥当。朱熹在《白鹿洞书院揭示》附注中有言："近世于学有规，其待学者为已浅矣；而其为法，又未必古人之意也。故今不复以施于此堂，而特取凡圣贤所以教人为学之大端，条列如右，而揭之楣间。"①由此可见，《白鹿洞书院揭示》也是朱熹在前人办学规条经验的基础上逐步完善形成的。

《白鹿洞书院揭示》中，对书院生徒的道德纲常、为学、修身、处事、接物等方面都有明确规定，有如：

---

① 邓洪波主编《中国书院学规集成》，中西书局，2011。

父子有亲、君臣有义、夫妇有别、长幼有序、朋友有信。

右五教之目。

尧舜使契为司徒，敬敷五教，即此事也。学者学此而已。而其所以学之之序，亦有五焉，其别如左。①

这份揭示首先提出书院的教育方针是实施"五教"，并精辟地阐释了父子之间要有亲，君臣之间要有义，夫妇之间要有别，长幼之间要有序，朋友时间要有信。这里基本涵盖了伦理纲常的方方面面，也指出了这是书院教育的首要之序。

博学之、审问之、慎思之、明辨之、笃行之。

右为学之序。

学、问、思、辨四者，所以穷理也。若夫笃行之事，则自修身以至处事接物，亦各有要，其别如左。②

在对道德伦理作了首要要求之后，紧接着就对如何为学进行了阐释，认为做学问首先要博览群书，对书中的观点进行审视、发问，再结合自身谨慎思考，思考之后明辨是非，最后再指导行动。可见做学问的四个方面层层递进，是系统的不可分割的整体。

言忠信、行笃敬、惩忿窒欲，迁善改过。

右修身之要。

---

① 邓洪波主编《中国书院学规集成》，中西书局，2011。
② 同上。

正其义不谋其利；明其道不计其功。

右处事之要。

己所不欲，勿施于人；行有不得，反求诸己。

右接物之要。①

而后，朱熹又规定了言行举止的"修身之要"，从说话、行为、惩戒等方面砥砺德性；同时阐明"义""利"和"道""功"之间的关系，引导端正与人相交往的动机与态度，明确处事之要；最后明确接物之要，即不要把自己不想要的强加给别人，出了问题，不要怨天尤人，而要反躬自省。

《白鹿洞书院揭示》有五条，均来自古代"圣贤"著述之中。"父子有亲"句出自《孟子》；"博学"句出自《礼记》；"言忠信"句出自《论语》；"惩忿"与"迁善"句出自《周易》；"正其义不谋其利"两句出自董仲舒；"己所不欲"句出自《论语》；"行有不得"句出自《孟子》。由此可见，学规汲取了儒家经典精华，"五教"之目明确了书院以道德伦理为核心的培养内容，并从为学、修身、处事、接物等方面对个人修身提出了明确要求，以此来规范学生的日常行为。

《白鹿洞书院揭示》是书院学规章程中最有代表性的一篇。朱熹在为其做附注的时候指出："观古昔圣贤所以教人为学之意，莫非使之讲明义理以修其身，然后推己及人。非徒欲其务记览为词章，以钓声名、取利禄而已也。"②可以看出，白鹿洞书院将"明义理以修其身"的德育理念视作教人为学的首要目标。《白鹿洞书院揭示》既是朱熹德育思想的集中体现，系统阐述了"修身养性""修己达人"的世界观、人生观与价值观，又是书院"德

---

① 邓洪波主编《中国书院学规集成》，中西书局，2011。

② 同上。

育为先"办学理念的代表之作，将书院道德教育的内容、方法和途径都囊括其中，对纲常伦理、立德修身提出了具体要求。

二、岳麓书院祭祀

祭祀是我国书院规制中一个极为重要的组成部分，其主要作用在于树立典型模范，对生徒进行教育，以达劝诫规励、见贤思齐之目的，是一种重要的德育形式。在书院祭祀中，最有代表性的当属"天下四大书院"之首的岳麓书院祭祀。

在岳麓祀事的演变上，岳麓书院在创办时就设俎豆，祀孔子。整个北宋时期受祀于书院的只有孔子及其贤弟子，他们是山长们给住院生徒树立的榜样。供祀的地方在张舜民的《郴行录》中记作"孔子堂"，这也反映出孔圣一门岳麓香火的盛况。到南宋，孔子独坐岳麓祭坛的局面被打破，陈傅良在《潭州重修岳麓书院记》中谈到，他淳熙十五年（1188）参观岳麓书院时，曾谒诸先生祠下。"诸先生祠"始建于何时，已经难以考证，但可以肯定的是，淳熙年间已经有"诸先生祠"。所谓"诸先生"指哪些人，已无从查证。嘉定年间，真德秀任潭州（今长沙）知州兼湖南安抚使，曾到岳麓书院，祭祀朱洞、周式、刘珙，著有《祭太守朱公、山长周君、安抚刘公文》，或许此之"三君子"即为"诸先生"。元代延祐元年（1314），长沙郡别驾刘安仁以张栻、朱熹两位理学大师"合祀朱郡守、周山长、刘安抚，额曰诸贤祠"[1]。

到了明代，岳麓书院的祭祀得到进一步发展。弘治年间，特祀朱熹、张

---

[1] 袁名曜：《重修岳麓书院文昌阁记》，载赵宁：《新修岳麓书院志》卷三《旧志》，广陵书社，2010。

栻两人，绘像设祭，这也是岳麓书院祭祀两位大师的开始，表明了朱张在岳麓书院的突出地位。朱张两人从"诸贤"中独立出去之后，其他"贤人"则另辟"慕道祠"供祀，香火不断。到嘉靖五年（1526），学道许宗鲁、知府杨表改旧院讲堂为祠宇，供奉潭州知州朱洞、李允则，安抚刘珙、山长周式、明通判陈纲、同知杨茂元等六人，故名之曰"六君子堂"。其后，凡有功于书院者，都供祀于此。到了清代，岳麓书院的祭祀更为发达，除了恢复重建文庙、朱张祠、四箴亭、六君子堂、道乡祠外，康熙初年车万育、潘如安、陶汝鼐、陶之典等湘中"耆老同建文昌阁"[1]，阁内供奉文昌帝君，凡"在院书生获隽者，悉得提名其间"（光绪《善化县志》卷十一）。后来岳麓书院又先后祭祀屈原、周敦颐、贾谊、李发甲、丁思孔、罗典等。据《岳麓续志》卷一《公襄祀典呈词》记载，嘉庆前岳麓设祭十五处，后又增十有二处。后又陆续建设，共计二十八处之多，受祀者达百人以上。岳麓祠宇之众，实为前所未有，亦属海内外其他书院所罕见。

岳麓书院祠宇众多，也分为很多类型，从其内容性质可划分为崇道型、崇教型、教化型和励志型。崇道型反映出岳麓学术风尚和追求，文庙（大成殿）、崇圣祠、濂溪祠、四箴亭、朱张祠（崇道祠）等都可归于此类。这类祭祀的作用，在于提醒书院诸生要分辨义利，坚持儒家思想路线，而不要偏离其轨道。崇教型中包含"六君子堂"、李中丞祠、罗典专祠、欧阳厚均专祠等，供祀对书院的建设发展做出重大贡献的人，目的在于使生徒记住兴办书院之不易，教育他们珍惜学习机会，掌握"传道济民"的本领，以不负书院功臣们期盼其成才的"盛心"。教化型则通过受祀者的事迹，感化生徒，从而达到教育的目的。道乡祠、三闾大夫祠、贾太傅祠等都可收入这一类型。励志型主要以岳麓书院的船山祠为代表，王船山的民族气节和学术成

---

① 赵所生、薛正兴主编《中国历代书院志》第4册，江苏教育出版社，1995。

就，是高尚和卓越的，将他树立为榜样，使诸生见贤思齐，自我磨砺，以求进取。

在祭祀的形式方面，书院都有一定的程序，每年春秋要举行两次大的活动，地方长官都要参加。每月朔望也要拜谒各贤哲，一般由山长带领进行。祭祀通过仪式向先辈表示尊敬，进献祭品表示敬意，最后颂祭文、焚祝文等。流程虽然复杂，但内涵丰富，每个动作细节都有其重要意义，旨在通过此种仪式向先贤表达敬意与缅怀之情，从而引导后世诸生仿效之。

立学而祭祀，祭祀是书院礼仪制度中极其重要的一项内容。岳麓书院祭祀仪式主要包括香仪、释菜礼、释奠礼等。其中香仪，即上香、行香，是最简的祭祀仪式。主祭者上香，行跪拜礼即算礼成。释菜，又称舍菜、祭菜。其礼亦颇简，祭品多为蘋、蘩、芹、藻类菜蔬。释菜礼是"用蘋（又名蘋蒿）、蘩（白蒿）等野生菜蔬祭奠先师，敬奉给教师，以此表示从师学艺"[1]。释奠礼是"在学宫中举行祭祀'先圣先师'或'先老'的一种仪式"[2]。所谓释奠，即"陈设酒食用以祭奠先师先圣"[3]，"释奠是专行于文庙的一种祭仪。释、奠均为陈设、呈献之意，指的是祭典中陈设音乐、舞蹈，以及呈献牲（三牢）、酒、果、蔬菜等祭品，以表示对孔子的尊崇。因在春秋两季仲月上丁日举行，所以也叫'丁祭'"。[4]祭祀场景一般都很隆重，祭品丰盛，活动丰富。书院祭祀使生徒在祭祀中接受教育，也是书院以德育人的重要形式和载体，目的在于通过祭祀仪式教化人们在追求个体道德完善的基础上，实现全社会道德的完善。

---

① 朱筱新：《中国古代的礼仪制度》，商务印书馆，2007。
② 单纯主编《国际儒学研究》，九州出版社，2007。
③ 朱筱新：《中国古代的礼仪制度》，商务印书馆，2007。
④ 朱汉民：《岳麓书院》，湖南大学出版社，2008。

第四章

求真务实的实践精神

书院作为宋元明清时期主要的学术基地，以追求知识为目标，主张通今学古、学以致用，在培养生徒圣贤品德的同时鼓励生徒走出课堂，注重社会实践与积累，研究有用之学和与国家社会密切相关的现实问题，引导生徒走向实用、实行、实政的经邦济世之途，做到既读圣贤书，又通窗外事，以求在实践中利济苍生。北宋教育家胡瑗创立"苏湖教法"，将学校分为"经义"和"治事"两斋，在儒家经典的基础之上增添了实践教学环节；南宋时期朱熹将践履作为书院教育的重要组成部分，强调走向社会，带领生徒实地考察名山大川、风俗人情；元代"历山公"千奴所建历山书院在讲经授史的同时更将医理的教学与实践相结合，并开办医馆救助伤病，从而使诸生学正己修德之理，行扶危助困之事，可谓是儒家学术理想与现实有为的完美结合；明代东林书院面对阉党恶行，在顾宪成、高攀龙的带领下，把讲学与参与政治活动结合起来，呼吁任贤才、革弊政，立志救世；清代湘水校经堂要求生徒考究"古今天下治乱，中国强弱之故"，"举乎日所闻于经者，抒之为方略，成之为事功，一洗二百年穿凿之耻"（张亨嘉《新建校经书院记》），从而培养出了郭嵩焘、左宗棠等众多经世致用之才。可以说，实践精神是各时期的书院所共同追求的教育理念，为社会培养了一大批实用人才，对社会的发展起到了积极的促进作用。

第一节　书院实践精神的具体内蕴

书院在培养人才的过程中不仅注重实践本身，更加注重实践的实际效果，一方面强调以知促行，将所学运用于实践，并在实践中对理论进行检验与完善；另一方面还强调学以致用，主张为学要为世人做出贡献，这也是古代学者所追求的终极学问。从这个层面来讲，实践实则是一个由浅入深、体用结合的过程，具体可细分为躬亲实践、知行合一、经世致用三个阶段。

一、躬亲实践

书院教育注重"践履躬行"。践履躬行语出《诗经·大雅·行苇》，意为身体力行，躬亲实践，体现了重视实践、深入实践的精神。一方面，书院将实践作为完善生徒道德修养的重要方式，注重引导生徒将内在之德外化为外在之行，即行出于德，故要听其言更要观其行，行重于言，言行当一致。另一方面，书院用"行之力则知愈进，知之深则行愈达，是知尝在先而未尝不随之也"来鼓励生徒亲自深入实践，在实践中精进知识。

朱熹非常重视自身践履，认为先知后行，行重于知。他提道："为学之实，固在践履，苟徒知而不行，与不学无异"即求知如果不是用于头践，相当于白学。正是因为如此，朱熹在《白鹿洞书院揭示》中花了很大篇幅详细介绍了"笃行"要从哪些方面着手，要求从修身、处事、接物三个方面对生徒进行实践教育，并逐条列举了三者的具体原则。他训诫学生，修身要做到说话忠诚信实，行为笃厚恭敬；制住怒气，抑制欲望；改正错误，不断向善。处事要做到用礼来约束自身的行为，用义来规范自己的思想；要敢于捍卫天下的正道真理，能为此不避不趋，不计得失。接物要做到"己所不欲，勿施于人"，自己做事未达到目的，应从自己身上找原因。他还从反面来论证"躬行践履"的重要性，"若不用躬行，只是说的便了，则七十子之从孔子，只用两日说便尽，何用许多年随着孔子不去。不然，则孔门诸子皆是呆无能底人矣"，以此来训诫生徒，只有亲自去体察，才能真正将知识转化为自己所有。

又如，刘熙载在《龙门书院课程六则》中指出："学者读古人书，工夫从知上起，即当从行上尽，知而能行，其知乃真。"即只有将知识付诸实践，才是真懂得。同时还训诫诸生"随时省察所行之事，与平日所读之书相合不相合"来进行知行的对照检验。《凤巘书院学规》其中一条内容便为"敦实行"："圣门言学，知行并进，凡论君子，言行并重，务知而不务行，徒费思索，无裨身世，能言不能行，则所谓空言以欺世，虽言愈工丽，返之身心，全无实得，正不知所读何书，所学何事也。"①书院以此来告诫生徒要言行一致，注意将理论与实践相结合。

可见，"行"是各书院教书治学中的关键一环，也是读书人德才并进的必修之业。若连所学之理都不去践行，又如何能做到修其身，更不用妄谈齐家治国平天下。因此，书院特别强调在行动中进行学习教育，也常常会在学规、学约中提出行动的路径或要求。

在要求学生躬亲实践的同时，书院山长也非常注重通过言传身教来为生徒做好表率。范文正公在应天府书院授业时，极其注重躬亲实践。每逢其讲授诗词歌赋，必会亲笔创作，并在此过程中将诗文的意象选取、格律运用、行文逻辑与典故出处等逐一讲解，旨在缩短学生从能知到能行的过程，并将知与行有机结合，事半功倍；在道德修养方面，他更称得上是"勤劳恭谨，

---

① 邓洪波主编《中国书院学规集成》，中西书局，2011。

以身先之"的楷模，先忧后乐，正是他一生道德情怀的写照。程颢和程颐二人也很注重以身作则、身体力行，他们认为："穷经，将以致用也"，"力学而得之，必充广行之"，所表达的正是一种博学古今而能适用于当下的理想与追求。江西豫章书院一位名叫高为孝的生徒，自小天资聪颖，进入书院学习后更是遍览群书，学有所成。满腹经纶，拔贡出身，两度被聘为鹅湖书院的山长。根据《铅山县志·文苑》记载，高为孝主持教务时，"游其门者亦多能以品节自励，不独登科之士远近联翩鹊起"①，在书院为师时，高为孝始终秉持修身端品、崇实尚德的治学态度。在他的影响下，书院师生也在治学中时刻修身自律。虽然书院山长大都位卑职轻，过着清贫简朴的生活，但他们在书院任职讲学期间，在与学生相处的过程中，坚持以身作则，躬亲实践，不厌其烦为生徒讲学答疑，为学生做好垂范，受到生徒的爱戴和百姓的尊敬，也鞭策着生徒在学习的过程中明道博学，以知促行。

二、知行合一

明代以来，"知""行"二者的关系有了新的表现形式，王阳明首次明确提出了"知行合一"学说，并在书院治学过程中进行推广。所谓知行合一，是由内心本然的知觉到行动，又由行动到自觉之知的双重转化过程，即借助理论知识进行实践，同时在实践中对知识进行检验，加深自己对知识和事物的认识，进而获得真知，二者相辅相成，互为表里。

"知"和"智"在古代文献中虽多通用，但各有不同。《释名·释言语》云："智，知也。无所不知也。"《荀子·正名》也曾提道："所以知之在人者谓之知，知有所合谓之智。"可见，"知"一般被理解为知识、知道，意味

---

① 王立斌、刘东昌主编《鹅湖书院》，湖南大学出版社，2013。

着知识的获得；"智"则被理解为聪明、智慧，意味着能够对知识做出客观、理性的判断。如黑格尔所言："熟知的并非真知"，也就是说，在学习中从不知到熟知所获得的只是知识，而从熟知到真知才能将知识转化为智慧，即只有转化为智慧的"知"才为真知。

对于"如何求得真知"这一问题，不同时期的书院，其治学方法也有所差异。在孔子"不耻下问"治学思想的影响之下，中国书院师师、师生、生生之间常常就不懂的问题进行质疑问难，并将其作为追求真知的重要方法。王阳明在治学过程中强调"质疑问难"。一开始，向王阳明提问的书院生徒并不多，他便昭告诸生，"诸公近见时少疑问，何也？人不用功，莫不自以为已知，为学只是循而行之是矣。殊不知私欲日生，如地上尘，一日不扫，便又有一层。着实用功，便见道无终穷，愈探愈深，必使精白无一毫不彻方可"。他质问学生为何不勤加提问，学习过程中如果一直没有疑问，以为自己什么都知道的话，就会在原来可能是错误的道路上越走越远。只有不断地进行质疑，才能扫去蒙在心中的灰尘，探求到最精妙的道理。吕祖谦在《丽泽书院学规·乾道五年规约》中提出："凡有所疑，专置册记录。同志异时相会，各出所习及所疑，互相商榷，仍手书名于册后。"要求专门立策来记录生徒的疑问，并在见面时共同商讨，一同思考，以此来追求真知。胡宏在碧泉书院讲学时，在其生徒彪居正的追问之下，相继提出了何为仁、何为仁之体的疑问，并解答了"仁之体"是"万物与我为一"的疑惑。除了质疑问难之外，学思结合也是书院追求真知的途径和方法。船山先生王夫之指出："学非有碍于思，而学愈博而思愈远；思正有功于学，而思之困则学必勤。"学习和思考必须结合起来，二者是相辅相成的。所学愈广博，思考得就愈深入；思考得愈深入，也就愈能促进学习。只有通过好学、力行等切身实践，不断扩充知识储备，加强道德修养，才能达到对知识的真正领悟。

可见，"求真知"归根结底是为了落实到行动中去，实则是一个从实践中来，到实践中去的过程，也如前文所述的"知行合一"。

知行合一的实践观具体体现在王阳明的《教条示龙场诸生》中。"教条"是他为龙冈书院所立的规约，主要内容围绕立志、勤学、改过、责善展开。他首先强调的是"立志"问题，认为人只要决心从善去恶，便能不"欺"不"瞒"；"故立志而圣则圣矣，立志而贤则贤矣"。之后的勤学、改过、责善都当以立志为基石，相互联系，彼此促进。勤学，是对内心志向的"纠察"，通过勤学不断提升其思想境界，以广阔的胸襟去容纳更高远的志向，以扎实的学问去辅助更务实的理想。改过，是对立志的有机补充，以不欺不瞒的态度去承认错误，用从善去恶的决心去改正过失。责善，是志同道合的修行，在劝勉从善的道路上诲人不倦，在知行合一的原则里推己及人。他通过精炼的语句和通达的智慧为诸生勾画了从立志到笃行的蓝图，引导众人立志从善、博学求精、表里一致，最终走上知行合一的道路。

可以看出，"知"与"行"共同致力于提升理论涵养与践行能力，彼此不可割离。二者虽然可以分作两个方面来说，但并不需要分出孰轻孰重的两截。所谓"知与行工夫须着并列，知之愈明，则行之愈笃，行之愈笃，则知之益明，二者皆不可偏废"(《朱子语类》)，知行二者就像自己的双脚，只有互相配合才能齐头并进。如果知行分离，则必会导致知而不行、行不合知。这种主张在行动中求真知的教育理念，对书院的教育和发展起到了积极的促进作用。

三、经世致用

从宋明时期的繁荣与辉煌，到清代的普及与流变，书院的积弊也逐渐暴露出来。一方面，书院严重走向官学化，逐渐沦为科举的附庸；另一方面，山长由官府任命与委派，大多来自权要，师资冗杂，且多为无用之师，不利于生徒的培养和发展。正如潘克先在《中西书院文艺兼肄论》中所言："乃观中国一乡一邑，书院林立，所工者惟文章也，所求者乃科举也，而此外则别无所事。……今日四邻日强，风气日变，泰西诸国各出奇技淫巧以赚我钱，而我之八股五言曾不足邀彼一盼，试问制艺能御彼之轮舰乎？曰不能也；能敌彼之枪炮乎？曰不能也。自知不能而尚不亟思变通，是犹讳病忌医，必至不可救药也。"因此，当中国遇上世界千年未有之大变局时，有识之士们便开始思考如何让书院培养出能推动社会进步，符合时代发展所需要的实干型人才，书院教育开始将"经世致用"视作核心价值，力求转变当时空谈心性、不务实际的社会风气。

经世致用的实践观具有以下几个特点：一是充分揭露科举考试的弊端，竭力反对学校沦为科举的附庸；二是关心时事政治，通过评议朝政得失、提出改革主张的方式来试图改变不良现状；三是思想更加包容，凡是有利于匡扶时弊、利国利民的学说和主张均可以被采纳，并逐渐将自然科学等西学学科融入课堂教学内容。

被后世推为"湖湘学宗"的张栻在主持岳麓书院期间旗帜鲜明地反对岳麓书院成为科举考试的附庸，提出了"造就人才，以传道而济斯民"的办学宗旨，以经世致用为核心的为学之道，其"体察求仁""辨别义利"的观点更是深得志士之心，群英荟萃，开一时之新风气，使得岳麓书院声名远播，更使得以岳麓书院为中心的湖湘学派成为众多实干派名人的摇篮。岳麓书院以"经世致用"为治学宗旨的传统一直延续，培育了众多栋梁之材，例如杰出思想家王夫之、写下《海国图志》的思想家魏源、洋务运动时做出诸多贡献的左宗棠等。

东林书院广为世人传颂的楹联，"风声雨声读书声声声入耳；家事国事天下事事事关心"，便体现着东林书院"读书、讲学、爱国"的办学宗旨。

书院读书与讲学的最终志向是为了爱国，东林书院治学不仅重在明理修身，还经常讨论当时的政治与国事，针对当时朝政出现的问题提出自己的看法和见解，其心怀家国天下的抱负和敢于针砭时弊、意图进取的精神却被永远铭记。书院从修身正己、博闻广学到知行合一、经世报国，以不畏权贵、不惧生死的决心，力争一个海不扬波、民安国泰的天下。

颜元以"为天下造实绩"为目的而兴办漳南书院。他认为，书院培养人才的目的就在于养成"建经世济民之勋，成辅世长民之烈，扶世运，奠生民"之人。他主张学问应有补于世用、务期实用，所谓"读得书来，口会说，笔会做，都不济事，须是身上行出，才算学问"①。阮元在嘉庆、道光年间，分别于浙江、广东创立诂经精舍和学海堂，明确主张"以励品学，非以弋功名""且课举业者，各书院已大备，士子皆知讲诵，此堂（指学海堂）专勉实学"②。他将研究讲授经史实学使其能致于实用为目标，大力弱化了治学以科举为目标导向的教学方式，为清中后期广大书院向经世致用的目标靠拢提供了参照，许多书院受其影响颇深，如长沙的湘水校经堂。湘水校经堂于道光十一年（1831）建于岳麓书院，是时任湖南巡抚吴荣光仿学海堂之制所设。开经义、治事、词章三科试士。当时，岳麓、城南二书院讲求实学，往来求学者可谓门庭若市。至道光十六年（1836），该学堂各科教学几乎荒废停办。咸丰末年，湖南巡抚毛际可曾短暂重开过校经堂的经史科目。光绪五年（1879），湖南学政朱迪然将该学堂重新迁建于城南书院旧址处，任命山长及学长等专人具体负责学堂的相关事务。并在同年完成招生，正式开课教学，设《校经堂学议》，要求学生"寝馈于四书、六经，探治平之本，然后遍读经世之书，以研究乎农桑、钱币、

---

① 丁钢、刘琪：《书院与中国文化》，上海教育出版社，1992。
② 同上。

仓储、漕运、盐课、榷酤、水利、屯垦、兵法、马政之属，以征诸实用"。光绪十六年（1890），新学政张亨嘉迁学堂于湘春门并定名为校经书院，重新裁定科目，只留经义与治事二科，更加明确了经世致用的教学主题，并用"当世之务"极大地丰富了教学的内容，要求学生考究"古今天下治乱，中国强弱之故"，"举乎日所闻于经者，抒之为方略，成之为事功，一洗二百年穿凿之耻"，培养出了众多经世致用之才。在"经世致用"实践观的引导之下，求学于湘水校经堂的左宗棠非常关注史地学和农学，著《舆地图说》和《朴存阁农书》二书，成为晚清洋务运动的一员；其另一位学生郭嵩焘成为中国首位驻外使节。

总而言之，躬亲实践、知行合一、经世致用是书院实践精神的三个不同层次，"躬亲实践"即从自身做起，用所学来指导实践，"知行合一"即将知识与行动相结合，讲求在行动中对所学进行验证和完善，"经世致用"即将所学用到社会中去，把所学知识贯通于安民富民、治国强国的实践之中，这也是古代读书人治国平天下的终极目标。这三个层次实际上是一个循序渐进的过程，不光重视"行"本身，还重视"行"的实际效果。

第二节　书院实践精神的实施载体

书院是集人才培养、教育教学、文化传播于一体的组织。通常来说，山长在向生徒传授知识的同时也会非常注重其人格的培养与完善。为了避免让生徒陷入"两耳不闻窗外事，一心只读圣贤书"的境地，书院在治学过程中非常重视培养学生对社会的认知和自身的实践能力，通常会在教学方法、课程设置、考试制度的设计和安排上有所侧重和体现。

一、教学方法

教学方法既包括教的方法，也包括学的方法。为了培养生徒的实践能力，书院通常会采取分斋教学、分科教学、课外游学来对生徒进行教学。与此同时，为了保证和检验学习效果，通常要求生徒采取作文著述、讲学的方法来进行学习。

（一）分斋教学

隋唐是科举制探索与发展的重要时期，逐步摒弃了两汉以来取士用才注重门第与名士推荐的察举制，使得出身寒门的普通学子亦可以应试。隋大业元年（605），隋炀帝始设进士科，唐代沿袭此制，并将辞赋作为进士一科的主要考试内容，又因进士科考取难度大且地位重于其他各科，这使得当时的读书人无不花费大量时间和精力在研习辞赋上，以求能够登科入朝。北宋初年，科举考试仍旧注重以辞赋取士。胡瑗意识到了辞赋的不切实用，为了解决这一问题，他在苏州、湖州二地办学时便开始进行改革，进而探索新的教学模式。他以培养"明体达用"的人才为教育目标，以分斋教学法为核心内容，在主持湖州州学时正式提出了"苏湖教法"。分设经义、治事二斋，有教无类的同时又注重因材施教，一方面选拔"心性疏通，有器局，可任大事者"①入经义斋治学，研习《六经》通达见识，以培养可纵览全局、洞晓时势的管理人才；另一方面选拔善于术、长于技的学生入治事斋，以培养能够解决社会生产生活具体问题的专业技术人才，如《二程遗书》载："（胡瑗）在湖州置治道斋，学者有欲明治道者，讲之于中，如治兵、治民、水利、算数之类。"

---

① 黄宗羲：《宋元学案》，陈金生、梁连华校，中华书局，1986。

经义斋重"明体"，治事斋重"达用"，对应了"道"与"术"的本质。是以圣人之道来规范与引导经世之术的使用和实践，以达用之学为目的来反证与完善明体之道的正谬与得失，使得二者相辅相成彼此影响。譬如讲授治国安邦之道是为了让民众生活和睦，讲授武备兵事是为了使其能够抵御外侵，讲授水利知识是为了有利于农田增产等等。所谓术业专攻，用不同的专业知识指导和解决不同的实际问题；反之又以社会发展的实际需求为出发点，培养各类专精的人才去研习和探索各自擅长的领域，以在日后的实践工作中具备过硬的素质。既兼顾实用，又兼顾了每位学生的天赋与专长，分斋教学的初衷与精髓便在于此。

分斋教学法完全改变了传统学校教育"学非所用，用非所学"的弊端，将教学与国家社会的实际需求相结合，引导学生根据自己的特长所在而择业研习，通过创造性的教学制度设计和积极的教学实践努力达到"明体达用"的教学效果。胡瑗学生中有善音律的，如欧阳发。据《宋史》记载：

> （欧阳发）少好学，师事胡瑗，得古乐钟律之说，不治科举文词，独探古始立论议。自书契以来，君臣世系，制度文物，旁及天文、地理，靡不悉究。[①]

也有善于治水的，如北宋都水丞刘彝。刘彝早年曾求学于湖州州学，师从胡瑗且深受胡瑗的赏识。刘彝特好地理水文之学，在求学时有针对性地学习了大量防洪治水的知识，日后掌管全国水利工作，对治水之法有高人一等的见解和策略。据《宋史》记载：

---

① 脱脱、阿鲁图：《宋史》，中华书局，1977。

> 神宗择水官，以彝悉东南水利，除都水丞。久雨汴涨，议开长城口，彝请但启杨桥斗口，水即退。[①]

> 守章贡，州城东西濒江，每春夏水潦入城，民尝病浸，水退则人多疾死，前后太守莫能治。彝至，乃令城门各造水窗凡十有三间，水至则闭，水退则启，启闭以时，水患遂息。[②]

以上可知，胡瑗的分斋教学法取得了非常明显的效果，其他书院也都分设不同斋舍来教诸生专门知识。白鹿洞书院曾效法苏胡学制，专设经、学二长数人，以主持经义与治事二斋的教学工作；清代南菁书院也曾仿胡瑗的分斋之法来分别向学子教授经学诗词；求志书院更是以胡瑗的分斋教学为基础，细分出了经、史、算等六斋进行分斋教学。钱穆先生在《现代中国学术论衡》中写道："中国人言明体达用，明体近静一边，达用近动一边，但动静一体，体用一源。苟无体，何来用。苟有用，即见体。体属内，乃和合性。用属外，乃分别性。中国人偏重明体，西方人偏重达用。"在钱穆看来，中国历代学者更多注重明体，西方教育更重达用。他认为动静当为一体，体用本为同源，不论是偏重于体还是偏重于用都没有达到二者之间的平衡与共生关系。细观胡瑗的教学理念可见，胡瑗自始至终都在探索一条能真正将体用结合的道路，其终极目标便是培养出德才兼备的经世致用之士。

胡瑗"分斋治学"的教育方法，不仅关注学生所学的知识，更看重如何将所学应用于实践，将解决实际问题作为学习的最终目的，对提升生徒的实践能力具有重要意义。

---

① 脱脱、阿鲁图：《宋史》，中华书局，1977。
② 同上。

（二）分科教学

早在春秋时期就有对分科教学的记载。孔子的私学中有以德行、言语、政事、文学四科教人的记录，魏晋南北朝时也有分科设学的先例。但是，就分科的具体内容而言，无论是春秋时期还是魏晋南北朝，教学内容都局限于文科，没有涵盖自然科学的范畴。隋唐时期，设立过算学、书学、律学等专科学校，在中国学校发展史上可以说是一大进步，但这些学校的规模相对都较小，地位也比儒学低得多。书院在教学上采取分科教学的方法，以颜元及其漳南书院为滥觞。

颜元一生都在从事教育工作。康熙三十五年（1696），颜元主持漳南书院。他以《四存篇》为基础，主张治学应当"实文、实行、实体、实用"，在他看来，真学问应当来自日常行事的积累，而不在课堂书本之上；学生应当先行实事以知深浅，再求学问来谈究竟。真与实是他所主张的教学关键，唯有真实之学才能出实才与实德，唯有实才实德才能践行古代儒家圣贤积极入世有为的理想。颜元有言："申明尧舜周孔三事、六府、六德、六行、六艺之道，大旨明道不在诗书章句，学不在颖悟诵读，而期如孔门博文、约礼。身实学之，身实习之，终身不懈者。"[1]他以君子六艺为基础，改革更新儒家传统的教育内容。他分出文事、艺能、武备等六科，也教授天文、地理、水学、火学、工学、象数等学科。颜元的分科教学对传统教育内容既有保留也有创新，强调学生全方位的发展。他尤其重视艺能之学，曾言，"凡为吾徒者，当先学礼乐射御书数及兵农钱谷水火工虞，予虽未能，愿共学焉"[2]。在他看来，不论是程朱还是陆王，其教学思想总是在研究典章古籍

---

① 颜元：《颜元集》，中华书局，1987。
② 孙经超：《颜元教育实践之漳南书院改革》，《文化学刊》2017年第8期。

的纸面理论，探讨心性理气这样形而上且不务实的学问。颜元的教学改革，与同时期仍以传授八股应试科举的其他书院形成极鲜明的对比。后漳南书院虽因水患而遭毁，但其结合学生学习生活实际而设置教学科目的方法仍为人们提供了近代教育的早期理想模式。

受漳南书院的影响，清末一些书院都采取分科教学的方式进行改革。浙江求是书院以生徒的学习生活实际为出发点，分设内外两院对其进行授课教学。内院生徒多为学有成就者，教之以经史、性理、政治、掌故、算学、舆地、格致（物理）、化学、英文九科内容；外院生徒年龄均为十六岁以下，主要对生徒进行启蒙教育，以经史、文字、图算、方言四科作为教学内容，帮助生徒打牢学习根基。这种分科教学的方式，将人文社会科学与自然科学技术相结合，培养了军事家蒋百里、中国西医学教育先驱厉绥之、北京大学校长何燏时等一批经受西学熏陶、可资"图治"之用的新式人才。湖北两湖书院分经学、史学、理学、算学、经济学五门科目对生徒进行教学，之后又更改为经学、史学、地理、数学、博物、化学、兵操七门，将知识教育和能力训练相结合，由此也涌现出了黄兴、唐才常等一批"中学素有根柢，人品向来纯正，深知宗法圣贤兼以博览典籍"（张之洞《创立存古学堂折》）[1]的优秀人才。

（三）作文著述

书院最初为修书藏书之所，生徒在书院进行课业学习之外还会从事部分书目的编纂工作，经书典籍自然也就成为书院治学的主要内容。在书院，生徒不能仅仅依靠记忆与理解来学习经书典籍，还要通过大量阅读前人的文献来提高自身的作文著述能力。书院教育非常重视培养生徒的作文著述能力，

---

① 邓洪波主编《中国书院学规集成》第二卷，中西书局，2011。

广东东亚同文书院将"作文"作为生徒三年学课的必修内容，其他课程内容随年级的增长而改变，唯有"作文"一项贯穿其整个学习生活。这恰恰说明，作文著述的能力需要反复实践和练习，若没有足够的知识储备，所作文章必然颠三倒四，毫无逻辑性与可阅读性，不具备任何学术价值；反之，若仅仅将所知郁藏于胸中，则违背了治学真正的本意。因此，书院先贤们通常会在学规或学约中对作文著述的数量、文体、内容、技巧等提出具体而明确的要求。

李文炤在《岳麓书院学规》中提出，"每月各作三会。学内者，书二篇，经二篇，有余力作理论性一篇"。正式学员，每月要注释"四书"两篇，"六经"二篇，学有余力的人可撰写一篇性理学论文。旁听学员，每月要注释"四书"两篇，学有余力的人可撰写一篇训诂学论文。张沐在《游梁书院学规中》要求生徒"每月逢三日，作时艺二首"。祝廷芳在《兴贤书院条约八则》中规定作文著述的数量、选题和内容等，"作文或月三六九日为期，每期总以二篇为度，拈此二题，务抉题间，务透题的，万勿草率完篇，希了故事，并勿始留半稿待续来朝"[①]。罗京在《白鹭洲书院馆规》中强调，"作文之道贵抒，在我之性灵以阐圣贤之名理，固不可荡轶乎规矩"，"愿诸生行文除离奇怪险畔道背理外，必以先正为古之法脉，又以名家为今之调度。今时风气日即于正，日趋于新，有目者自能并观，有心者自当静习，勿因雄才而入于粗，勿以细心而入于奥，更毋以清爽而入于薄，又毋以丰厚而入于肤。"[②]以此训诫诸生作文著述既要遵循法脉，又要注重古为今用。邵松年在《学程书院示诸生十六则》中主张，作文著述应掌握不同文体的技法，不可偏废其一。"文所以载道也。言之不文，行而不远，文又岂可不讲乎？古文

---

① 邓洪波主编《中国书院学规集成》第二卷，中西书局，2011。
② 同上。

有古文之体裁，时文有时文之格调，然必义理精实而后其气盛，其言宜。若不探本穷源，徒致力于帖括之学，末之末者矣。诗赋亦应试之需，可以抒写性灵，余力及之，不可废也。"①同时，他还在《明道书院日程》中将"著述"作为"为学之功四"，将作文著述作为学习的最后一个环节，并训诫生徒不要为了谋取名誉而作文著述，凡有学习心得皆可随笔抒发。

为了帮助生徒将所学转化为实践，不少书院特别强调要做读书日记。清代上海龙门书院要求生徒分别设置行事日记册和读书日记册，并指出"读书有必得，有疑义，按日记于读书册。所记宜实，毋伪；宜要，毋泛；不得托故不记。逢月之五、十，呈于师前，以请业请益"②。紫阳书院也要求学生在听讲时"各备日录一本，记日行何事，接何人，存何念，读何书，吐何论。须忠实记载，于下次会讲交到讲会"，以便"查实录，定赏罚，登记考核成绩"。正谊书院《学古堂日记》和关中书院《志学斋日记》就是将书院学生平日里所做的读书及日省记录进行汇编整理所得。这些书籍都成为有一定价值的阅读古籍的工具书和参考书。③

千余年来，在书院或书院人物笔下诞生的诗词文章、经书注解数不胜数，这也是书院实践精神的一个体现。相关资料显示，书院师生在治学过程中通过作文著述留下了大量优秀的学术成果。唐代丽泽书院落成时，各学士"燕饮为乐，前后赋诗奏上百首"，此后玄宗又命群臣赋诗，并刻有《集贤院壁记诗》两卷。④宋欧阳首道在其所著文集《巽斋文集》中收录的《莱山书院志》是书院发展史上的第一部书院志。朱熹为白鹿洞书院而创作的《白鹿洞赋》，则是第一篇以书院为主要内容的辞赋。随后的《白鹿洞志》《白鹿洞

---

① 邓洪波主编《中国书院学规集成》第二卷，中西书局，2011。
② 同上。
③ 陈元晖、尹德新、王炳照编著《中国古代的书院制度》，上海教育出版社，1981。
④ 赵文萍：《中国古代书院治学方法研究》，江南大学，2019。

后赋》《长沙府岳麓志》等，都是书院的创办者或生徒围绕书院所进行的创作，他们通过修书编志对书院的治学经验进行总结，对日后书院的建设具有重要的指导意义。可以说，这些著作在历史与文学层面均具有重要意义，书中对书院办学理念、治学目标等内容的介绍也为其生徒的践行提供了依据。此外，朱熹还在白鹿洞书院中完成了诸多传世著作，如《中庸章句》《孟子要略》《论语精义》《大学或问》《资治通鉴纲目》《论语要义》《楚辞辩证》等[1]，在中国书院史上留下了浓墨重彩的一笔。

由此可见，作文著述是书院以知促行，培养生徒实践能力的重要方法，不仅提高了生徒的学识修养、表达能力以及学术水平，更促进了书院文化与书院学术的发展和繁荣。在书院中诞生的辞赋、著作等学术成果，对当时的知识传播、学术交流都产生了巨大的推动作用，也为后人研究书院提供了宝贵的资料。

（四）课外游学

创办、掌教于书院的学者，固然主张并身体力行地在课堂中整齐严肃、全神贯注，然也主张藏息相辅，将老师讲解与学生个人理解、课内教学与课外游学实践相结合。

考察名山大川，游历城乡，寻古访幽，体察民情，往往是书院师长培育门徒的重要途径。正所谓"读万卷书，不如行万里路"，行万里路不仅是读万卷书的一种方式，也是磨炼意志的重要途径。通常来说，书院生徒会在教师的带领下进行游学，这是书院教学活动的重要组成部分。朱熹本人经常带学生游山玩水，寓启示、教诲于山石林泉之中。在朱熹看来，生徒单单依靠书院的课业内容来增强社会认知的方式过于局限，只有拥抱自

---

[1] 张岂之：《中国思想史》，西北大学出版社，1989。

然，走进社会，在实践中对所学进行检验，才会发现理论与实际的差异，才能不断融会贯通，学以致用。因此，他常带领门生遍访名山，泛舟江湖，于俯仰之间体察宇宙洪荒，感悟万事万物存在及运转的道理；也会让学生们通过问道当世名家，求学贤达之士来进一步扩展自身学问的广度与深度；还会让学子们走进市井，观察与体验普通百姓的日常生活，了解人情世故、世态炎凉。

湛若水在大科书院任教时，课程时间长，学习强度大。为了舒缓生徒学习的压力，他特别设计了登山玩水、作乐歌诗等课外活动。在他看来，"诸生肄业遇厌倦时，便不长进，不妨登玩山水，以适其性"。无独有偶，陆九渊也会借着学术交流的机会，带其门下生徒在游历山水、遍览盛景的同时与各地饱学之士共论经史，互赏互鉴，使得诸生能在极其放松和愉悦的心情下精进学问，取长补短。被奉为万世师表的孔子就是在带领学子游历列国的途中，以问答的形式向诸生传授智慧与知识，后由其学生汇编的《论语》，成为儒家开宗立派的理论基石。同样，《朱子语类》和《语录》也都是以这种形式记录下了朱、陆在出行途中结合时事对学生的教诲。陆九渊在象山书院讲学期间，曾带领 78 位学生去应天山之西的半山（今上清镇境内）看瀑布，夜宿上清，并前往龙虎山、仙岩等地游历，连住两晚，途中不时向学生发问，并与其探讨瀑布的名字等问题。

岳麓书院的大师们也经常带着学生游历名山大川，拜师访友，结交贤能，在愉悦的状态下探讨学问，做到张弛有度，寓教于乐。山长罗典的学生严如煜曾在《鸿胪寺少卿罗慎斋先生传》中提道："先生立教，务令学者，陶泳其天趣，坚定其德性，而明习于时务。晨起讲经义，暇则率生徒看山花，听田歌，徜徉亭台池坞之间。"①他的另一个学生周锷也曾在《岳麓书院课艺

---

① 转引自杨布生：《岳麓书院山长考》，华东师范大学出版社，1986。

序》评价道："夫子之为教也，认明经义，既使之各有所得于见闻之外，复于游息时随时拍点，凡身心性命，处己接物，无不洞彻夫情理，而使皆旷然有得于心。"①他带领生徒畅游山水之间，在轻松愉悦的氛围中交流学术问题，促进师生之间、生徒之间的有效互动。

胡瑗和颜元也很重视考察和游历在教学中的作用。胡瑗指出，"旅行修学"的方法对于开阔学生的视野大有裨益。他在太学时，每次考试过后都带领学生到肯善堂去奏乐歌诗，并亲自指挥演唱，至深夜方罢。②这种教学方式不仅能帮助学生放松身心、增长见识，开拓视野，对于其实践技能的提升也有很大帮助。颜元则注重用"习行"之法来引导学生多进行日常行事的历练，主张"见理于事，因行得知"，在接触具体实践的活动中思考事物的内在逻辑和道理，对行事而得的知识加以总结提炼；对于不能理解的事情或力有不逮的实践，当求教于课堂及书本，学得体悟之后应再付诸实际，由此循环往复才能获得真学实学，而不是一味地做纸上功夫或蛮干不思，从而避免空谈浮躁与停滞怠惰。

由此可见，游历山川、访问名士、躬行实事的做法在书院教育中是共通的。寓教于乐、一张一弛，不仅可以避免只求知识于书本纸稿而不在实际中印证的片面性，还能够预防学生因为课业的枯燥乏味而生出的怠惰之情。这一过程中遇到的任何人、任何事物、任何现象都可以是学习与思考的对象，只要做有心人，善于观察、善于思考，并且善于总结，就能从实际生活中习得学问道理，进而实现对书本知识的补充与实践。

---

① 欧阳厚均编《岳麓诗文钞》，岳麓书社，2009。
② 卞立慧：《胡瑗教育思想探析》，《哈尔滨学院学报》2008年第29卷第11期。

（五）讲学

讲学也是书院实践精神的重要载体。梁启超在《湖南时务学堂学约》中将"游历、讲学"视作"经世致用"的"笕钥"。讲学既包含书院内的日常教学，又包含书院外的会讲。

书院内的常式教学并没有固定范式，其教学内容相对来说比较灵活和宽泛，注重个体自学与独立钻研，通常采用论辩方式对生徒进行启发，鼓励学生积极思考、主动学习，以充分调动学生学习的主观能动性。如朱熹在白鹿洞讲学时，常与学生共同讨论，"从游之士，选诵所习以质疑。意有未喻，则委曲告之，而未尝倦。问有未切，则反复戒之，而未尝隐。务学笃则喜见于言，讲道难则忧形于色。讲经论典，商率至夜半"。[①]在这种教学模式下，书院教师不仅仅向学生传授知识，更注重培养学生的学习兴趣，启发学生进行思考，使其"识精而思锐，不惑于常解"。在围绕学术著作和学术观点开展教学时，书院教师通常会充当引导者，讲学时也多是提纲挈领地讲述，给学生留有充分思考和探讨的空间，既提高了学生的学习积极性，又培养了其实践能力。

除了院内山长等进行讲授之外，部分书院还会邀请不同学派的大师来讲授新思想，并鼓励生徒发表自己的看法。《大科书堂训》中有三条涉及书院内的教学，摘引如下：

一、远方及近处有德行道艺先觉之人，可为师法者，必恭请升堂讲书，以求进益，闻所未闻。孔子之圣，亦何常师？

二、朔望升堂，先生讲书一章或二章，务以发明此心此学，诸生不

---

① 周景春、朱兴涛：《中国书院教育的理念及其现代启示》，《现代教育科学》2009年第3期。

可作一场说话听过，亦必虚心听受，使神意一时相授，乃有大益。

三、诸生朔望听讲之后，轮流一人讲书一章，以考其进修之益。

通过院外先觉之师讲书、院中先生升堂讲书、诸生轮流讲书的方式，书院师生的观点均可以得到实践与交流，也便于生徒从中发现自身的不足之处，进而不断完善和发展自己的学术主张与思想体系。

会讲则是我国书院间举行的学术活动。它始于南宋，盛行于明代，并逐渐演变成一种比较完备的制度。据史料记载，朱熹和张栻的岳麓之会是最早的会讲活动。陆九渊受朱熹之邀在白鹿洞书院讲"君子喻于义，小人喻于利"也是著名的会讲活动。此外，还有惜阴书院讲会、东林书院讲会、关中书院讲会、徽州紫阳书院讲会、姚江书院讲会等。通常来说，书院的大师会携学生同赴讲会，并教其登席代讲。如朱熹常命其高才生黄干代为主讲。陆九渊常命其高传弟子傅子云随之赴会代为讲学，以此来锻炼他们，继承本学派精义。在这些大师的提携与鞭策下，黄干、林泽之、黄叔丰、傅子云等书院的高才生，后来大多都成为在学术上有创见的学者。

总而言之，讲学中生徒或是被鼓励提出新观点，或是在质疑与问难中完善和发展自己的观点，实则都是为了通过讲学和交流，不断校验拔高自己的治学水平，努力将所学付之于实际，并在这一历程中改进所学与致用之间不能契合之处，从而做到力行致知。

二、课程设置

课程是一种学习计划、教学方案。书院的课程设置情况与其教育理念、价值追求和人才培养目标都密切相关。书院教育为了培养生徒的实践能力，通常会在课程设置上下功夫，从生徒的学习生活实际需求出发来选择相应的实践课程进行教学。

（一）深耕需求，学有所用

书院课程始见于宋代。嘉泰三年（1203）落成的筠州乐善书院，"选宗子幼而未命者，以二十人为额，朔望，率郡僚延处六斋，斋各有名，择老成之士训以经史，教官总其课程，别立一斋待不率教者。市田千亩，用足岁计"。状元知府徐元杰所作的《延平郡学及书院诸学榜·日习例程》中，也有"晚读《通鉴纲目》，须每日为课程，记其所读起止"①的规定。然而直到明代，才有文献对书院课程进行详细记载。

书院教育在课程设置上注重从生徒的实际需求出发，强调学有所用。以弘道书院为例，其课程分为必修和选修两大类。必修课为公共课程，院内的学生人人都要修习，内容为基本的经史典籍，包括诵读、讲解、作时文三种，其设置的目的是保证传统基础知识体系的传承。选修课则不进行强求，生徒可根据各自特长与兴趣爱好有选择性地进行修习，有察理、学礼、作古文、博观、明治、作字、游艺等门类可供选择。除了学礼化俗、游艺进德与明德学道的远大目标有所关联之外，其他察理、古文、博观、明治等选课实际上都与科举考试捆绑在一起。即便是"作字"这门课程，也是意在习字以应试。科场重视楷法，因而此课程不见篆、隶、行、草而专临欧、虞、颜、柳之帖。可见，选修课是必修课的补充，性理、诸经、杂史诸书，兵戎、刑名、救荒、水利诸政，古文、楷书诸法等等，都是服务于生徒参与科举考试的需求而开设，对提高应试能力有很大帮助。南京同文书院开设文学、地理、历史、数学、理化、博物、画图、测地等八大

---

① 邓洪波、陈吉良：《从学规看明代书院之课程建设——以弘道、大科、湖南三书院为例》，《湖南大学学报（社会科学版）》2007年第6期。

类课程，并将理化、博物、测量学作为"人生必须之事"，详细教授生徒关于动植物、土地测量、图形绘制等相关知识，而这些知识都是日常生活所必具备的技能。

与此同时，为了解决学非所用、用非所学的矛盾，书院还会详细列举出与课程相匹配的教材，详见弘道书院与湖南书院教材列表。[①]

表1　弘道书院教材列表（弘治、正德、嘉靖年间使用）

必修课	经书	《易》《诗》《书》《春秋》《礼记》
	四书	《论语》《大学》《中庸》《孟子》
	史书	《通鉴纲目》《续通鉴纲目》《通鉴节要》《史略》《史断》
	察理	《性理大全》《近思录》
	学礼	《朱子家礼》《仪礼》《周礼》
选修课	古文	《文章轨范》《唐音》
	博观	《贞观政要》《唐鉴》《大学衍义》
	明治	《武经七书》《武经总类》（以上兵戎），《大明律》《刑统赋》（以上刑名），《救荒活民》《荒政备考》（以上荒政），《河防通议》《泾渠图说》《吴中水利》（以上治水）
	作字	欧（阳询）、虞（世南）、颜（真卿）、柳（公权）字帖

---

① 邓洪波、陈吉良：《从学规看明代书院之课程建设——以弘道、大科、湖南三书院为例》，《湖南大学学报（社会科学版）》2007年第6期。

表2 湖南书院教材列表（嘉靖年间使用）

必修课		四书	《论语》《大学》《中庸》《孟子》
		经书	《易经》《尚书》《诗》《春秋》《礼记》《孝经》《小学》
		史书	《资治通鉴纲目》《皇明正要》
		理学	《性理大全》《大学衍义》
选修课	博文见	当览/宜览究	《孔子家语》《左传》《国语》《公羊传》《穀梁传》《考工记》《战国策》《吕氏春秋》《六子书》《十二子书》《淮南子》《管子》《晏子》《山海经》《水经》《太玄经》《元经》《说苑》《新序》《汲冢周书》《春秋繁露》《韩诗外传》《吴越春秋》《越绝书》《武经七书》《白虎通》《盐铁论》《论衡》《史记》《汉书》《汉文选》《唐文粹》《荀悦汉纪》《宣公奏议》
		宜博极	《二十一家全史》《二程遗书》《真西山读书记》《四大家文集》《礼书》《乐书》《宋名臣言行录》
		不当专阅	《通典》《通考》《玉海》《文苑英华》
		不览亦可	佛藏之《金刚经》《法华经》《圆觉经》《涅槃经》《楞严经》《楞伽经》《黄蘗经》《坛经》《传灯录》《五灯会元》，道藏之《道德经》《清净经》《阴符经》《参同契》《龙虎洞古定观》《云笈七籤》
		书法	籀斯之大小二篆，蔡邕、钟繇之隶书，黄象、宋克之章草，钟繇、颜鲁之楷书，张芝、怀素之草书，二王之行书
	师经	易	《朱传》《程传》《胡安定口义》《慈湖易传》《易学变通》
		书	《蔡传》《孔颖达正义》《东坡书传》《东莱书说》《吴文正》《纂言》《王耕野读书管见》
		诗	《朱传》、东莱《诗记》、严粲《诗缉》《王质记闻》《东坡慈湖诗解》
		春秋	《胡传》《左氏》《公羊》《穀梁》《程传》《赵汸集传属词》《孙明复发微》
		礼记	《陈传》《仪礼经传》《大戴礼》《陈友仁周礼集说》《吴草庐纂言》《敖继公礼记集说》

由此可见，书院基本形成了以"四书""五经"、《资治通鉴纲目》为代表，包括作文、习字在内的核心课程，它既是参加科举考试的必修课，也是儒家最基本的经史典籍，是当年最基础的文化知识体系。此外，各书院还会开设一些因材施教的选修课程，来辅助生徒进行更加全面的学习，对于指导社会生活实践也具有重要意义。

（二）贴近生活，服务社会

有些书院为了适应社会的发展，会开设一些实用的专业，以此来帮助生徒更好地服务社会。如濮州历山书院设有医学，除课堂教学外，还接待"乡之求七剂者"，设立门诊，开展实际的治疗活动。[①]又如大科书院将学务、兵农、钱谷、水利、马政等用世之学，纳入其课程，并称："吾儒学要有用，自综理学务，至于兵农、钱谷、水利、马政之类，无一不是分内事，皆有至理，处处皆是格物工夫，以此涵养成就，他日用世，凿凿可行。"有些书院设有治民、讲武、水利、算数等专业，为社会培养了大批急需的专业人才，对社会的经济发展起到了一定的促进作用。例如，黄宗羲讲学于甬上证人书院时，开设经学、史学、天文、地理、六书、九章以及远西（指西方国家）测量推步之学几种课程，以"经世""应务"为宗，"讲堂痼疾，为之一变"（全祖望《甬上证人书院记》）。时务学堂开设溥通学和专门学两种课程。其中，溥通学包含经学、诸子学、公理学、中外史志及格算诸学之粗浅者；专门学包含公法学、掌故学、格算学。

还有些书院为了磨炼学子的意志，培养朴素勤俭的品格，专门开设农作等劳动课程。明崇仁学派创立者吴与弼曾坚持带领弟子一同躬耕劳作，据黄宗羲《明儒学案》载："（吴与弼）居乡躬耕食力，弟子从游者甚众。先生

---

① 邓洪波：《历山书院特色考》，《教育评论》1992年第5期。

谓娄谅确实，杨杰淳雅，周文勇迈。雨中披蓑笠，负耒耜，与诸生并耕，谈乾坤及坎、离、艮、震、兑、巽，于所耕之耒耜可见。归则解犁，饭糗蔬豆共食。"齐心协作，自食其力，在培养学生淳雅、踏实品质的同时还将诸多深奥的易学原理寓于劳作之中，深入浅出；在带领弟子去劳作的途中驻足山水间，饱览自然之美，聆听万物之声，诵读先贤之书，一同体悟道的真谛。"往观农，途中读《孟子》，与野花相值，幽草自生而水声琅然，延伫久之，意思潇洒。"①通过课业之余的躬亲劳作，诸生在提升学问的同时更磨炼了意志，达到了身体与心灵的和谐统一，进一步提升了个人境界。

书院教育以修身养性的实践教育为根本途径，通过设置一系列比较有针对性的教学课程，来提高生徒的道德修养和实践能力。无论是为了扩充知识、进德修身，还是为了更好地应试举业、服务社会，抑或是其他原因，一切"有用之学"皆可成为书院课程，这也是书院实践精神的又一重要体现。

三、考试制度

书院的考试制度分为德业和学业考核，德业的相关内容如前文所述，兹不赘述。在清代，考试又被称作"作课"，各书院十分重视通过考试来检验师生的学术水平，逐渐将"作课"变成了教学过程中不可缺少的部分，将考试作为日常教学的重要补充。此外，书院还会将考试结果公开，让诸生从结果中直观地看到自己与他人的差距，有效激发师生在治学过程中的主观能动性。一些书院还会将优秀课卷收集刊刻成册，称为课艺集。

一般而言，考核的内容科目和具体方式由书院根据其实际情况确定，通常会从生徒所学实际出发。浙江求是书院以讲求实际为主，每月朔日课西

---

① 杨鑫辉、李才栋：《江西古代教育家评传》，江西教育出版社，1995。

学，每月望日考汉文，或经义，或史论，或时务策，每年冬间由抚院督同总办、监院、教习通校各艺。崇实书院课期给斋课、散课卷各一本，斋课题四书文一篇，排律诗一首；散课题杂文四首，如汉学、宋学、星学、舆地、掌故、词章、时务、洋务之属，不拘一格。郑观应在《盛世危言》中曾言："按月出题，课试所出之题，务须有裨时务，如铁路之事、轮船之事、矿务之事、邮政之事，以及机器、商务、纺织、银行、格致、政事、农学、医学、钱法、钞法、测量、测候、地理、地舆、博物院、赛珍会、息兵会、派员游历、使臣出洋，与夫各国风土人情、文学武备，皆可出题，令诸生详究利弊，择其文之佳者，登诸日报，以广流传。"①察看《上海格致书院特课季课题称表》可知，其考试内容涵盖格致类、语文类、教育类、人才类、富强治术类、农产水利类、社会救济类、国际形势类、边防类、其他类十个类别，考试题目也是结合学习生活实际而命题，譬如"水旱荒灾平时如何预备，临事如何补救论""问中国近年丝、茶出口之货，核通商总册，较光绪初年有增无减，而丝、茶各商，日见耗折，其故何欤？今议整顿之法，其策安在？"②等等，以此来引导生徒在日常学习中注重学以致用，用实践来检验理论。

除考课内容外，书院课艺集亦可见生徒对社会现实的关切。《惜阴书舍课艺》中收录的作品，不少篇章都体现着重视实践的思想。其中，已收入铅印本的《喜晴诗》，就是其生徒金和用诗歌的形式记载了道光二十八年（1848）夏季江宁府发生的严重水灾。《东山书院课集》中的《安置撤勇私论》，《沅水校经堂课集》中的《直不疑偿亡金论》《沅郡各矿表》三篇课业也都关注现实生活。前两篇针对当时出现的战事后勤和社会风气问题，

① 陈谷嘉、邓洪波主编《中国书院史资料》，浙江教育出版社，1998。
② 同上。

提出了自己的见解；后一篇记录了沅州丰富的矿藏，介绍了当地锑、煤、铅、铜、铁、金矿 25 处，也从侧面反映出书院注重实学、讲求实践的价值追求。

　　书院还会结合平日课业与考试的结果，分别在物质与精神上对诸生进行奖惩。"膏火费"是常见的物质奖励手段。膏火原指点灯用的膏油，后来引申为书院对学生发放的日常生活学习的补助。给成绩优秀的学生发放更多的膏火费作为奖励，可以在一定程度上改善其生活条件，也可以让其他期望改善物质条件的学子以此为现实目标努力争取。精神奖励的形式则相对多样，比如让课业优秀的学子为大家讲解部分课业章节，向师生展示自己的治学成果，给他们更多积分，提升等级等。对于课业不精、态度较差的学生，书院会通过扣减其膏火费、批评教育乃至劝退等方式进行鞭策和规正。

　　无论德业抑或学业考核，奖励或惩罚，其目的都在于使生徒发现自身的缺点，明白自己进德修业的程度，以鞭策自己不断进步；都在于鼓励并推动生徒积极思考，自发主动地学习和实践，以期达到最佳的学习状态。考核是书院检验生徒学习成果，勉励生徒知行合一、学以致用的重要方法。

第三节　书院实践精神之典范

一、朱熹的游学经历

　　"读万卷书，行万里路"，这是中国古代先贤学习的一个重要方法。朱熹一生秉承了这一良好传统，不仅重视从书本上学习，还十分重视从大自然中，从广泛的游学中，从接触各方人士中，通过广见博闻来增加自己的见识。如果说读书是读有字之书，那么游学就是读无字之书。朱熹的游学经历主要包含三个方面的内容。

（一）徜徉山水，建舍讲学

成年后的朱熹，虽然在官场浮沉多年，但他始终对从政兴趣不大，而是向往在自然之中，与学友、门人读书讲学。武夷山优美秀丽的风光尤其让朱熹为之神往。武夷九曲中的第五曲，矗立着一座隐屏峰，那山间飘逸的云气和葱郁的"平林"，都让朱熹为之心醉。朱熹一见便生出"仙人久相招，授我黄素书，赠我英琼瑶，茅茨几时见，自此遗纷嚣"的感叹，下定决心自辟精舍，以便游历此处的人在其中诵读学习。只有在这种远离世俗、清幽静谧的山间，才可以将身心全部投入学业之中。于是，淳熙十年（1183），朱熹在武夷山五曲隐屏峰下创建武夷精舍（亦称隐屏精舍）。精舍"中以为堂，旁以为斋，高以为亭，密以为室，讲书肄业，琴歌酒赋，莫不在是"。落成之后，朱熹写下《武夷精舍杂咏》十二首，并为其撰写诗序，以记录当时的盛况。精舍也成为朱熹著书立言、授业讲学之处，学子麋集、贤达联袂，其理学思想根基于此而开枝散叶，名满天下，培养出了一大批优秀的思想家及学者。

宋韩元吉曾在《武夷精舍记》中谈道："吾友朱元晦居于五夫里，去武夷一舍而近，若其后圃，暇则游焉。与其门生弟子挟书而诵，取古诗三百篇及楚人之辞，哦而歌之。潇洒啸咏，留必数日，盖山中之乐，悉为元晦之私也。"[1]朱熹一面讲学论道，一面泛舟九曲，畅游诸峰，时而刻石纪念，时而题诗唱和，人与自然浑然一体，物我两忘，洒脱飘逸。

由此可见，朱熹在武夷山水之中达到了名利两忘的状态，不仅与大自然

---

[1] 武夷山朱熹研究中心编《武夷胜境理学遗迹考》，上海三联书店，1990。

和谐共生，而且在自然的感召下，寻求到了讲学、著述的理想境界。朱熹从优游山水中获得了灵感，对生命和人生有了更深层次的体验和领悟，并在理论思维上产生新的突破。

（二）居游各地，体察民情

除纵情自然山水外，朱熹还常常居游各地。《福建通志》载："自号紫阳，革瓢屡空。然天机活泼，常寄情山水文字。南康庐山、潭州之衡岳、建州之武夷、云谷，福州之石鼓、乌石，莫不流连题咏，相传每经行处，闻有佳丘壑，虽迂途数十里，必往游。携尊酒时饮一杯，竟日不倦。非徒效泥塑人以为居敬者。"① 又据《年谱》记载，朱熹一生中有几次重要的出行：绍兴十八年（1148），十九岁。春，赴临安应试，进京赶考，中王佐榜第五甲第九十名进士。绍兴二十年（1150），二十一岁。春，回祖籍徽州婺源（今属江西省）祭扫祖墓。绍兴二十三年（1153），二十四岁。赴泉州任同安县主簿。孝宗隆兴元年（1163），三十四岁。三月，孝宗召见于垂拱殿。乾道三年（1167），三十八岁。八月，访张栻于潭州，作《南岳唱酬集》。十二月，至长沙，作《东归乱稿》。淳熙三年（1176），四十七岁。二月，回祖籍婺源祭扫先祖墓。淳熙五年（1178），四十九岁，知南康军兼管内劝农事。淳熙八年（1181），五十二岁。八月，除焕章阁待制兼侍讲，任职仅四十六天。②

所谓"世事洞明皆学问，人情练达即文章"，朱熹游历各地，览山川、见世面、体民情、长见识，对他心灵的成长、视野的开拓、学问的提升以及知人论世都具有一定的影响。

---

① 沈瑜庆、陈衍：《福建通志》，人民教育出版社，1983。
② 林建华：《论朱熹教育思想体系的生成与建构》，福建师范大学，2010。

（三）结交朋友，提升自我

朱熹在游学过程中，常以"三人行，必有我师"的精神广结有识之士，抓住机会向他人学习，提升自我。《宋史·朱熹传》载"故熹之学既博求之经传，复遍交当世有识之士。延平李侗老矣，尝学于罗从彦，熹归自同安，不远数百里，徒步往从之"，生动地向后人展示了朱熹广泛交友、虚心求学的精神。

绍兴十八年（1148），十九岁的朱熹进京赶考高中后，从临安回家的路上，在衢州江山拜访了杨时再传弟子徐存，他后来回忆道，"熹年十八九时，得拜徐公先生于清湖之上，便蒙告以克己为仁、知言养气之说，时盖未达其言，久而后知为不易之论也"。当年朱熹拜访徐存的时候，对徐存的醇儒之论还未能领悟，直到多年以后，朱熹走过了逃禅归儒的心路历程后，才感悟到其所说的是"不易之论"。[1]可见，徐存的心学对朱熹后来思想的演变发展起到重要的启发作用。

五年后，朱熹赴泉州任同安县主簿，他平生第一次有机会寻访福建各地的名师大儒，并与之进行学问思想的交流。宋代以来，闽地名儒迭出，建宁、南剑、福州、莆田、泉州人才荟萃，朱熹特地选择由建溪南下经建宁、南剑，东沿闽江至福州，再南下经莆中、泉州到同安的路线赴任，一路访学问道，历时两个月之久。这两个月的沿途问学对他后来理学和经学思想的发展起到了非常深远的影响，以至于改变了他一生的思想道路。他在建州拜见了李侗，在福州拜见了以治《诗》学出名的迂斋李樗、以治《尚书》学出名的拙斋林之奇、以治《礼》学出名的刘藻和任文荐。拜访名儒推动了朱熹去研究《礼》学，对其教育思想的发展有积极的影响。在莆田，他聆听了林光

----

① 林建华：《论朱熹教育思想体系的生成与建构》，福建师范大学，2010。

朝、方霭的讲学后，如痴如醉，兴奋不已。[1]后来，朱熹与林光朝结下了深厚的友谊，书信往来不断，这也是朱熹后来在经学思想上有所成就的重要原因。

在朱熹的一生中，如上述这般在游学中结交拜访有识之士的例子不胜枚举。可见，游学已经成为朱熹十分重要的一种学习方法。从徐存处学到的心学、从李侗处学到的"理一分殊"、从福州诸儒学到的《礼》学、从林光朝处学到的经学，都不是简单地可以在书斋课本中学到的。若没有这种广泛的游学，朱熹不可能在思想上取得重大飞跃。正是因为其自身的游学经历和收获，朱熹在日后书院的教学中也十分注重运用这种寓教于山水之中的方法，经常带学生游山玩水，寓启示、教诲于山石林泉之中。

二、龙场悟道与"知行合一"

明正德元年（1506），宦官专权，朝政昏暗。这一年也是王阳明人生轨迹发生改变的一年。他为救戴铣，被杖刑四十，发配贵州。他一路落魄，险些命丧于钱塘江，颠沛险难辗转千里，于正德三年（1508）至修文龙场。该地"蛊毒瘴疠"，在孤独、寂寞、苦闷、悲戚中，王阳明不断进行实践体悟，最终悟出了阳明心学。然而，他在龙场的悟道并非一蹴而就，早先的治学积累和坎坷的人生经历一直在改变与磨砺他的精神与思想。诚如其所言："区区格、致、诚、正之说，是就学者本心日用事为间，体究践履，实地用功，是多少次第、多少积累在，正与空虚顿悟之说相反。"[2]

---

① 林建华：《论朱熹教育思想体系的生成与建构》，福建师范大学，2010。
② 王守仁：《王阳明全集》第一册，上海古籍出版社，1992。

（一）在"试错"中寻找突破

龙场悟道在后世看来是智者的顿悟，但对于智者本人而言，却是一场艰辛的修行。对于王阳明来说，先贤诸子的学问广奥深邃，如何体悟其真谛并非易事。17岁时，王阳明曾有幸与娄谅论朱子格物致知之学。娄谅是吴与弼的学生，而吴与弼是程朱理学的忠实拥趸，因此娄谅治学也深受理学的影响。娄谅主张学问"以收放心为居敬之门，以何思何虑、勿助勿忘为居敬要旨"。在程颐看来，"放心，谓心本善，而流于不善，是放也"。在程颢看来，"圣贤千言万语，只是欲人将已放之心，约之使反，复入身来，自能寻向上去，下学而上达也"。朱熹赞同二程的观点，认为"学者须是求放心，然后识得此性之善"。可见，在娄谅所继承下的理学理论系统中，收回已放之心是寻求本善、居敬修行的基础，并且教导王阳明可以通过"格物"治学到达圣人的境界。年轻的王阳明对成熟的朱子理论体系深信不疑，对于理学先圣更是衷心仰慕，用功学习程朱理学典籍，打下了扎实的理学理论基础，并按照宋儒所倡导的"格物"之说进行实践，在一草一木的具象化之中寻求至理。因其喜竹，故将竹作为自己格物致知的对象，每日去竹林前"格竹"，到了茶饭不思的境地而终无所获，最后因为身体不支而卧病。

这使得崇拜理学的王阳明开始思考，朱子所主张的通过外物来寻求至理成为圣人的方法可能并不适合自己，以外物来格物并致知的方式也许不是通往圣人境界的唯一道路。聪敏的他转而寻求以向内修行的方法，即"为晦翁格物穷理之学，几至于殒，时苦其烦且难，自叹以为若于圣学无缘，乃始究心于老佛之学。筑洞天精庐，日夕勤修炼习伏藏"①。可见，王阳明早年对

---

① 王畿：《王畿集》，凤凰出版社，2007。

朱子理学的修正离不开其具体的实践经验，这一"试错"经历，为阳明心学的成熟作了条件性准备。

（二）在渐修渐悟中积蓄能量

王阳明早年拜谒娄谅后精习朱子理学，在格物致知的道路上花费了大量的时间与精力，但最终没有在理学之路上达到他所追求的至圣目标。不少人认为这是他转向心学的开端。实则不然，他对于心学的体悟与认知早在其求理程朱之前就已有所体现。据史料记载，他曾在新婚之日在铁柱宫与"道士趺坐一榻"，相互讨论养生之法，"遂相与对坐忘归"。①可见早年的王阳明对主张形而上的道家学说已经有一定的了解和学习。无论根据孟子"收放心"的功夫论要求，或者借用庄子"坐忘"的境界论说法，都可见他能专注于当下心灵妙境，不为外部事物所左右，已具备一定的心学修养功夫。他在练习书法时自谓"举笔不轻落纸，凝思静虑，拟形于心，久之始通其法"②。他以心内之思作为本源和基础，手写之前先心写，将所思所想外化后才落笔成字，坚持下去，并逐步通晓书法的奥义。在王阳明看来，在实践之前应当先将万事内化于心，心无旁骛地反复思考，做到不但能在本心内里参透事物的本质，又能从容转化为生命实践行为，外显为人格精神气象。这与他龙场大悟后强调格物便是正心中之物，即所谓"格者，正也。正其不正，以归于正"之说，是一脉相通的。可见，在龙场大悟之前，他早已有了一定的渐修功夫和无数的小悟。正是通过这种不断的实践和积累，才有了后来龙场惊天动地的大跨度飞跃式顿悟。

龙场悟道之后，王阳明结合自己曾经"格竹"的经历，开始思考转变程

---

① 王守仁：《王阳明全集》第四册，上海古籍出版社，1992。
② 同上。

朱理学所倡导的"格物致知"的方式。对处于"格物、致知、诚意、正心、修身、齐家、治国、平天下"至圣之路第一位的"格物"，他提出了"先儒解格物为格天下之物，天下之物如何格得？且谓一草一木皆有理，今如何去格？纵格得草木来，如何反来诚得自家之意"的疑问，这其实也是对朱子所主张"穷尽事物之理"的一种批判。对于"格物致知"的理解，他在《答罗整庵少宰书》中写道："故格物者，格其心之物也，格其意之物也，格其知之物也；正心者，正其物之心也；诚意者，诚其物之意也；致知者，致其物之知也。此岂有内外彼此之分哉！理一而已。"在他看来，程朱那样过分执着于追求穷尽外物的至理，是忽略内在本心的行为。他认为"心"是人身体的主宰，"意"又是本心的一种体现，"知"和"物"都是由"意"引发的，本源仍旧是"心"。既然"格物"与"心"是万万不可分割的，因此，不存在内心以外的道理与事物，若想穷至理，首先要"正心"和"正事"。"正心"即要归正本心的良知，"正事"即以良知为本心大道，才能使事物亦得其正而合其道。正如他本人所言"知善知恶是良知，为善去恶是格物"，用"正心"与"正事"来重新诠释"格物"，在强调内化本心、诚意正心的"知"的同时要努力去"为"，最终达到知行合一的境界才能参悟大道至理。这种思想也揭示了程朱理学发展到明代所产生的穷理于纸面之困境的原因，逐渐开辟出一条将"心"与"意"、"知"与"行"完美结合的致圣之路。

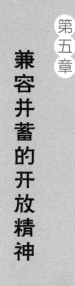

第五章

兼容并蓄的开放精神

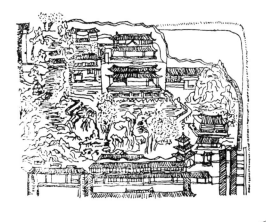

　　书院追求的是一种以读书、探讨问题为主的开放式教育。书院里没有宗派之见、派系之别、地位之分，来自全国各地、持不同意见观点的学派或个人开放教学、开放治学、教学相长。可以说，在其发展过程中，书院始终坚持兼容并蓄的开放理念，吸引各阶层来听学讲学，汲取各家所长，不断丰富自身的学术体系与教育成果。在办学上，书院作为公众活动的场所，面向社会开放，儒生、道士、和尚、百姓等皆可出入其间，择生也没有年龄、身份和地域的限制。在治学上，书院讲学不限于本院的师生，不同学院、不同学派的学者可以同时站在同一个讲坛上，学生听讲也不受师承的制约，中途能更换老师，也能去其他书院研学。书院提倡以开放的态度看待不同学术观点，允许不同的学术流派各抒己见，相互辩论，并行发展，形成百家争鸣的局面。

第一节　书院开放精神的具体内蕴

　　书院秉承开放的办学态度和开放的治学精神，自觉把学术发展同书院教育紧密结合在一起，逐渐成为相对开放的教育基地。书院兼容并蓄的开放精神，包含两个层面的内容。

一、开放的办学态度

书院施教对象广泛，办学地点多样，藏书对外开放，充分体现了书院开放的办学态度。

（一）施教对象广泛

书院施教对象的广泛性，是书院开放精神的真实写照。书院的施教对象根据与书院的关系可以分为两大群体：生徒和其他听众。生徒是指书院招进来的学生，在书院学习时间较长。其他听众是书院打开门户，能进书院听课的院外人，人员流动性较大。

在生徒的选择上，书院最大限度地摆脱了门第、出身等干扰，择生只有品德和学业上的基本要求，体现出封建集权统治下难能可贵的开放性。如江州义门陈氏东佳书堂，"别墅建家塾，聚书延四方学者，伏腊皆资焉，江南名士皆肄业于其家"[1]。作为一所家族书院，东佳书堂起初只招本族子弟入学，后来向外开放，四方学者均可到书院就读，且入学门槛不高。又如北宋李觏在建昌军南城创办的盱江书院。盱江书院的门徒很多，不仅有"乡曲俊异，从而师之"，且前后二十余年的时间里，"东南闻风而至求学者达千数"，"亲老，以教授自资，学者常数十百人"。李觏的盱江书院不同于建昌军学，"军学只能召集本军子弟之俊秀者，而书院则可兼容"[2]。

---

① 文莹：《湘山野录》，中华书局，1986。
② 李才栋：《江西古代书院研究》，江西教育出版社，1993。

书院施教对象广泛还体现在允许其他民众进入书院听课，且对听众的身份要求越来越低。唐代伊始，民间书院的讲学就面向民众开放。宋代书院要求听众学业优异或具备求学的志向，在仁义礼智孝方面有突出表现的听众，才能获得进入书院听课的资格。明代书院更是来者不拒，军人、农民、商人、僧人、道士等群体都有听讲的机会。《问津院志·讲学》载，明代问津书院的山长萧继忠，在一屠户家避雨的时候，被问及讲学的内容以及讲授寻常百姓之事是否可行。萧继忠回答："何不可，即如尔业屠，戬称如制即是圣贤事……今教尔每事只要问此心安否，心不安处便不做，便是圣贤学问。"屠户受教后恍然大悟，从此以后"悉改向所为"①。萧继忠为了避雨偶然到屠户家，屠户当场有所问即有所讲，即使对象是屠户也传授所得。

可见，相对于官学要求学生具有一定的身份和地位，且对学生的籍贯也有相当严苛的规定，书院大大拓宽了入学和听学的条件，面向民众开放，无论身份、籍贯、年龄等。

（二）办学地点多样

作为地方民间教育机构，书院的办学地点不受限制。这主要体现在两个方面：一是书院选址相对开放，大多"择胜地""依山林"；二是教学场所多样，书院的教学不只局限于讲堂内，还拓展到讲堂、书院外。

书院多选址在环境清幽、风景宜人的地方。书院学者们认为，喧闹的城市并不适合增进学业，只有"择胜地"，才有利于专心读书和开阔学识。这其中的"胜地"多为名山大川。如象山书院建于江西应天山，应天山陵高谷邃，木茂泉洁。石鼓书院坐落在湖南衡阳八景之一的"石鼓江山"中，像诗句"石鼓空清似镜中，亭台涟漪画桥东。一团山影江边绿，几处灯光树里

---

① 王会厘：《问津院志》卷四，清光绪三十一年刻本。

红"描绘的一样,风景绝美。白鹿洞书院位于江西庐山五老峰南麓,占尽地利,有林泉之胜,享有"海内第一书院"之美誉。因多位于环境幽静的山林之中,书院的选址有些还与道观寺庙相近或相重。最早的唐代书院就选址于佛教的"精舍"。唐代以后,寺庵林立的湖南长沙岳麓山下建有岳麓书院。明清时期,河北石家庄鹿泉书院在本愿寺西侧,起初经过寺院内才能进入书院。山东周村的槐明书院建在董永庙西院内。这样相对开放、幽静的地理环境,更能让书院师生心无旁骛地追求学问,同时陶冶情操,开拓视野,修身养性。

书院除选址相对开放外,教学场所也多样。书院以讲堂为核心进行教学。作为教学活动的主要场所,讲堂一般位于书院的中心位置,堂前的庭院为其外延空间,大多也较为宽敞。山长等名师大儒日常升堂讲学,生徒于讲堂内听学。此外,书院还将教学场所开放至寺庙、民舍、山石林泉等处。如前文所述,有些书院与寺庙相邻或者共用地方,因而儒师可以自由往来其中,传播儒家思想。寺院通常坐落在幽静的山林中,师长走出书院到山林中,从自然万物中传授学术观点,生徒在陶冶情操时另有深刻感悟。《白鹿洞书院记》载:"儒家往往依山林,即闲旷以讲授。"①总角之幼者"分徒裂居",便"或假馆于佛宫,或开户于委巷"。②这是儒师在山林或寺院教学的真实写照。又如陆九渊在象山书院执教期间,经常率领学生游历山川名胜,在其间讲课育人。可见,书院的教学地点随着主讲者和听讲者的变更,不拘于一方之地。有学生的地方,无论环境条件如何,都可以成为教学之地,体现了书院在办学空间上的开放精神。

---

① 吕祖谦:《白鹿洞书院记》,载《吕祖谦全集》第一册,浙江古籍出版社,2008。
② 王昶:《泾阳县重修孔子庙记》,转引自中国东方文化研究会历史文化分会编《历代碑志丛书》第七册,江苏古籍出版社,1998。

（三）藏书对外开放

书院是古代读书人以书为中心开展文化教育活动的公共场所，藏书则是书院精神得以延续的支柱。唐代，无论官府还是民间书院都已经比较注意藏书活动。宋代皇帝陆续向岳麓书院、白鹿洞书院和嵩阳书院等书院赏赐经史典籍，官方的支持在扩大书院本身藏书数量和种类的同时，也形成了书院广藏书籍的倡导之势。在这种形势下，朱洞和朱熹等民间一大批书院创建者，不辞辛苦，广置图书，服务不同师生和各类学派的学术需求。官府和民间的努力，成就了书院藏书事业，使得书院藏书与官府藏书、私人藏书、寺观藏书一起，并称中国古代藏书事业的四大支柱。

所谓"好书不出户庭"，在我国藏书史上，藏书极端私有，一入藏书家之手便"绨锦为衣，旃檀作室，扃钥以为常"[①]，极少流通于社会。"书院藏书既不同于官府藏书之石渠金匮，视若鸿宝，也不同于寺观、私人藏书之志在保存，以为珍玩，侈谈宏富。它对院中师生是完全开放的，服务于院中师生的教学与学术研究工作。"[②]院中师生是书院藏书最基本的读者群，早期书院藏书的借阅者基本上限定在书院内部的学者和生徒，不允许任何人向外借阅。随着书院的发展，这一限定逐步被打破，由院内而及院外，由本籍而至外地，从学者、生徒扩大到来书院讲学者、听讲者、管理人员，再到地方官员和士人等，在能妥善保管的前提下，部分书院的师生可以将藏书借给外院的人。到了清代晚期，有的书院甚至宽松到只要遵守本院书约者皆可入借的程度。最终如上海格致书院"凡遵约登楼观书者"皆在欢迎之列，书院藏书的公共性、公开性得到进一步显现，书院藏书楼已然具有现代公共图书馆的

---

① 李希泌、张淑华编《中国古代藏书与近代图书馆史料》，中华书局，1982。
② 邓洪波：《简论南宋书院的六大事业》，《大学教育科学》2005年第1期。

特征。这正是书院开放精神的一大体现。

二、开放的治学精神

书院开放的治学精神不仅表现在门户开放的教学上，还表现在允许不同学派之间交流辩难上。一方面，书院打破了关门教学的风气，师生不受地域或学派的制约，来去自由，且每当书院有著名学者讲授时，其他书院的师生及"慕名师而远道而来者"都可求教听讲，并受到欢迎；另一方面，书院允许不同学派的大师各抒己见，尊重不同的学术观点，在学术上遵循"兼容并蓄"的原则。

（一）教学上自由开放

书院教学上的自由开放，一是体现在门户开放上，二是体现在教学内容多样上。

在门户开放方面，就学生而言，他们择师、择院完全出于自愿，可以根据自己的兴趣、爱好，自由选择，无论来自本地抑或外省，都没有限制，且中途可以易师换院。如百泉书院的院生可以到程颢和程颐的鸣皋书院就读。著名生徒黄干，原来是刘清的学生，后来拜朱熹为师。就教师而言，他们完全以自己的学术修养、人格魅力来吸引学生，不严格限制学生的来去，会鼓励学生接触其他学者的观点，也可以自主选择讲学书院，一个学者可以在几个书院讲学。如戚同文之孙戚舜宾在应天书院时，"曲尽人情，人尤乐从"。[①] 范仲淹在《南京书院题名记》曾言："由是风乎四方，士也如狂，望兮梁园，

---

① 徐度：《却帚篇》，四库全书本。

归欤鲁堂，章甫如星，缝掖如云。"①可见当时诸多士人慕名而来的盛况。天圣五年（1027），晏殊留守南京时，邀请范仲淹执教应天书院，全国各地求学之人纷纷聚集到其门下。据《范文正公年谱》载："时晏丞相殊为留守，遂请公掌府学。公尝宿学中，训督学者皆有法度，勤劳恭谨以身先之。由是四方从学者辐辏其后，以文学有声名于场屋朝廷者，多其所教也。"②应天书院聘请很多颇有盛名的学者任教，呈现出不拘门户之见招揽人才的开放局面。

庆历新政失败后，范仲淹被贬至河南西南边的邓州，在偏僻之地主办花洲书院，仍有诸多学生千里迢迢来此求教问学。陕西张载就曾学于此，后来成为北宋著名的理学家。又如顾宪成在东林书院讲学，"远近名贤，同声相应，天下学者，咸以东林为归"，"朝士慕其风者，多遥相应和"，"闻风响附，学舍至不能容"。此外，每当名师宿儒讲学时，其他书院的师生和远地慕名而来的学子都可以听讲、求教，书院不会拒之门外，且会热情接待，给予各种方便。如清代顺治年间，白鹿洞书院规定"书院聚四方之俊秀，非仅取才于一域，或有远朋，闻风慕道，欲问业于此中也，义不可却"③。书院还专门设立了一项专款用于讲学，设专人负责接待四方来听讲的学者。

在教学内容方面，书院教学的内容非常广博。因学派不同，不同书院教学的内容存在一定的差异，体现出较强的包容性与开放性。具体教学内容主要由讲授者决定，主要以儒家经典为规定教材和学习内容，如《大学》《中庸》《论语》《孟子》为代表的"四书五经"等，也包括历史典籍诗词文赋等。诸多书院教师还讲授自己的著作和学术观点，传播自己的学术思想，在

---

① 曾枣庄、刘琳主编《全宋文》第九册，巴蜀书社，1990。
② 司马光：《涑水记闻》卷十，中华书局，1989。
③ 毛礼锐编《中国教育史简编》，教育科学出版社，1984。

各自讲学中互不干涉。如南宋程颐在伊皋书院传授自己所著的《易传》，二程的弟子胡安国在碧泉书院讲解自己的著作《春秋传》。又如白鹿洞书院讲授《四书章句集注》，象山书院讲授《象山文集》，东湖书院讲授陆九渊的《文集》，丽泽书院讲授吕祖谦、朱熹合著的《近思录》。明道书院奉祀程颢，马光祖称"登程子之堂，则必读程子之书"①。可见，各个书院教学内容皆有所不同，且带有各自的学术特色。

（二）学术上兼容并包

书院在治学上"不主一家"，博取他家之长，始终秉持着求同存异、兼容并包的治学态度。不论什么学派，书院都允许其存在，对于持有不同看法的教师，书院也是皆允许其自由讲学。书院还同时或交替聘任不同学派、持有不同观点的学者来讲学。因此，书院大多也成为不同学派活动的基地，如学术界公认的宋明理学开山鼻祖周敦颐、宋代理学大家朱熹、明代心学集大成者王阳明等，均将书院发展成各自的研究阵地，潜心编著、传道授业、开创学派，这些名师巨儒教授弟子的一般是本学派的学术思想，但他们在坚守自家言论的同时，非常注重与其他学术派别之间的交流、论辩，以期在论辩中不断吸收其他派别有益的学术观点，完善发展本学派的学术思想。

书院的大师大多是儒家学者，他们对于佛教、道教的思想并不完全排斥，而是批判吸收其成果，并融于自己的思想体系之中，一定程度上推动着三种思想的交融互通，逐渐形成了一种全新的思想体系。宋明理学开山鼻祖周敦颐更是一位信奉佛教，同时又尊崇道教的人，他的著作《太极图说》跟道教的"太极先天图"有很大的渊源。师承周敦颐的程颢以及程颐曾创建二程书院、程颢书院、程氏书院、大程书院、伊川书院、春风书院和钩深书院，也

---

① 周应合：《建康志》卷二十九，文渊阁四库全书本。

曾讲学于嵩阳书院和龙门书院等。二程都好学佛教义理，汲取经义道法到儒学中。程颢专研儒学义理，但是未知其要义，"出入于老、释者几十年，返求诸《六经》，而后得之"①。叶适评论，程颢的《定性书》深受佛老思想影响，其中多处可看到佛老列子思想的痕迹。程颐曾到天宁寺游览，看到僧徒"趋进揖逊之盛"后，大为感叹"三代威仪，尽在是矣"。他熟读佛教义理，对佛教思想有深刻的实践上的体悟。佛教提倡的静坐修习方式，程颐借鉴之，并加入"敬"的补充，进而提升了宋明理学静坐修习的理论地位与实践价值。但是，程颐对"借鉴"吸纳的佛教修行实践既表示赞叹，也进行批判。明代王守仁在江西吉安创建阳明书院。黄宗羲评价，王守仁起初只是阅读辞藻华丽而无思想深度的文章，后来学习朱子学说和著作，"循序格物，顾物理吾心，终判为二，无所得入，于是出入于佛老者久之"②。王阳明曾言："茫无可入，因求诸老、释，欣然有会于心，以为圣人之学在此矣。"③可见，书院的儒学家们在学术上秉持兼容并包的态度，在对待与儒学不同的佛教、道教时，自己去参禅悟道，批判吸收其有益思想后，精益于自己的学术体系构建。

此外，不同学派的书院大师们亦经常在一起切磋学问、平等论学，使得不同学派的学术思想在书院传播、发扬。如邵雍、张载、范仲淹、司马光、晏殊、二程等名师巨儒虽自立学派或分属不同学派，所持学术观点也各不相同，但派系之别并不影响这些学术巨擘在应天书院研究学术、传播思想。嵩阳书院还经常邀请当时任教明道书院、鸣皋书院的二程去讲学，甚至专设二程祠以表尊崇与感谢。此外，著名的学术争论如鹅湖之会，朱熹与陈亮关于

---

① 程颢、程颐：《二程集》，中华书局，1981。
② 黄宗羲：《明儒学案》，中华书局，2008。
③ 陈荣捷：《王阳明传习录详注集评》，台湾学生书局，1983。

义利双行、王霸并用的争论，湛若水与王守仁关于格物致知、心的概念的争论，方东树与汉学家的争论等，尽管争论双方所持观点各异，但书院大师们在不断的质疑辩驳中，能够进一步取长补短。诸如陆九渊揭发支离破碎搞烦琐传注之病，罗钦顺揭发心学专讲内心修养，妄图"私造化为己物"的谬误，都让人印象十分深刻。兹以朱熹与陈亮考亭之会为例作简要阐述。绍熙三年（1192）十一月，朱熹将长子朱塾葬于大同北麓，陈亮为作朱塾的墓志铭，入闽到考亭与朱熹相见。在绍熙四年正月五日以后，陈亮才告别朱熹北上。这次朱陈考亭之会相聚有一二十日，两人谈论的问题十分广泛，朱熹的弟子杨道夫在场，曾记录了两人的谈话。陈亮谓："今要得国富兵强，须是分诸路为六段……"先生曰："若广中、四川之类，使之巡历，则其本曹有废弛之患。"陈曰："剧曹则所领者少，若路远则兵、工部可为也。"曰："此亦是一说。"[①]可见两人甚为相得。虽然这次考亭相会后，朱熹和陈亮在道德主义、功利主义思想上的对立并没有消除，但通过争论，朱熹对陈亮的思想产生了微妙的影响。在陈亮眼中，朱熹从一个世儒的形象变成了一个鸿儒的形象。在道德性命之学上，陈亮从排斥否定转而认为朱熹的观点可以同自己的事功学说互补统一。另外在做"人"上，陈亮更相信"儒"了。

总而言之，书院通过各种方式的辩论争鸣，探究学派的精义之处，辨析不同学派主张的异同，从而冲破各学派之间的门户之见，促进书院学术的发展，无疑是书院开放的治学精神的体现。

---

① 朱熹：《学校贡举私议》，载黎靖德编《朱子语类》，岳麓书社，1997。

第二节　书院开放精神的实施载体

书院开放的办学态度和开放的治学精神，是通过一系列的制度载体实现的，其主要包括招生制度、讲会制度和藏书借阅制度。

一、招生制度

书院从创立之初便开放给社会下层和民间士子，即使生徒家庭贫贱或身份卑微也不会将其拒之门外。其招生不分贫富贵贱、地域，几乎没有限制，只要向善好德、追求上进，无论是官府子弟、乡绅儒生，抑或山林布衣、普通百姓，均有机会入学。这打破了"学在官府"的特权，真正称得上是"聚天下英才而教之"。虽然有些书院如白鹿洞书院、诂经精舍、学海堂等，对入学生徒有一定的资格要求，但相对于官学的门槛限制而言，已然是大大放宽了条件。因此，总体而言，书院的招生具有充分的开放性。

（一）年龄要求

书院招生的年龄要求比较宽松，从儿童到成年，包括各个年龄段。书院的级别和年龄相对，级别越低，入院学习者年龄越小，级别越高，学习者的年龄越大。家族、乡村书院生徒为子弟之列，年龄均偏小；州县书院生徒多是弱冠之人，年龄均偏大。一般而言，古代大学与小学以十五岁为分界，大学、小学各自存在级差，书院的生徒也可划分为子弟与成年两大区段。通过这样的划分，书院将年幼年长的人都纳入了招生的范围。

年幼的生徒即子弟，一般称为小子、宗族子弟、诸子、幼学者等。如

《金斗书堂记》载："书堂之建，将聚乡族之子弟而教之。"[①]称生徒为子弟。《酒泉书院记》载："析其舍为两院，一课成人，一训小子。择州文学二人为之师。余复敦延名宿，开扶风之帐，集道辖之贡监文武生童月课而岁程焉。"[②]可见年幼的生徒也被称为小子。又如清代嘉庆十六年（1811），台湾府彰化县知县杨桂森，为白沙书院制定学规，学规的最后三条分别是《作全篇以上者之学规》《作起讲或半篇之学规》《六七岁未作文者之学规》，[③]可见白沙书院生徒分三类，年龄最小者仅六七岁。

除了这些年幼的生徒，书院生徒中成年人占比最多，文献中记载的举人、生童、生监、贡生等一般都是指成年人，以十五岁到三十岁的人居多，也有四五十岁，甚至七八十岁者，年龄相差比较大。如元代建康路明道、南轩书院规定，儒生五十岁以下者，只参加"月课"，而"三十岁以下者，各各坐斋读书，延请讲书训诲，每日每习"[④]。说明生徒以三十岁以下为主，但也有五十岁者。又如广东粤秀书院的学制初定三年肄业，但实际后来每逢科年即举行甄别，相沿日久，又变成一年一甄别。有一位叫梁锦的生员，八十多岁在粤秀书院肄业，乾隆四年（1739），巡抚还特意送给他米一石、肉十斤，以旌其耄而好学。此外，书院的学生甚至有"父携其子，兄挈其弟"的现象。

可见，书院服务的对象是广泛的，从六七岁到七八十岁，而且满足了他们各自不同的需求。有的书院兼具子弟与成年两个区段的教育，自成一体，衔接自如。如前文提到的东佳书院为家族书院，其《陈氏家法》中规定，"立书堂一所于东佳庄，弟侄子姓有赋性聪敏者，令修学。稍有学成应

① 陈谷嘉、邓洪波主编《中国书院史资料》，浙江教育出版社，1998。
② 同上。
③ 邓洪波编著《中国书院章程》，湖南大学出版社，2000。
④ 陈谷嘉、邓洪波主编《中国书院史资料》，浙江教育出版社，1998。

举者"①。又"立书屋一所于住宅之西，训教童蒙。每年正月择吉日起馆，
至冬月解散。童子年七岁令入学，至十五岁出学。有能者令入东佳"②深造。
"书屋"与"书堂"施教程度不同，"书屋"教化童蒙，为基础教育，"书堂"
为应举出仕培养人才，相当于现在的高中，甚至接近于大学教育，"书屋"
和"书堂"都统称为"陈氏书堂"。可见，东佳书院是古代较早的书院，已
经针对子弟和成年两大年龄段分别开展教学。

（二）籍贯要求

书院接收生徒，不分籍贯地域，四方之士皆可居学肄业。生源的籍贯，
代表着书院的生源范围。书院生源的范围超越了特定行政区划的范围，这无
疑体现了书院招生的开放性。

南宋绍兴戊辰年（1148），邑人郭钦止在浙江东阳创建石洞书院，"延
叶适、朱熹主师席，教族中子弟及乡里后秀，学子来自鲁、苏、皖、赣、湘
五省俊秀，宁、台、金、衢四府学子皆负箧曳履，跋山涉水纷至沓来，从先
达执经叩问，向硕师援疑质理"。叶适、朱熹、陆游、吕祖谦、魏了翁、陈
传良、陆九渊、陈亮等名儒相继来此讲学、题词、作诗，山东、江苏、安
徽、江西、湖南的学子纷纷来求学。岳麓书院在张栻主持期间，31人中，2
人里籍不详，9人是湖南人，其余20人均来自湖南之外的地区。正如朱熹
所言"将以俟四方之士有志于学而不屑于课试之业者居之"③。清代白鹿洞
书院四方俊杰云集，所招收的学生不囿于本地区域，若是有远方的朋友慕名
求学，想在书院学习，也不会拒绝。不少书院还更建院舍，"以处四方游学

---

① 陈增荣：《义门陈氏宗谱》，民国二十五年宜春德星堂刊本。
② 同上。
③ 朱熹：《朱熹集》，四川教育出版社，1996。

之士"。此外，陆九渊在应天山讲学五年，四方学士访问者逾数千人，一时结庐于精舍之旁的，也有数百人。吴澄二十四岁就在山中设帐讲学，四方之士不惮数千里蹑履负笈来学者，常不下数百人。可见，书院打破了生源的地域性限制，四方之人，皆可以入校。

（三）身份要求

书院生徒身份多样，因性质不同，招生对象也存在差异。唐代书院多是朝省修书或士人个人读书教学之所。经历五代发展至宋代，绝大多数书院作为民间的教学机构，招生时向社会下层和民间士子开放，入学的要求更看重个人后天的品行和求知的渴望，如白鹿洞书院只招收举人。元代，部分书院成为官办，主要招生对象是在籍儒士及其子弟。但民办书院的生徒类型进一步扩展。从总体上看，书院招生在生徒的身份上没有太多限制，主要包括乡邻子弟、在籍儒人、外来游学者等。

北宋范阳窦禹钧书院是左谏议大夫窦禹钧致仕后，在乡邑创办的一所家族书院。但书院并不完全囿于本族弟子，而是向社会开放。窦家"义风家法，为一时标准"，"公（窦禹钧）每量岁之所入，除伏腊供给外，皆以济人之急。家惟素俭，器无金玉之饰，室无衣帛之妾"①。窦禹钧勤俭节约，把节俭下来的钱用来办教育，"于宅南构一书院四十间，聚书数千卷。礼文行之儒，延置师席。凡四方孤寒之士，贫无供须者，公咸为出之，无问识与不识，有志于学者，听其自至。故其子见闻益博。凡四方之士，由公之门登贵显者，前后接踵"②。可以看到，窦氏书院不问生源来历，不计出身门第，不拒贫困孤寒。相较于同时期官学在生徒身份、资格上的严格限制而言，实

---

① 范仲淹：《范文正公集》，商务印书馆，1936。
② 同上。

是一个巨大的进步。

此外，南宋学者张栻在主持岳麓书院时，曾多次提及"传道而济斯民"。建康府明道书院的考试仅仅是"引疑义一篇，文理通明者，请入书院，以杜其泛"。朱熹立沧州精舍，门徒很多，既有宿老，也有中下之士。即便明清时期很多书院改为官办，这种招生理念也没有改变。清代四川的文昌书院"凡越巂生童，不需一束，均得入院肄业，按月观课。捐廉奖赏，作育人材，大公无类。更欲立书舍，给膏火，招徕来学，以广栽培"①。可见，"大公无类"一直是书院的办学准则，也是书院开放精神的体现。

（四）名额要求

虽然书院在生徒的年龄、籍贯、身份上没有太多限制，但在实际运作中，书院吸取了官学的招生办法，实行生员定额，不是所有要求入学的人都能入学。尤其是明清时期，大多数书院的招生权利在官府，招生有一定的名额限制，府、州、县学生各有一定名额。有的书院以籍贯来分配名额，这给籍隶外省府的官员幕僚子弟带来甚多不便。清光绪十二年（1886），津海关道周馥、都转盐运使司盐运使季邦桢、天津道万培因，有感外籍官绅子弟入学成问题，要求建立一所专门收教外籍生员的书院，"津门地当孔道，冠盖云集，凡随任子弟与夫幕友侨寓者，宜加培植，俾成有用之材"。遂创集贤书院，"为外省举贡生监肄业之所"，建造经费由籍隶外省各官集捐。也有书院无名额限制。如龙潭书院"按捐定额"，规定"凡一团一族有捐钱至八百串以上者，永定课额一名"。书院以八百串为标准，只要捐八百串或以上，就可以为子弟购买一个名额，并且此名额永久地归属于该团或该族。

书院入学名额有限的主要原因是经费有限。《宝晋书院规条》载："书

---

① 陈谷嘉、邓洪波主编《中国书院史资料》，浙江教育出版社，1998。

院向例，肄业生员定数二十名，童生二十名。至乾隆五十年，增为生员五十名，童生三十名。嗣后经费渐充，逐次加增生员额数百六十名，童生额数百六十名。"①一旦经费增加，生员就随之增加。因此，书院招生的名额主要根据其办学实力自定，人数从几十到上百至上千不等。如南宋乾道年间，岳麓书院就"定养士额二十人"，后来扩到三十人。待书院名气增大以后，"别置额外学生十员，以处四方游学之士"，又增加了学生名额。②

此外，书院还有旁听生，这些旁听生是没有定额限制的，人数比较多，如所谓的"岳麓一千徒"就是指岳麓书院生徒曾达千人，这里面包括了许多旁听生一类的短讲生。旁听生是临时性的，不在计划之内，而有膏火待遇的学生是定额的，不得随意突破。但总体而言，相较于官学而言，书院招生在名额上已经是相对开放了。

二、讲会制度

书院提倡开门办学，通过实施开放的讲会制度，鼓励师师之间、师生之间交流切磋、进行学术研讨，呈现出一派"百花齐放、百家争鸣"的景象。讲会是书院讲学方式的一种，是书院与书院举行的学术辩论会，是书院开展学术活动的组织形式，由会讲演化而来。会讲不定期举行，由两位或两位以上的老师进行讲学，学生聆听。参加会讲的老师往往观点见解不同，常常有激烈的争辩议论。会讲不断发展的过程中，书院开始定期举行讲会。讲会在书院中定期举行，主持者为书院大师，列出讲会的时间、地点、规约、宗旨和辩论的主题。历史上的东林书院、姚江书院、紫阳书院，讲会很盛行，将

---

① 邓洪波主编《中国书院学规集成》，中西书局，2011。
② 陈谷嘉、邓洪波主编《中国书院史资料》，浙江教育出版社，1998。

讲会的宗旨、仪式、组织以条约的形式规定下来，成为制度。"讲会"制度兴于宋，一直到元明清，并且允许不同学派讲学争辩，允许各个书院师生或院外人士听教，体现了书院包容百家的胸怀。

（一）讲会听众广泛

每个书院对讲会听讲者的规定不尽相同，但在身份阶层、年龄、人数方面没有太多限制，整体上是对听众开放的。有些书院举办讲会的时候，不设置门槛，有志之士皆可以参加。如东林书院山长顾宪成在《东林会约》中规定，"每年一大会，或春或秋，临时酌定，先半月遣帖启，每月一小会，除正月、六月、七月、十二月祁寒盛暑不举行外，二月、八月以仲丁之日为始，余月以十四日为始。会各三日，愿赴者听，至不必遍启。"①可见，东林书院每年举行一次大的讲会，听讲者需凭帖子进入。而每月举行一次小的讲会，不需要帖子，愿意听讲的人可以直接参加讲会。又如姚江书院会则规定，"会中不论绅耆士庶，到则登记姓名。其愿入会中者，参议登籍"。北京首善书院规定，"以定会期，二、八则都中缙绅听讲，四、六则举贡生员及军民工商一切杂色人等听讲"②。这体现了书院对听会人员的兼容。有些书院对讲会听讲者的身份阶层没有限制，但会注重参会人的德行。施璜曾主持紫阳书院四十三年之久，他在跋文中曾言，"窃详立规之意，所责在人品真实、学术醇正，足以究身心性命之事，不在滥交游侈人众。故紫阳立规甚严，会友必择，非过峻其门庭也"③。虞山书院虽规定"虞山会讲，来者不拒，人皆可以为尧舜，何论其类哉。凡我百姓，年齿高者，与年少而知义理

---

① 邓洪波编著《中国书院学规》，湖南大学出版社，2000。
② 李颙：《二曲集》，中华书局，1996。
③ 邓洪波主编《中国书院学规集成》，中西书局，2011。

者，无分乡约、公正、粮里、市井、农夫，无分僧道游人，无分本境他方，但愿听讲，许先一日或本日早报名会簿，俟堂上宾主齐，该吏书领入，照规矩行礼。果胸中有见者，许自己上堂讲说"。但也强调"每月初九日讲学于学道堂，本县辍政半日往听焉，佐领、儒学各官、乡荐绅、孝廉、生童、孝子、善人悉会听讲。讲时不掣签，不命书，不拘生童，随有志、有见者讲论三五章以发其端"①。可见这些书院对讲会听讲者德行的看重。

对于年少、年长的听讲者，书院皆秉持欢迎的态度。前面提到的东林书院山长顾宪成在书院强调，"今兹之会，近则邑之衿绅集焉，远则四方之尊宿名硕时惠临焉。其有向慕而来者，即草野之齐民，总角之童子，皆得环而听，教所联属多矣"。他认为书院里老老小小、平民百姓都可以"环以听教"，形成了当时"四方学者不远万里寻师觅友，济济一堂，互相切磋，声应气求"的情景，令学习者"广见博闻，耳目一新，精神振奋"。又如明代广东书院湛若水讲学，书院生徒的年龄参差不齐，其中不乏古稀、耄耋和千古这类的高寿者，"甘泉讲学天关，有简翁者，年百有三岁……时甘泉年八十有五，时有黎养真瑞鸾者，年八十二，黄慎斋民准年八十一，吴藤川纯年八十，皆游甘泉门下……而袁教授邮者，年七十余……其后甘泉年九十五，复开龙潭书院，时东莞有钟景星叔辉者，年七十有二，增城有张春闻潮者，年七十有三，侍之开讲，每展书发挥所得，声响不减少年"②。在人数上，很多书院也没有限制。明代王阳明订立讲会制度，地点在龙泉中天阁，以每月的朔、初八、望、二十三为期。讲会之日，弟子云集。清代"关中大儒"李颙应各地邀请讲学。康熙年间，他重开关中书院讲会，各方士人来参加，

---

① 耿橘：《虞山书院院规》，转引自邓洪波主编《中国书院学规集成》第一卷，中西书局，2011。
② 屈大均：《广东新语》卷九，中华书局，1985。

所谓"环阶席而听者千人"，其影响力之大可见一斑。

（二）内容形式不限

书院讲会以学问为重。在开放的讲会氛围中，每个人都可以自由平等地交流、论辩学术观点，求同存异，共同取得学术进步。

书院讲会内容不受限制，各个书院因具体情况而异，多是围绕"传道"和人格的养成。朱熹为白鹿洞书院制定学规，即《白鹿洞书院揭示》，为首的就是"五教之目""修身之要"，其次是"为学之目"。顾宪成以此为基础，制定了《东林会约》，首列孔子、颜渊、曾参、子思、孟子为学要旨；次列朱熹《白鹿洞学规》；最后申之以"饬四要、破二惑、崇九益、屏九损"。王阳明在《书中天阁勉诸生》中指出："务在诱掖奖劝，砥砺切磋，使道德仁义之习日亲日近，则势利纷华之染亦日远日疏……则虽日讲时习于此，亦无益矣！"[1]至元年间汪梦斗"不远六七百里，专使招致"，赴华亭县九峰书院参加讲会，以"古之学者为己，今之学者为人"为命题进行阐发，提出"为己便是天理，为人便是人欲"的看法，并对一味追求科举作文的现象提出批判。"若使圣人见后世之学读书作文，事于沽科第、钓爵禄，又岂不大可哀哉！"（《华亭县九峰书院开讲》）[2]后来，他又赴紫阳书院开讲，与诸贤连续几日围绕"天理人欲"互相切磋，获益匪浅。

此外，讲会形式各式各样，一般讲会代表先发布此次讲学主旨，然后主讲人开讲，完毕后，听讲者向主讲人发出疑问，并就自己的想法阐述不同的主张，然后双方或多方进行辩论。所谓"一堂之上，雍雍济济，能彼此互相严惮，有余师矣；能彼此互相切磋，有余友矣。声应气求，随取随足，孰近

---

① 王阳明：《王阳明全集》，中国画报出版社，2016。
② 曾枣庄、刘琳主编《全宋文》第三百五十七册，上海辞书出版社，2006。

而孰易焉。"在讲会中，师师之间、师生之间，皆可以平等辩论，"有问则问，有商量则商量"。毕竟"一人之见闻有限，众人之见闻无限"，只有通过质疑辩难，使学问"质诸大众之中"，"累岁月而不得"解决的问题得以"相悦以解"，从而达到讲会融各家之长的目的。

明代有人问吕楠："今日之讲学多有不同者，如何？"吕答曰："不同乃所以讲学，既同矣，又安用讲耶？"书院的讲会制度追求的就是一种各抒己见、百家争鸣的学术氛围。讲者可以是普通教师、书院的山长、其他书院的学者，甚至是书院的学生，充分体现了能者为师，而听讲者也来者不拒。讲会参与者各持己见、论辩激烈，但对待其他的学术思想观点，仍秉持着平等对待、求同存异的态度，并不蓄意诋毁和疏远对方。

三、藏书借阅制度

书院藏书具有公共性、公开性、利用性三大特征。其主要目的是为"用"，以便让人学习、研究。黔江县知县张九章支持地方办学，希望书院诸生能"研穷玩索"藏书，"慎勿束之高阁"①。书院藏书的服务对象既有书院师生，也包括院外民众。书院在藏书的管理上形成了较为完整的借阅制度，以便发挥书院藏书的作用，使其为读者使用，又能防止图书丢失。

书院是在藏书的基础上发展建立起来的。唐代东佳书院制定了非常详细的藏书管理制度，其中有明确的关于藏书借阅的规定。《陈氏家法》载："立书堂一所于东佳庄，弟侄子孙有赋性聪敏者，令修学，稍有功业精进应举者，除现置书外须令添置，于书生中立一人掌书籍。出入须令照管，不得遗

---

① 张九章：《黔江县志·学校志》，清光绪二十年（1894）刻本。

失。一应宾客寄止修业者，并延待于彼，一一出东佳庄供应周旋。"①这是能见到的书院最早的藏书管理制度，表明东佳书院设置专人管理藏书，读者借阅也有人专门照管，以防止书籍遗失。元代许昌人冯梦周建立的颍昌书院在藏书借阅方面管理更加规范。他将自己购买的若干卷书籍全部赠给了书院，并且为其制定了借阅规约，"凡假者恣所取，记其名若书目，读竟则归，而销其籍。损者不债偿，不归者遂与之，以激其后，缺者随补之"（《冯氏书堂记》）②。一方面，为了保证藏书的完整性、持续性，这个规定提醒读者要及时归还图书；另一方面，这个规定表明，对损坏书籍和不归还书籍者都不追责。可见，相较于藏书的价值本身，冯梦周更重视藏书的利用，在他看来，只要藏书被人充分阅读和使用，就已经发挥了作用，至于藏书是否遭受损失不用太在意。其藏书借阅理念比东佳书院更进了一步。到清代，有关书院藏书对社会公众开放的记载已不鲜见，藏书借阅制度也愈发完善。梁鼎芬制定的惠州丰湖书院的《丰湖书藏四约》，是清代藏书规章中条目最多、规定最为详备的。《丰湖书藏四约》包括借书约、守书约、藏书约、捐书约四部分，共计五十六条。梁鼎芬开篇即言："有书而不借，谓之鄙吝；借书而不还，谓之无耻。今之书藏，乃一府公物，非一人之私有，不借不如不藏，不读不如不借。务使人人保护，人人发愤，历时既久，沾慨斯多。若许慈胡，潜莫相通。"他还在其中率先提出"今之书藏，乃一府之公物，非一人之私有……"，并表示要将藏书公开，"以与天下百姓共读之。"从中可窥见其无私、开放的藏书思想。总体而言，从唐代到明清时期，书院关于藏书借阅的制度逐渐完备，其主要包括以下四个方面的内容。

一是关于借阅对象的相关规定。除了书院的生徒外，书院的藏书也对外

① 陈增荣：《义门陈氏宗谱》，民国二十五年宜春德星堂刊本。
② 许有壬：《至正集》卷三十八，上海古籍出版社，1987。

开放借阅，不过，师生所借图书，"听由斋长手取读，不得圈点、浸损"①。同治年间，江宁的惜阴书院就有借书局，搜集图书，给当地无书学子借读，"俾本籍士人之无书者得诣书院借读"（《惜阴书院借书局章程》）②。可见惜阴书院借书局已经是一所具有现代特征的"典型的公共图书馆"。

二是关于借阅期限的相关规定。书院的藏书不能久借不还，一般会有专人负责藏书的借阅管理，相关制度规定借书时要有登记，并注明几月几日归还，"虽山长、学官等借阅，亦必注账，随取随还，不得久假不归，以昭画一"③。山长、学官、学徒等借阅书院的藏书时，有借阅期限。有的书院严格规定了借书期限，如岳麓书院借书不能超过十天，肇端书院规定借阅期限是十五天。若是超过规定的借阅期限，会受到惩罚。这样严格的规定，有利于书院书籍的进一步流转，让更多的读者拥有更多书籍的选择。

三是关于阅读地点的相关规定。一些书院规定，生徒只能在院内阅览图书，但不能借出；师长等管理人员，可以借出院内，时间不宜过长，如"各士子只准在讲堂恭坐按阅，不准携归卧室，致有遗落"。又据《笺言书院志》载："凡院外之人愿读某书者，自具薪水蔬油来院，呈明监院，限以日月而借之。仍不许出院门。"④可见，笺言书院还允许院外士人来院阅读书籍，虽然不能出院门。

总而言之，书院藏书利用率高、借阅制度灵活，随着开放程度的逐渐加深，书院越来越具备公共图书馆的性质，书院藏书越来越开放。

---

① 张九章：《黔江县志·学校志》，清光绪二十年（1894）刻本。
② 莫祥芝、甘绍盘：《上江两县志》卷十二（上），成文出版社，1985。
③ 张九章：《黔江县志·学校志》，清光绪二十年（1894）刻本。
④ 赵所生、薛正兴主编《中国历代书院志》第五册，江苏教育出版社，1995。

第三节　书院开放精神之典范

一、鹅湖之会与白鹿之会

南宋时期是书院蓬勃发展时期，形成了学术开放的局面。淳熙二年（1175），吕祖谦为调和朱熹"理学"和陆九渊"心学"之间的理论分歧，使两人的哲学观点"会归于一"，出面邀请陆九龄、陆九渊两兄弟与朱熹相会于信州的鹅湖寺。双方就各自的观点展开了激烈的辩论，史称"鹅湖之会"。由于其间两人观点未达调和，学术分歧不减，六年之后，陆九渊率弟子六人到南康访学，朱熹亲自邀请陆九渊到白鹿洞书院讲学，并把陆九渊所讲"君子喻于义，小人喻于利"一章的讲义刻于书院门前的石碑之上，作为对其所订洞规的最好阐释，借以敦促生徒学习遵循，史称"白鹿之会"。这两个故事是书院文人相亲不相鄙的范例，也是书院兼容并包的开放精神的生动体现。

（一）鹅湖之会

鹅湖之会的中心议题是"教人"之法。据陆九渊门人朱亨道记载："鹅湖讲道切诚，当今盛事。伯恭盖虑朱、陆议论犹有异同，欲会归于一，而定其所适从……论及教人，元晦之意，欲令人泛观博览而后归之约，二陆之意欲先发明人之本心，而后使之博览。"[①]所谓"教人"之法，也就是世界本原的问题，即认识论，又可以延伸到方法论。

---

① 陆九渊：《陆九渊集》卷三十六，中华书局，1980。

在这个问题上，作为程朱理学的代表，朱熹主张"格物致知。穷理离不得格物，格物才能穷其理"。他认为教人应先泛观博览而后归之约，穷尽事物之理，推致其知以至其极，因而强调"为学之道，莫先于穷理；穷理之要，必在于读书；读书之法，莫贵于循序而致精；而致精之本，则又在于居敬而持志"，要多读书，多观察事物，根据经验，加以分析、综合与归纳，然后得出结论。作为陆王心学的代表，陆九渊则坚持"心即理"，主张"为学之方，以辨志明心为本。发明本心，何用外功"。他认为教人应先发明本心而后使之博览，格物就是体认本心，本心之性千古不变，去此心之蔽，则万事万物的道理自然贯通，因此反对多做读书穷理之工夫，认为读书不是成为至贤的必由之路，而是要尊德性，养心神。陆氏兄弟还各赋诗一首，以"支离"陋谬、"浮沉"无根讥朱熹之学。陆九龄诗称："孩提知爱长知钦，古圣相传只此心。大抵有基方筑室，未闻无址忽成岑。留情传注翻蓁塞，着意精微转陆沉。珍重友朋相切琢，须知至乐在于今。"[1]陆九渊诗曰："墟墓兴衰宗庙钦，斯人千古不磨心。涓流滴到沧溟水，拳石崇成泰华岑。易简工夫终久大，支离事业竟浮沉。欲知自下升高处，真伪先须辨古今。"[2]

　　鹅湖之会，双方各持己见。朱熹认为陆九渊的学说过于简单；陆九渊认为朱熹的学说过于支离破碎。他们唇枪舌剑地辩来辩去，争论了三天，陆氏兄弟略占上风，但仍旧无法说服彼此。尽管如此，会后吕祖谦担心陆九渊伤了朱熹的尊严，朱熹却答曰："朱某不才，虚怀若谷是懂的……有人说我是理学权威，如果我是的话，陆九渊敢于挑战权威，那是何其有胆识，有胆魄呀！"在面对弟子刘子醒的关心时，朱熹也谈道："争辩是好事嘛，学术之争，结论如何，留取后说。陆九渊敢思考，敢立旗帜，刚才说过，敢与权威

----

① 陆九渊：《陆九渊集》卷三十四，中华书局，1980。
② 同上。

对讲，这三敢，乃学术界难得的人杰。"

可见，尽管朱熹和陆九渊谁都没有说服谁，但是两个学派的代表人在鹅湖之会上各抒己见，畅所欲言，这种开放的治学精神对学术的发展无疑是有益的。事实证明，到晚年的时候，两人各自认识到自己学说的不足。陆九渊《祭吕伯恭文》曰："比年以来，观省加细，追维曩昔粗心浮气，徒致参辰，岂足酬义！"[①]而朱熹也在给陆九渊的书信中说："迩来日用功夫颇觉有力，无复向来支离之病。"[②]二人都在改进自己的观点，所改之处正是当时对方提出而自己不愿意承认之处。

（二）白鹿之会

鹅湖之会上，朱陆虽在学术观点上各执己见，但两人关系并未恶化，此后双方甚至交流更多。据美国学者陈荣捷考证，鹅湖之会后，朱陆通书信各约二十封。[③]淳熙八年（1181），陆九渊欲请朱熹为陆九龄写墓志铭，偕同弟子朱克家等人从金溪前往南康拜访朱熹。朱熹时任南康太守，任教于当地的白鹿洞书院。听闻此消息，朱熹非常重视，率同僚迎接，并邀请观点相左的陆九渊在白鹿洞书院讲学，以"请得一言以警学者"。

陆九渊受邀登堂后，面向众多师生陈述自己平日所感，也希望能从研讨中获得启发。陆九渊《白鹿洞书院论语讲义》开篇记载，"先生不察其愚，令登讲习，以吐所闻。顾惟庸虚，何敢当此？辞避再三，不得所请，取《论语》中一章，陈平日之所感，以应嘉命，亦幸有以教之"。[④]随后，陆九渊以《论语》中"君子喻于义，小人喻于利"一章为题发论。"人之所喻由其

---

① 黄宗羲：《宋元学案》，陈金生，梁连华校，中华书局，1986。
② 同上。
③ 张立文：《宋明理学研究》，中国人民大学出版社，1985。
④ 陆九渊：《陆九渊集》卷二十三，中华书局，1980。

所习，所习由其所志。志乎义，则所习者必在于义，所习在义，斯喻于义矣。志乎利，则所习者必在于利，所习在利，斯喻于利矣。"①在他看来，君子和小人的差别在于是否追求功利，为学者应当淡泊名利。人的观念来源于其所学，所学的结果取决于个人的志向。为"利"所学，终被"利"所趋；为"义"所学，则以"义"为行为准则。因此为学之要在于立志。陆九渊在立论后话锋随之一转，联系当时求学者的情况指出，"科举取士久矣，名儒钜公，皆由此出，今为士者固不能免此。然场屋之得失，顾其技与有司好恶如何耳，非所以为君子小人之辨也。而今世以此相尚，使汩没于此而不能自拔，则终日从事者，虽曰圣贤之书，而要其志之所乡，则有与圣贤背而驰者矣"②。陆九渊对追逐名利之士风进行了猛烈抨击。他谈道，多少年来，科举制度作为一种选拔人才的体制，名儒钜公皆由这种途径产生。然而科举取士的标准，在于考生做文章的技艺，在于考官的好恶，与考生的道德素质没有关系，以致形成对文章技艺的追求和唯利是图的风气。这就与圣贤的教导背道而驰了。"推而上之，则又惟官资崇卑、禄廪厚薄是计，岂能悉心力于国事民隐，以无负于任使之者哉？从事其间，更历之多，讲习之熟，安得不有所喻？顾恐不在于义耳。诚能深思是身，不可使之为小人之归，其于利欲之习，怛焉为之痛心疾首，专志乎义而日勉焉。博学、审问、慎思、明辨而笃行之。由是而进于场屋，其文必皆道其平日之学、胸中之蕴，而不诡于圣人。由是而仕，必皆共其职，勤其事，心乎国，心乎民，而不为身计，其得不谓之君子乎？"③对此现象，他认为，区分君子和小人主要看个人的志向。若个人通过参加科考而做官，为的是一展平生所学，从而安邦治国，拯斯民于水火之中，为天下苍生尽心尽力，这就是君子，符合圣人之道；若个人总

---

① 陆九渊：《陆九渊集》卷二十三，中华书局，1980。
②③ 同上。

是想着俸禄高低，想着如何升官，那么他虽然读着圣贤书，志向和行为都与圣贤背道而驰，是实实在在的小人。通过对"志"的强调，陆九渊区分了君子和小人，把科举与儒家的人生理想结合起来了。

　　陆九渊的这次讲学透彻精辟，切中学者时弊，让朱熹及在场的弟子颇有收获。《宋史》曰："及熹守南康，九渊访之，熹与至白鹿洞，九渊为讲君子小人喻义利一章，听者至有泣下。"①陆九渊则称："讲义述于当时发明精神不尽。当时说得来痛快，至有流涕者。元晦深感动，天气微冷，而汗出挥扇。"②朱熹称陆九渊所讲"皆有以切中学者隐微深痼之病，盖听者莫不竦然动心焉"③。朱熹当时的年龄和声望超过陆九渊，听讲后却感慨，"熹当与诸生共守，以无忘陆先生之训"，并再三地说，"熹在此不曾说到这里，负愧何言"④。最后，朱熹请陆九渊将其所讲内容写下来，刻石为记，还鼓励"凡我同志，于此反身而深察之，则庶乎其可不迷于入德之方矣"⑤。后来，朱熹见到判院杨道夫，问其是否听闻过陆九渊的义利之说。得知杨道夫没有听说过，朱熹向其谈起当时陆九渊在白鹿洞书院讲学的情形，"这是子静来南康，熹请说书。却说得这义利分明，是说得好。如云：'今人只读书便是利。如取解后，又要得官；得官后，又要改官。自少至老，自顶至踵，无非为利。'说得来痛快，至有流涕者"⑥。可见，这次白鹿之会虽没有解决二人的学术之争，但却增进了对双方观点的了解和包容，充分展现了书院学术上的开放精神。

---

① 脱脱、阿鲁图：《宋史·陆九渊传》，中华书局，1977。
② 陆九渊：《陆九渊集》卷三十六，中华书局，1980。
③ 陆九渊：《陆九渊集》卷二十三，中华书局，1980。
④ 陆九渊：《陆九渊集》卷三十六，中华书局，1980。
⑤ 陆九渊：《陆九渊集》卷二十三，中华书局，1980。
⑥ 陆九渊：《陆九渊集》卷三十六，中华书局，1980。

二、学派兼容的岳麓书院

岳麓书院以自由开放、兼容并蓄的学风，集名儒大家于一堂，讲经论道，谈古论今，享誉书院界。书院以理学为基础，同时兼容其他学派的学术思想，包括闽学学派、心学学派甚至与理学相对立的事功学派、汉学学派等。朱张会讲首开书院自由讲学之风，不仅书院师生可自由参加，社会上各界学者也积极与会。

（一）闽学学派与湖湘学派交流

岳麓书院是湖湘文化的核心基地，是湖湘文化的圣殿。南宋是程朱理学确立正统地位的关键时期，其间理学学派各放异彩，存在互相排斥和争斗的现象。但是以湖湘文化为核心的岳麓书院依然坚持吸收其他学派的精华，以朱张会讲首开会讲之先河，推动了闽学学派和湖湘学派在书院的交流和融合。

闽学学派的代表朱熹与湖湘学派的代表张栻都是宋代富有盛名的理学大家，学术思想皆渊源于二程之学，但两人对"中和"问题的理解存在很大差异。在朱张会讲之前，朱熹和张栻已围绕理学问题开始了书信往来，但朱熹深感"非面未易究也"，更期望能面对面进行深入的探讨。张栻亦是如此，他在书信中表达了见面的愿望，称"数年来尤思一会见讲论"。由此，乾道二年（1166），当张栻在岳麓书院阐释其师胡宏之学时，朱熹不顾路途遥远，历时两个月来湘，与张栻会讲"三日夜而不能合"。朱张会讲吸引了众多湖湘弟子远道而来听学，致"舆马之众至饮池水立竭，一时有潇湘洙泗之目焉"[1]。朱张会讲促进了两个学派间的学术交流，形成了书院独特的会讲式

---

[1] 吴道行、赵宁等：《岳麓书院志》，岳麓书社，2012。

的教学模式。元代理学家吴澄在《重建岳麓书院记》中谈道："自此（朱张会讲）之后，岳麓之为岳麓，非前之岳麓矣！地以人而重也。"①朱张会讲之后，各学术大师齐聚岳麓书院，一时各派思想熠熠生辉，岳麓书院发展更盛。

朱张二人主要围绕着"中和"问题开展辩论，并涉及与之密切相关的学术难题，比如察识持养之序、太极等。《礼记·中庸》载："喜怒哀乐未发谓之中，发而皆中节谓之和。中也者，天下之大本也，和也者，天下之达道也。"朱熹是为了探讨《礼记·中庸》一书的"中和"问题而来。朱熹在《中和旧说序》中提道："余早从延平李先生学，受《中庸》之书，求喜怒哀乐未发之旨，未达，而先生没。余窃自悼其不敏，若穷人之无归。闻张钦夫得衡山胡氏学，则往从而问焉。"②两人在"中和"与"太极"方面各持己见，湖湘学派的主张是"性为未发心为已发"以及"先察识后操存之说"，朱熹仍然坚持"于静中体认大本未发时"。因此两人争论相当激烈，"二先生论《中庸》之义，三日夜而不能合。"③

当时讨论之具体情况现已不可考，但从朱熹一些书信中可见，朱熹吸取了湖湘学派的某些主张。朱熹在答程允夫信中说："去冬走湖湘，讲论之益不少。然此事须自做工夫，于用日月间行住坐卧处，方自有见处。然后从此操存以至于极，方为己物尔。敬夫所见，超诣卓然，非所可及。"④他接纳了湖湘学派于"已发"的"日月间行住坐卧处"求"未发"之中，即先察识后操存之说。此外，在他们分别时相互赠的诗中，张栻的《赋别晦庵》载："……遗经得绌绎，心事两绸缪。超然会太极，眼底无全牛。"朱熹的《二诗

---

① 陈谷嘉、邓洪波主编《中国书院史资料》，浙江教育出版社，1998。
② 朱杰人、严佐之、刘永翔主编《朱子全书》第二十四册，上海古籍出版社，2002。
③ 王懋竑：《朱子年谱》卷一，文渊阁四库全书本。
④ 朱熹：《朱熹集》，四川教育出版社，1996。

奉酬敬夫赠言并以为别》载："昔我抱冰炭，从君识乾坤。始知太极蕴，要妙难名论。谓有宁有迹，谓无复何存？惟应酬酢处，特达见本根。万化自此流，千圣同兹源。旷然远莫御，惕若初不烦。云何学力微？未胜物欲昏……"张栻和朱熹在诗中讨论的"太极"，就是未发的性。正如清人王懋竑所言："诗所云太极则指未发而言也。"因为张栻往往把性和太极统一起来，朱熹受其影响，诗中所谓"惟应酬酢处，特达见本根"，这个"本根"指太极，也是指未发的性。"酬酢处"见"本根"，也即在"已发"中见"未发"，这正是湖湘学派的观点。①

可见，朱张会讲的结果是代表理学的朱熹吸取了湖湘学派的两大主张。经历"中和之辩"后，朱熹、张栻的观点都有所变化，由此推动了闽学学派和湖湘学派的交流和融合。

（二）理学与心学并存

宋元以来形成的朱张之学始终在书院居于正统地位，直到明代阳明心学兴起，岳麓书院的学派由理学为主逐渐转变为理学与心学共存。王阳明曾来岳麓书院游玩，虽未讲学，却也让岳麓书院生徒一定程度上了解了阳明心学，为王门弟子来岳麓讲学做了铺垫。其后，王门后学季本、邹守益、罗洪先、邹元标、王乔龄等都曾在岳麓讲学，丰富了岳麓书院的学术内容，促使了湖湘学派与王阳明心学的融合。兹以季本的讲学为代表。

季本，会稽人，正德十二年（1517）进士，先后从师王文辕和王阳明。王阳明的观点受王文辕影响较深，季本的思想来自两人。嘉靖十七年（1538）秋，季本任长沙知府。万历《岳麓志》卷二《书院兴废年表》载：知府会稽季本嘉靖十七年秋，"率师生进谒孔子庙及朱张祠，因见破坏倾圮，

---

① 李盛幸：《岳麓书院德育研究》，湖南师范大学，2016。

叹曰：书院如此，何厉风教"；十八年，"出五十余金，委义民杨秉贤、徐廷玉等二十余人分任其事，而修葺之。自大成殿下，至号舍游憩之所，焕然一新……朔望进诸生于明伦堂，讲明经义，至已乃罢，士习用变"；十九年，院中"中乡试士者十人"。可见季本讲学效果甚佳。季本讲学力守王阳明正宗观念，也从主体精神的"心之感应"来谈物，他认为，"心未感时，物皆以往；一有感焉，物在我矣"，宣扬王阳明"心之感应谓之物"的主张。在知行观上，也恪守王阳明"知行合一"之说，把良知良能和"知行合一"统一起来。他提出"良知良能本一体也，先师曰：'知良能是良知，能良知是良能。此知行合一之本旨也'"，认为"虽若以知行分先后，而知为行始，行为知终，则所知者即是行，所行者即是知也"。季本对那种"学而以自然为宗"的龙溪之学深为不满，提出"贵主宰而恶自然"的学术宗旨，他所贵的"主宰"，即封建道德的"理"，他担心"入自然，则易流于俗耳"，因此，在他看来，"自然者，流行之势也。流行之势，属于气者也。势以渐而重，重则不可反矣。惟理可以反之，故语自然者，必以理为主宰。"他从维护封建礼法的要求出发提出"以理为主宰"①。王门后学接连讲学，岳麓书院成为心学的重要讲坛，心学与理学并存于岳麓书院。

（三）"宋学"兼采"汉学"

清代岳麓书院的学术流派，由明代阳明心学的大力传播向以程朱理学为正统、推崇汉学转变。所谓"汉学"，即汉儒考据训诂之学。到了清代，考据学是学术之主体。"考据学以考经为主，是儒家经学发展到清代的产物，由于以尊汉学为治学宗旨，故也称汉学。也就是说，汉学即清乾嘉学派所治之学的统称，与'宋学'相对称之。所谓'宋学'，主要指宋代（也包括元、

① 吴道行、赵宁等：《岳麓书院志》，岳麓书社，2012。

明）程、朱和陆、王两派的理学，同'汉学'相对。此宋学又有广义，即泛指宋代的学术，非专指理学。不过清人眼里的宋学一般仅指理学，非广义之谓。"①汉宋之争原属于理学内部之争，面对外来的基督教文化，汉宋之争因为渊源相同，逐渐向汉宋兼采转变。清代岳麓书院受乾嘉汉学所影响，其教学内容也产生了变革。到晚清，"汉宋兼采"的格局逐步定型。

岳麓书院是晚清书院中"汉宋兼采"最具代表性的书院之一。清代中前期的岳麓书院一直是宋明理学的重镇，其课程也以程朱理学为主。乾隆中期，嘉乾考据学已渐渐如日中天，当时的岳麓书院仍以程朱理学为主。受到科举之风的影响，岳麓书院的学风向考据学转变，其标志是道光十一年（1831）湘水校经堂（又名校经书院）的建立。湘水校经堂在岳麓书院存在四十五年之久，由岳麓、城南二书院山长欧阳厚均、贺熙龄主持，分经义、治事、词章三科试士，科举为习，教学汉宋并重，"一岁四课，一季分课一经，因人而授之课程"②。湘水校经堂初期没有学生，"课岳麓、城南两书院生监"，可以说是岳麓书院的一个组成部分。在一所书院中，师生相互往来授课听课，为科举成习的岳麓书院带来了新风气、新思潮。从湘水校经堂和岳麓书院出师的郭嵩焘、左宗棠、曾国藩等治国大臣，既有义理精神，又有经史之学功底。岳麓书院由此呈现出比较鲜明的汉宋兼采的风格。后人有称曾国藩等中兴人物为理学经世派，也正是出于曾国藩等中兴名臣的学术乃理学与经史之学结合而成。清代文人吴荣光曾作诗言："奥衍总期探郑许，精微应并守朱张。"郑、许指东汉的郑玄、许慎，朱、张指南宋的朱熹、张栻，前者是汉学即考据学的代表，后者是宋学的代表人物，亦可见其融合汉宋的基本倾向。

---

① 李帆：《论清代嘉道之际的汉宋之争与汉宋兼采》，《求是学刊》2006年第5期。
② 邓洪波：《中国书院史》，东方出版中心，2004。

总而言之，岳麓书院敞开门户，欢迎各种学派的学者来院讲学，永嘉事功学派、东林学派以及心学、实学、汉学等思潮的代表人物都曾到书院交流，可见其学术风气之开放。

三、吕祖谦及其"兼容并蓄"的学术思想

作为南宋著名理学家，人称"东南三贤"之一的吕祖谦，在学术上有"博杂"的特点。他并不局限于自己的学术思想，不故步自封，日常在丽泽书院开班讲学，传授自己的观点，空闲时间则潜心著书。他主张兼容并蓄，提倡学术交流，以期碰撞出不同的思想火花，博采各家之长。为了让书院更好地发展，他还邀请南宋理学派代表人物朱熹，心学派代表人物陆九渊，以及功利学派代表人物叶适、陈亮等思想家来书院讲学。各派观点兼容并收，吕祖谦是书院开放精神的代表人物。《宋元学案》曾评价吕祖谦"文学术业，本于天资，习于家庭，稽诸中原文献之所传，博诸四方师友之所讲，融洽无所偏滞"①。

从吕祖谦的学术交游中可以看出，他和各学派学者广为接触，切磋学术，始终秉持"未尝倚一偏，主一说"的学术态度。吕祖谦的学术交游非常广泛，与当时的闽学学派、湖湘学派、赣学学派、永嘉学派等都交往密切。如前文所言，吕祖谦与朱熹在编定完成《近思录》之后，意图调和朱熹与陆九渊两个人的学术分歧，组织了鹅湖之会。虽然在会上他没有阐述自己的观点，也没有使朱张会归于一，但他作为鹅湖之会的召集人，包容看待朱、陆两人由于彼此异见而对他的"忤"，这种不偏不倚的态度展现出他宽宏的学术气度。正如黄震曾言："然尝观之，晦翁与先生同心者，先生辩诘之不少

---

① 黄宗羲：《宋元学案》，陈金生、梁连华校，中华书局，1986。

恕；象山与晦翁异论者，先生容下之不少忤。鹅湖之会，先生谓元晦'英迈刚明，而工夫就实入细，殊未易量'；谓子静'亦坚实有力，但欠开阔'。其后象山祭先生文，亦自悔鹅湖之会集，粗心浮气。然则先生忠厚之至，一时调娱其间，有功于斯道何如邪！"①鹅湖之会六年后，朱熹邀请陆九渊到白鹿洞书院开讲。吕祖谦在回忆中谈道，"某自春来建宁之行，与朱元晦相聚四十余日，复同出至鹅湖，二陆及子澄诸兄皆集，甚有讲论之益。自此却无出入，可闭户读书也。前书所论甚当，近已尝为子静详言之。讲贯诵绎，乃百代为学通法。学者缘此支离泛滥，自是人病，非是法病。见此而欲尽废之，正是因噎废食。然学者苟徒能言其非，而未能反己就实，悠悠汩汩，无所底止，是又适所以坚彼之自信也"②。可见，在吕祖谦看来，由于不重视讲学论道，学者之间的思想观点才"支离泛滥"；又由于观点分歧进而对"讲贯诵绎"之法"欲尽废之"，这般因噎废食导致学者只着眼于对方的不足，盲目自大。

吕祖谦不断用自己的学术思想影响其他人。他曾向朱熹介绍陆九龄："抚州士人陆九龄子寿，笃实孝友，兄弟皆有立，旧所学稍偏，近过此相聚累日，亦甚有问道四方之意。"③亦曾向其介绍事功学派的薛季宣，希望能消弭双方的分歧，"薛士龙归途道此，留半月。向来喜事功之意颇锐；今经历一番，却甚知难。虽尚多当讲画处，然胸中坦易无机械，勇于为善"④。对于陆九渊，吕祖谦也多有照拂。陆九渊参加科考时，吕祖谦是当时的考官，看到他的文章后，即谓诸公："此卷超绝有学问者，必是江西陆子静文，此人断不可失也。"⑤后来陆九渊到金华与吕祖谦论学，吕祖谦还和陈亮

---

① 黄宗羲：《宋元学案》，陈金生、梁连华校，中华书局，1986。
② 吕祖谦：《吕祖谦全集》第一册，浙江古籍出版社，2008。
③④ 同上。
⑤ 陆九渊：《陆九渊集》，中华书局，1980。

说："陆子静已相待累日。又留七八日，昨日始行。笃实淳直，工夫甚有力，朋友间未易多得。渠云'虽未相识，每见尊兄文字，开豁轩豁。甚欲得相聚'"①。

可见，他十分倡导学者对于不同学术观点"泛观广接"，"近日思得吾侪所以不进者，只缘多喜与同臭味者处，殊欠泛观广接，故于物情事理多所不察，而根本渗漏处，往往鲁莽不见，要须力去此病乃可"②。他认为，拒持不同观点的人于千里之外，不利于学术水平的提高。将不同的学术思想视为洪水猛兽，严加防范，甚至加以诋毁，是极不妥当的。他主张在学术上求同存异，因为世界上不存在完全一致的学术思想。即使有些人学术见解极其相似，也都有各自的特点，不尽相同。"人之相与，虽道合志同之至，亦不能无异同。且如一身早间思量事，及少间思之，便觉有未尽处。盖无缘会无异同。"③即使是同一个人，在不同时间、不同场合思考同一个问题，得出的结论和想法也不相同，更何况是不同的人。正是由于吕祖谦有这种认识，其学术要"采各家之长"。

吕祖谦反复强调，评价某个学者或某种学术思想"须要公平观理，而撤户牖之小"④。如在对王安石的问题上，吕祖谦表现得更为公允。对待王安石态度最为偏激的是理学家，尤其是程颢、程颐等代表人物，他们认为王安石的观点一无是处，且对理学造成了很大的伤害。"今异教之害，道家之说则更没可辟，唯释氏之说衍蔓迷溺至深，……然在今日，释氏却未消理会，大患者却是介甫之学，……如今日却要先整顿，介甫之学坏了后生学者。"⑤这样的想法也影响了他们的学生和门人。杨时认为，"某于程氏之门所谓过

---

① 吕祖谦：《吕祖谦全集》第一册，浙江古籍出版社，2008。
②③④ 同上。
⑤ 程颐、程颢：《二程集》，天津古籍出版社，2016。

其藩而未入其域者，安敢自附为党以攻王氏学？夫王氏之学，其失在人耳目，诚不待攻，而攻之者亦何罪耶"①。朱熹更是对王安石破口大骂。他费尽力气收集攻击王安石的一切言论，并把它们汇编成《三朝名臣言行录》。在他看来，王安石倘若落到孔子手中，必然受到"少正卯之诛"。而吕祖谦虽然不赞同王安石变法，与王安石在学术上的分歧亦不小，但是他反对将王安石的学术思想一笔抹杀。他曾多次批评朱熹所编的《三朝名臣言行录》，"前辈言论，风旨日远，记录杂说"②，将道听途说的传言记录成册，往往与史实相出入；若是加以留传，更不妥当，也不是治学严谨者应该做的事，再三要求朱熹"整顿"《三朝名臣言行录》。他还曾向内弟曾德宽建议，"且看欧（阳修）、王（安石）、苏（东坡）三集，以养本根"③。由此可见，吕祖谦在看待王安石的问题上，比其他人更为严谨、公正，见识更为高明。吕祖谦不仅自己对持有不同思想观点的学者公正公平，还要求门人对各学派持有不同学术观点的人采取宽容温和的态度，"毋得……訾毁外人文字"④。此外，也不要在同一学派内部相互吹捧，"毋得互相品题，高自标置，妄分清浊"⑤。

　　吕祖谦兼容并蓄，对待学术求同存异的宽容态度，在当时一时无两。他对待不同的学术观念，持尊重谦虚的态度，潜心聆听。在吕祖谦看来，做学问者必须要有不"讳过自足"的谦逊态度，这样才能在学术上做到求同存异、博采众长。他曾以木匠造房子为例，"譬诸人之成室，方其作也，一柱之不良，一梁之不正，斤削斫刻之或失其道，唯恐旁观者之不言。随言随改，随改随正，略无所惮，其心以谓吾知良吾室而已，几所以就其良而去其

---

① 杨时：《杨龟山集》，商务印书馆，1937。
② 吕祖谦：《吕祖谦全集》第一册，浙江古籍出版社，2008。
③④⑤ 同上。

不良者无所不至。此善学而逊志之说也。若夫聚不良之木，用不良之匠为不良之室，专心致志，自以为是，而以人言为讳。及其成也，自以为是，惟恐人言其非，如此，则必至于颓败而后觉悟，岂不哀哉"。①吕祖谦认为，木匠在造房子的时候，唯恐柱不直、梁不正，因而总希望旁观者能发现问题并指出来，帮助他立即更正，因为他知道旁观者的批评对他是有益的，等到房子造坏了才发现就晚了；对待学术亦是如此，不能"以人言为讳，自以为是"，而要多主动聆听别人的意见，取人所长。虽然朱熹也认为"诸家异同处最可观"，张栻也主张学术上"交须而共济"，但他们不如吕祖谦那般身体力行。因此，朱熹对吕祖谦钦佩不已，肯定他"有蓍龟之智，而处之若愚；有河汉之辩，而守之若讷；胸有云梦之富，而不以自多……恬淡寡欲，而持守不稍懈，尽言以纳忠，而羞为讦……是则古之君子，尚或难之，而吾伯恭（吕祖谦）犹歉然而未有以自大也"②。总而言之，吕祖谦主张做学问的人要严谨对待不同的学术观点，在认真研究的基础上博采各家之所长。他善于与持有不同思想观点的学者友善交往，坦诚交流己见，既坚持学术上的气节，又不失宽宏的气度，他这种虚怀若谷、兼容并蓄的治学精神，深深折射出书院的开放精神。

---

① 吕祖谦：《吕祖谦全集》第一册，浙江古籍出版社，2008。
② 黄宗羲：《黄宗羲全集》第五册，浙江古籍出版社，2012。

第六章

勇担道义的爱国精神

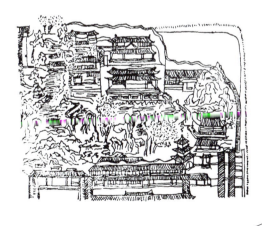

　　书院作为古代思想文化中心，不仅注重引导师生从经典文集中明仁悟道，修身齐家，还鼓励师生勇担道义，坚守良知，履行社会责任，更倡扬书生血性，鼓舞师生在危难之际敢于舍生取义、守护义节，坚决维护国家和民族的统一。从古至今，书院发展的历史长河中有立志救国、兼济天下的时代巨子，也有敢于批判、不惧权贵的忠义之士，更有耕耘书院、化育众生的名师宿儒。他们共同铸就了书院勇担道义的爱国精神，其浓郁的家国情怀、浓烈的民族义节及积极的社会担当，不仅构成了书院精神中不可缺少的组成部分，也为社会价值塑造发挥了积极作用。

第一节　书院爱国精神的具体内蕴

　　爱国主义精神的内涵在不同时期表现出不同的特点，但其精神核心在于"道义"二字。"成性存存，道义之门。"道义，即道德义理，道德与正义，是儒家学说乃至中国传统文化的核心命题。而深受儒家思想影响的书院，对爱国精神内涵的阐释，也始终是围绕道德义理展开的，并通过师生的思想与行为生成了家国情怀、民族义节与社会担当等丰富内蕴。

一、家国情怀

《礼记·大学》中有言："物格而后知至，知至而后意诚，意诚而后心正，心正而后身修，身修而后家齐，家齐而后国治，国治而后天下平。""修齐治平"的道德理想正是对"家国情怀"最好的阐释，也是书院永恒的价值追求，涵盖了天下为公、忠君爱民与乡土观念等价值内涵，构筑了个人—家庭—家乡—国家的情感逻辑，最终形成了书院师生从个人修身、重视亲情到心怀天下、济世安民的理想目标。

（一）天下为公

"大道之行，天下为公"的天下观是家国情怀的集中体现。儒家学者们普遍认为，天下是天下人的天下，但是要将有才能又有德行的人推选出来，引导大家形成友好、和谐的社会氛围，才能实现最终的理想社会。长期以来，书院不断传承与丰富这种天下观的内涵，并赋予书院儒生修身齐家治国平天下的人文理想，兼济天下的大任担当，这都与其卓有成效的品德教育分不开，特别是与"明道""传道"的办学宗旨密不可分。书院将"天下为公"作为自己的理想目标，确立了"立书院以救学校之失"的办学初衷，在反思总结官学教育的基础上，致力于完成传播圣学、完善人格的教学任务，以求书院学子将个人命运同国家命运紧密相连，达到内外兼修的境界。宋代著名学者胡瑗曾言："致天下之治者在人才，成天下之才者在教化，教化之本者在学校。"（《松滋县学记》）[1]书院希望通过教化生徒培养具有天下观的

---

[1] 孟宪承等编《中国古代教育史资料》，人民教育出版社，1985。

治理人才。而如何培养具有"天下为公"意识的人才，朱熹认为，"古者圣王设为学校，以教其民。由家及国，大小有序，使其民无不入乎其中，而受学焉。而其所以教之之具，则皆因天赋之秉彝而为之，品节以开导而劝勉之，使其明诸心，修诸身，行于父子、兄弟、夫妇、朋友之间"（《静江府学记》）[1]。可见，书院对于人才培养，首先是"明诸心，修诸身，行于父子、兄弟、夫妇、朋友之间"，即能够"修身、齐家"；其次是"达于君臣上下、人民、事物之际"，即能够"治国平天下"。即从个人修身到兴家乐业，再到治国安邦最终到天下大同。具体而言，书院儒生的天下观主要由四个要素构成：一是"要公天下之理"，"无物我之私"，即不要"争功利之末"，不为做官而读书，要有公理。二是要有"平天下保民之心"，即忠君爱民，要有公心。三是要"明君臣、父子、兄弟、夫妇、朋友之伦"，要有公德。四是"修身、齐家、治国、平天下"，要有建功立业的抱负。这种天下观，深刻影响着历代书院儒生。看重道德义礼，以天下为己任，成为天下读书人永恒的价值追求。

（二）忠君爱民

书院自古就有"致君泽民"的精神内涵，执掌过应天府书院的范仲淹曾言及"大丈夫当以利泽生民为务"，并在主持新政期间，改革科举，希望以此培养出忠君报国的人才。"忠"是儒家所提倡的伦理道德原则，儒家经典将忠道视作既能"固君臣，安社稷，感天地，动神明"，又能"兴于身，著于家，成于国"的基本道德规范。《忠经·证应章》中强调，"善莫大于作忠，恶莫大于不忠"。儒学的忠道思想，对书院影响极为深远，如程颐所言："君臣父子，天下之定理，无所逃于天地之间。""忠君"是古代读书人的一项重

---

① 朱杰人、严佐之、刘永翔主编《朱子全书》第二十四册，上海古籍出版社，2002。

要道德准则。《汉书·刑法志》载："明察之官，忠信之长，慈惠之师。"可见，以忠信为德，是为官、为才、为人的基本道德准则。

书院教育不仅重视忠君教育，还重视关爱生民的教育，以此来引导生徒树立正确的生民观。生民是乡土中国的重要标志，深受儒家思想影响的书院儒生，常有济世安民的思想特质。如曾创办中溪书院的李元阳在《寿国堂记》中谈道："欲寿其身，养其元气而已；欲寿其国，保其黎元而已。"又在《云南通志·序》中表明："治道莫先于域民。"李元阳认为，生民是国家的元气，是国家的根本，更是国家发展的动力，要关心和体恤劳动人民疾苦，反对暴政酷吏。书院"忠君爱民"的教育传统培养了儒生上忠君王、下恤黎民的"忠君观"与"生民观"，"忠君"的内容抽象，"爱民"的内容具体，但两者在交融之间生成了独特的价值特质。

（三）廉洁奉公

"廉"即廉洁。《楚辞章句》中注释："不受曰廉，不污曰洁。"即不接受他人财物的赠予，可以称之为廉；不让自己的品性受到污染，可以称之为洁；两者都做到了，就叫作廉洁。"廉洁"是书院强调"以义导利"的重要体现。真正将廉洁思想体系化并实现普及的是理学鼻祖周敦颐。周敦颐在《爱莲说》中，以莲喻"廉"，以莲的"出淤泥而不染，濯清涟而不妖"作为为官为人的道德追求，廉洁思想开始作为一种独立的道德理想为天下儒生所共知。书院教育将廉洁奉公作为为人处世、建立功业的基本准则，具体体现在廉洁、勤俭、为政等方面，并倡导通过"立诚""养心""至公""务实""仁爱""礼法""刑治"等方式实现廉洁。理学大师程颐对廉洁有一段论述："富，人之所欲也，苟与义可求，虽屈己可也；如义不可求，守贫贱以守其志也。非乐以贫贱，义不可取也。"程颐把守廉明志与以义导利的思想之辨结合起来了。廉洁教育也是书院道德教育的重要内容，倡导清廉、培育忠君

爱民的清正官员，既是道德教育的目的，也符合人才培养的初衷。《宋史》载，张栻在知江陵府上，曾一日之内革除 14 个贪官污吏。书院教育家身体力行的廉洁行为，深深影响着书院学徒。

勤俭奉公则是书院教育家对生徒提出的另一要求。书院对生徒的勤俭教育涉及做学问与为人等方面，提倡"勤能补拙""业精于勤"等理念，认为儒生要具有不畏艰苦的精神、勤勉的学习态度，坚持不懈地努力学习，才能在学问与事业上取得收获，这种精勤的习惯也会对今后为官勤政打下良好的基础。同时，书院还倡导儒生去奢崇俭。司马光曾指出，"夫俭则寡欲，君子寡欲，则不役于物，可以直道而行；小人寡欲，则能谨身节用，远罪丰家，故曰：'俭，德之共也。'侈则多欲，君子多欲，则贪慕富贵，枉道速祸；小人多欲，则多求妄用，丧身败家。是以居官必贿，居乡必盗，故曰'侈恶之大也'"，崇尚节俭，并将节俭作为为人、持家、治国的重要途径。

二、民族义节

儒家要求为臣为民者"奉君忘身，殉国忘家，临难死节"，为了国家和民族的长远利益，将个人得失、身家性命置之度外。书院教育受民族义节思想的影响，倡导包含民族认同、高尚气节与舍生取义在内的爱国精神。

（一）民族认同

书院儒生的爱国精神不仅体现在忠民爱民上，更体现在对国家统一与民族认同的热忱情感上。特别是面对国家民族危难，敢于批判腐朽现实，通过作学宣讲、参议朝政、带兵御敌等形式维护国家稳定统一。宋元明清各代，都因民族矛盾引发诸多问题，书院的师生受此影响，将自身学术研究和治理国家、平定战乱相结合。胡安国于南宋初年在碧泉书堂提倡《春秋》之学，大讲"华夷之辨""尊王攘夷"。直至明末，王夫之在逃避清兵追捕的过程中亦大讲《春秋》之学，利用其中的"华夷之辨"宣讲抗清复明的思想。"华夷之辨"的本质在于书院儒生具有匡扶社稷、忠君报国的爱国主义思想，这也影响了天下儒生为之奋斗。如岳麓书院主教的张栻，曾上书"吾与敌人乃不共戴天之仇"的奏疏，坚决主张抗金复国，批评了当时的政府面对战争的不作为，激励了全社会的爱国人士。其治下的书院涌现出被誉为"一时之英才"的吴猎、大败十万金兵的赵方等一大批抗金名将。古代儒生在国家危难时刻将学术研究与平定战乱相结合，是书院弘扬爱国主义精神的深刻体现。这一点在江山易主之后，表现得更为突出。元代初年，大部分儒生选择归隐山林，不仕新朝，或兴学授业，身食元食，心系南宋，始终秉持"春秋大义"，以传统的"夷夏之辨"和新政权长期对抗。"痛忆我君我父母，眼中不识天下人"，食元食（禄）而作宋遗民，是其典型的行为特征，这与书院长期倡导的民族认同意识有直接的联系。在"以夷变夏"的危急关头，始终保持民族自信，铭记读书人肩负的文化与历史使命，教授生徒，倡明理学，以延续"圣贤一脉"于滚滚"胡尘"之中。

（二）高尚气节

"节"体现了一种维护国家和个人尊严的精神诉求。书院在传递中国传统文化的同时，注重涵养生徒的高尚气节，提倡在国家危亡时刻，能够抛头颅洒热血，勇敢地对外来势力进行反击，不移初心、不改气节。其中，白鹭洲书院就是一个鲜明的例子。白鹭洲书院以"敦教化、兴理学、明节义、育人才"为教育理念，祭祀以欧阳修、周必大、胡铨、杨邦乂、杨万里为代表的"庐陵四忠一节"。书院重气节涵育，培养了一位名垂千古的爱国义士——白鹭洲书院学子、南宋状元宰相文天祥。在元兵入侵、朝廷一片混乱之际，文天祥散尽家资招兵买马，数月内组织义军三万，以"正义在我，谋无不立；人多势众，自能成功"的信心和勇气，开始了戎马生涯。1278年末，文天祥在海丰北五坡岭遭元军突然袭击，兵败被俘，立即服冰片自杀，未果。降元的张弘范劝降，遭严词拒绝。文天祥曾以诗明志："辛苦遭逢起一经，干戈寥落四周星。山河破碎风飘絮，身世浮沉雨打萍。惶恐滩头说惶恐，零丁洋里叹零丁。人生自古谁无死，留取丹心照汗青。"《过零丁洋》充分表现了书院儒生高尚的民族气节。在就义前，他留下了遗笔《衣带赞》："孔曰成仁，孟曰取义，惟其义尽，所以仁至。读圣贤书，所学何事？而今而后，庶几无愧！"《衣带赞》将书院儒生的读书意义与精神归宿表达得淋漓尽致。在那些抗辱图强的年代里，书院始终以培养具有高尚气节的特立独行之士为目标，书院师生尚气节，重操守，为后世读书人树立了标杆。

（三）舍生取义

儒家特别重视义利取舍的探讨，推崇舍生取义。《孟子·告子上》载："生，我所欲也，义，亦我所欲也。二者不可得兼，舍生而取义者也。"儒家倡导为了正义的事业宁可放弃个人生命，这种为天下献身的精神也成为书院教育的重要内容。受此影响，书院生徒强调道义为重，无惧生死，以身许国是为大义，这对于当时文人品性以及做人为官都有着极大的影响，历史上也不乏书生血性报国的事迹。

《宋元学案·丽泽学案》载："长沙之陷，岳麓诸生荷戈登陴，死者什九，惜死者姓名多不可考。山长辟谷举家自焚。"在长沙城被元兵攻破之时，岳麓诸生毅然放下书本，荷戈登城，参加战斗，绝大多数学生都在这场守城战斗中壮烈牺牲，书生血性与爱国之志由此可窥一斑。

书院儒生为官一方，身体力行，并以义行教化民众。白鹭洲书院创建者江万里（1198—1275），"出入端平诸老"，吉州士民爱戴他，模仿他，"深衣入林，媚映前后，无不醉心名理"，"而缙绅德之，吏民怜之，悍卒化之"，其功业、道德、言论、风采都深得士民的爱戴。咸淳十年，元兵大举渡江，万里闻曰："大势不可支。余虽不在位，当与国共存亡。"1275年饶州城破，万里赴水死，其家属及左右其有从者，二百多人，池中积尸如叠。其弟江万顷省兄亦在城中，被元军俘获，义不屈，竟遭肢解。城中士民感其义举，在城破之时，自觉奋起，抵制元军的残暴侵略。士民多战死。"江万里及岳麓诸生，崇尚真才实学，坚持道义，在民族危难时刻挺身而出，为民族大义不惧牺牲，敢于舍生取义，成为书院爱国精神的最好诠释。

三、社会担当

儒家对爱国主义精神的阐释不仅停留在涵蓄家国情怀上，更在于要求儒生将圣贤道义付诸现实行动，注重社会担当。《孟子·尽心上》中广为流传的"穷则独善其身，达则兼济天下"深刻体现了个人在进退之间的社会担当。深受儒家道义浸润的书院作为古代思想教育的重地，居于其中的儒生是社会精英、意见领袖与知识分子多重身份的集合，出则入世为官，退则讲学授业，在关注时政、教化民众与传承文化中赓续着圣贤之道，不断丰富着儒家道义的精神内涵。

（一）关注时政

书院虽选址"山水胜地"以求静心养气，但生徒并非死抱书本，闭门造车，而是非常关注时政。中国文人自古好以文会友，砥砺名节。书院为文人雅士议政提供了稳定的活动场所与物质保障，儒生时而清议朝政、品策人物，但更多的是抨击官场黑暗、政治腐败，以此来伸张正义、匡扶社稷。关注时政是书院书生社会担当的重要体现，如北宋的程颐，在伊川书院任教期间，公开组织书院师生针对当时的王安石变法展开辩论，南宋的朱熹则在罢官游历四方的途中，在各个书院开展围绕朝政的讲学。书院儒生关注时政的精神源于强烈的社会责任感与忧国情怀，这种精神到了明代达到了顶峰。以东林书院为例，东林书院高举"学者以天下为任"的旗帜，面对当时的朝政，大胆提出积极的救世理念，引领广大学子，关注百姓疾苦，投身于国家建设中去。"风声雨声读书声声声入耳，家事国事天下事事事关心"成为东林书院高扬的讲学大旗。《明史·顾宪成传》载："当是时，士大夫抱道忤时者，率退处林野，闻风响附，学舍至不能容。……宪成讲习之余，往往讽议朝政，裁量人物。朝士慕其风者，多遥相应和。由是东林名声大著，而忌者亦多。"顾宪成曾言："立朝居乡，无念不在国家，无一言一事不关世教。"东林师生一起讲论学术，激励气节，讽议朝政，裁量人物，后虽遭禁毁，仍坚持"即使刀锯，益足以捐国威，高士节，不足畏也"。可见，书院书生关注时事是书院学术与政治并重的重要体现，而东林书院成为书院关注时政精神的典型代表。

（二）社会教化

受到孔子"民可使由之，不可使知之"教育观的影响，古代统治者十分排斥对普通民众的教育，久而久之，民众的素质提升需求受到了严重的忽视。书院主动承担起了提升民众素养的社会教化责任。自书院勃兴之后，注重教化民众已成为书院教育的重要特点，书院培养了以传道授业、教化民众为目标的平民学者阶层，改变了士风学风，促成了文化教育的下移，提升了社会民众的综合素质与文化水平。书院十分注重推广平民教育。各个时期的书院都在强调书院教育向平民的推广。首先，书院在招生过程中，采取与官学截然相反的招生模式，不论学生出身，打破阶层限制，改变了唯官是教的传统。其次，书院强调士与利的分离，在这样的教育理念下，出现了一批不以科举仕进为目标而以文化和教育为专业的知识分子，这对地方教育和移风化俗等都起到积极的作用。诸多书院儒生以教育为业，通过开设书院、教授生徒，从而教化民众。元代《归潜志》中称宋代士人"往往归耕，或教小学为养"。在广大乡野以"义学""小学""书会""乡校"等各种形式开设私学，使得学校遍布远山深谷、贫寒农家，"虽穷乡僻壤，亦闻读书声"，极大地扩大了文化教育的覆盖面，这与学者阶层有志于普及教育紧密相关。最后，书院儒生或秉承师训，创办书院，热心教育，特别是在少数民族地区与偏远地区开设书院，推动了地方民众的风俗教化。"至正年间，县尹帖木儿不花建温公书院于夏县；至正十八年（1358），浙西道肃政廉访使丑奴重修杭州西湖书院；后至元六年（1340），浙东道都元帅锁南班建鲁斋书院于宁波；天历二年（1329），知县燮理溥化建龙眠书院于舒城县；后至元年间，唐兀崇禧建崇义书院于鄄城县；千奴建历山书院于鄄城历山；县尹贯阿思南海牙建天门书院于天门；泰定年间，监察御史忽鲁大都与亚中大夫李义甫创建文贞书院于剑阁；达可建墨池、草堂、石室三书院于成都"①，不胜枚举。特别是宗族创办的书院，以家族为单位开展教学活动，附近居民的子女皆可入学，潜移默化中涵养了和谐、淳朴的家风。

（三）传承文化

北宋理学大师张载提出的"为天地立心，为生民立命，为往圣继绝学，为万世开太平"的"横渠四句"，将儒生的道义传承总结为树立仁义标杆、为百姓请命、传承孔孟道义与实现太平盛世四个方面，表达了儒生对国家和社会的使命和担当。其中"为往圣继绝学"，即传承孔孟道义成为所有儒生永恒的追求，也是书院文化传承功能的体现。书院既是教育活动的中心，又是文化研究和创新的胜地。书院为文化传承提供了充足的物质与人才保障，

① 邓洪波：《中国书院史》，东方出版中心，2004。

一方面培养人才、传播文化，诸多圣贤绝学都是同门弟子进行传承，以学术门派作为区分，在师徒关系的代际传播中赓续文脉。以南宋理学为例，许多名人大儒通过自己创办的书院，开展讲学、辩论等活动，传播自己的思想，形成了"百家争鸣"的理学繁荣景象。尤其是张栻、朱熹、吕祖谦、陆九渊的讲学，集合大批学者，使岳麓书院、白鹿洞书院、丽泽书院、象山书院成为当时闻名天下的四大学术中心。此后，历代学者多以书院为基地，传道授业、建立学派、培养传人，如关中书院的关中学派，东林书院的东林学派等。另一方面，书院通过藏书、修书与编书等实现文化传承。书院从创立之初就是官方藏书、校书和私人聚书治学的场所，"掌刊辑古今之经籍，以辩相邦国之大典"，通过考订、校勘图书，记录文献，传承文化。同时，书院本身也是思想文化的孕育之所。朱熹的《中庸首章》《大学或问》《白鹿洞讲堂策问》都是源自他在白鹿洞书院的讲学。吕祖谦的《新唐书略》，司马光的《切韵指掌图》是婺州丽泽书院于绍定四年（1231）印刻的，陈淳的《北溪集》《外集》是龙溪书院于淳祐八年（1248）印刻的。可见，书院不仅孕育了很多经典著作，更是通过藏书、刻书等方式将文人大家的著作传播得更广。

第二节　书院爱国精神的实施载体

爱国主义精神需要利用具体的教育方式、教学内容等实质性的载体，将其抽象化的内涵转化为具象化的内容，并得以传播。其实施载体具体体现在办学理念明确培养爱国主义者，爱国主义精神贯穿课程设置、教学内容、祭祀等教育内容之中，并引导师生通过兴办书院、社会宣讲、刻书藏书等践行"勇担道义"的爱国精神。

一、办学理念

书院教育有其独特的办学理念，不仅确立了"明道""传道"的办学宗旨，也形成了注重道义、体用合一的人才培养模式，特别在对爱国主义精神的培养实践上，首先具有明确的办学理念，可以从其办学章程、学规、楹联等办学规范中窥探一二。

（一）办学章程

办学章程是明确书院的办学目的及教育目的的制度规范。书院办学章程形式多样，或杂糅于书院学规，或体现在主教者的教育主张之中。书院办学既吸收了道家"不为轩冕肆志，不为穷约趋俗"（《庄子·缮性》）的高尚情操，也继承了儒家"尊德性而道问学"（《礼记·中庸》）的思想精髓，成就了"讲学明道"的办学理念，发展了一种不为科举、不为利禄而研究学问、胸怀天下、传道济民的家国情怀。

儒家学说具有重视政治思想教育与伦理道德相统一的传统。书院教育继承了这种儒学传统，把政治态度和个人品德修养紧密联系在一起，形成了独特的家国情怀。朱熹继承孔子"修己以安邦""修己以安百姓"的思想，强调"须是格物、致知、诚意、正心、修身而推之，以至于齐家、治国，可以平天下"[1]，并通过其书院教育加以实践，生成培养治国、平天下的书院人才的办学理念。明代胡居仁在《白鹿洞讲义》中指出，"古之学者，必以修身为本；修身之道，必以穷理为先。理明身修，则推之国家，无不顺治。"[2]强调书院儒生需从个人修身出发，实现家庭和睦，再到国家治理，最终达到

---

[1] 朱熹：《五山讲义》，载《朱子文集》卷七十四，中华书局，1985。
[2] 邓洪波主编《中国书院学规集成》，中西书局，2011。

天下太平。吕祖谦一生都志于传儒学、育良才、改变社会风气。丽泽书院的办学宗旨亦集中体现了"昌明正学、转移风俗"。颜元也主张"可尚礼则昌，而欲使国人都崇尚礼，必由每个人都行礼始"，终将培养忠于"国家"、致君泽民的人才作为书院的办学宗旨。

这在岳麓书院的办学宗旨上得到了集中体现。曾主教岳麓书院、城南书院的张栻在《潭州重修岳麓书院记》中指出，"侯之为是举也，岂特使子群居佚谈，但为决科利禄计乎？亦岂使子习为言语文辞之工而已乎？盖欲成就人才，以传道而济斯民也"。可以看出，张栻大力提倡岳麓书院应以"传道济民"作为办学宗旨，反对"群居佚谈""缀缉文辞""规取利禄"等办学目标，他认为岳麓书院所要培养的生徒，不是潜心追求功名利禄的嗜利之徒，也不是沉溺于言辞之工的书呆子，而是能够"传道济民"的真正人才。他教育学生必须潜心钻研孔孟学说，以明义利之辨为先；把义利之辨的伦理道德教育和培养"传道济民"人才作为教育的宗旨，奠定了书院以弘扬儒家伦理教育为宗旨、以培养经世致用人才为旨归的教育目的。[1]他指明了书院为国育才的办学宗旨，而非为个人功名利禄而办学，并将培养有德行、传道义和行善治的实用人才作为学院的培养目标，这也对后世书院办学产生了深远的影响。清代杨锡绂就任湖南巡抚时在所订的《岳麓书院学规·引言》中指出："书院之设，所以讲明正学，造就人才，处则望重乡邦，出则泽施于人，非仅为工文藻、取科名、扬声誉也。"书院办学宗旨中所体现的爱国主义精神源自中国人的道德观念，"内本于'心性'，而外归之于'天'"，自觉将个人与国家紧密联系在一起，并将国家利益始终置于个人利益之上。书院的师生，多醉心学术，潜心修炼心性，不与流俗为伍，"多数书院反对科举，反

---

① 张传燧：《古代书院传统及其现代大学借鉴》，《湖南师范大学教育科学学报》2006年第1期。

对追逐名利，师生多数厌恶科举、淡泊仕途，隐居山林胜地，超然观世事，冷言论朝政，以清高脱俗、持志守节相标榜"①。

清代张伯行在《紫阳书院示诸生》中指出："盖闻为政莫急于贤才，致治必先乎教化。昔日安定胡先生教授苏湖，有经义斋、治事斋，其大要使人明体达用，出则为乘时济世之才，处则为经明行修之士，故一时游其门者，皆知稽古爱民。迄今阅数百载，称善教者，必推安定先生。近日士尚浮华，人鲜实学，朝夕揣摩，不过为猎取科名计，于身心性命家国天下之大，茫乎概未有得。岂士风之不古若欤？抑所以教导者之不得其方也？"②张伯行将为国育才的办学理念加以发扬，认为紫阳书院的办学宗旨应该是培养明体达用、乘时济世、经明行修之才，而非培养猎取科名之徒，体现了此办学理念的传承延续。可见，书院作为讲学之地，着眼于培养生徒懂"理"、合"礼"的道德品质，即"明人伦""以修其身"，讲求内在的精神，塑造"内圣外王"的君子，其核心是培育兼具"知识与道义"的仁人志士，并将儒家的"道"作为追求目标。儒家士人之"道"的追求分为两个层面：一是以"道"修身，完善自我人格，即所谓"格物、致知、正心、诚意、修身"；二是以"道"治世，完善社会秩序，即所谓的"齐家、治国、平天下"。为实现治国、平天下的理想，大多数书院都将"德业"与"举业"统一起来。但是，"德业"是目的，"举业"只是手段，科举之学的最终目的必须与内圣外王之道紧密结合在一起而已。③虽然在"学而优则仕"的观念之下，书院需要为国家培养经世治国人才，部分生徒难免熏染了功名利禄之心，但书院作为私人的办学方式，其理念与当时的官学或科举的教育目标大相径庭，书院"讲

---

① 曹婧：《书院精神与今日大学的价值重建》，《大学教育科学》2013年第4期。
② 邓洪波主编《中国书院学规集成》，中西书局，2011。
③ 朱汉民：《书院精神与书院制度的统一——古代书院对中国现代大学建设的启示》，《大学教育科学》2011年第4期。

明圣贤身心之学，致君泽民之道，为国家培养人才"的办学宗旨得到了后世认可。

（二）学规

学规是书院办学方针的具体体现，不同于书院章程，学规更侧重于人才培养的具体要求，主要包括书院的教育方针、修身养性的方法及读书治学的路径，旨在为儒生确立奋斗目标，加强日常规范。学规在书院的制度体系中对人才培养起到导方向、御流俗的功效。因此，学规内容通常明确了国家对人才的具体需求，其间不乏"勇担道义"爱国精神的体现。

书院的设立是为了补官学教育之弊，特别是其人才培养重利益、轻道义的不良倾向。《衡州石鼓书院记》指出："抑今郡县之学官，置博士弟子员，皆未尝考其德行道义之素，其所受授，又皆世俗之书、进取之书，使人见利而不见义。"为此，诸多书院教育家在秉承"传道济民"的办学宗旨的基础上，围绕人才培养目标提出了具体要求。清代王文清拟定的《岳麓书院学规》影响深远，在德行、学目和态度方法等三个方面共列有 18 条规章，前 9 条都与道德修养有关，例如以孝开篇，"省问父母，恭谒圣贤，服食从俭素，行坐依齿序，举止整齐严肃"等教育生徒孝顺敬老、规范举止。《丽泽书院学规》强调"凡预此集者，以孝悌忠信为本，其不顺于父母，不友于兄弟，不睦于宗族，不诚于朋友，言行相反，文过遂非者，不在此位"，以此监督惩戒那些不懂孝悌、言行不一的学生，引导生徒践行道德要求。明代《虞山书院学道堂堂规》规定"父子之道仁"是学道堂的先务；"兄弟之道义"是学道堂的急务；"夫妇之道礼"是学道堂的要务；"君臣之道智"是学道堂的大务；"朋友之道信"是学道堂的重务。可见，在家国天下的政治逻辑下，书院需要培养的是明人伦、担道义的人才。书院学规多以"孝"开篇，内容包含"五伦""五常""四维""八德"等相关道德要求，并将忠君、爱民、廉洁、义节等价值贯穿其中，为儒生树立爱国的道德规范。

　　此外，岳麓书院讲堂的"忠孝廉节"碑也尤具代表性。乾道三年（1167），朱熹与张栻在岳麓书院会讲，在讲堂书有"忠孝廉节"，并将其作为岳麓书院校训碑刻，一直沿用至今。"忠"体现了儒家思想的精髓，在南宋时期尤见其思想内涵。一是忠君报国。面对内忧外患的局势，书院儒生投笔从戎，勇赴国难，诠释了书院儒生对国家和君主的忠诚。二是忠信相交。即构建良好的人际关系，对朋友、亲人秉持诚信原则。对国家君主、对亲人朋友两个层面的忠诚内涵，成为书院学规精神的重要组成部分。"孝"体现了儒家道德伦理纲常的要求。《论语·学而》中有言："孝悌也者，其为人之本与。""孝道"既是一种优良传统，更是实现民众教化的途径。书院教导儒生从家之孝子到国之良民，然后推己及人，最终实现社会和谐。"廉"体现了一种廉洁的个人义利观，亦是一种朴素的高尚人格。君子与非君子取财的区别某种程度上在于义利的先后取舍，即是否廉洁的问题。理学大师张栻不仅率先垂范、为官清廉，而且将其作为书院校训，试图把廉洁精神传递到每一个书院生徒身上，为其清白做官、明白做人提供正确的价值导向。"节"是反映民族和个人的气节。尤其在内忧外患、家国沦丧之时，需要抛头颅洒热血、勇敢抵御外敌的大无畏的精神，而众多书院亦将培育书生气节纳入学规内容。如清乾隆年间，白鹭洲书院山长孔兴浙强调，"志以气节为重。气以志帅，志趋不苟，自知集义。切近如《小学》，切实如《西铭》，力行而躬体之，浩然之气所由充塞天地之间"[①]。纵观书院历史，书院学规对儒生的道德要求主要包含了三个基本要素：一是应有正确的奋斗方向，有修齐治平的志向；二是应有明确的人生目的，为天下献身的精神；三是应有亲民爱民的胸怀，以护养邦民为己任。这也成为历代界定儒生的标准，亦是儒

---

① 高立人主编《白鹭洲书院志》，江西人民出版社，2008。

生的本质体现。

（三）楹联

书院楹联作为书院有形的文化，除了修饰书院建筑，更是书院精神最直接的体现。书院楹联或言明学派源流及办学目标，或抒怀言志，或倡导学风，多含教化性情、启迪智慧之意蕴，其中不乏有家国情怀、民族义节与社会担当精神的内涵体现。

如前文所述，书院爱国主义精神首先体现在其"为国育才"的办学宗旨上，这在书院楹联中多有体现。譬如海阳书院中有楹联：

> 遵鹅湖鹿洞条规，先德行，次文章，俱是作人雅化；
> 萃涞水横山贤俊，朝讨论，夜服习，无非为国储材。

楹联讲明了书院遵从理学思想，坚持德育为先、化育人才的教育理念，言明其为国储材的办学宗旨。书院明确反对为个人私利的办学理念。如山西崇实书院门柱联云：

> 学以明人伦，若为功名富贵而来，发足便已错了；
> 道求放心耳，徒工语言文字之末，到头成个什么。

书院在引导书生"立志"方面，集中体现了传统儒家的"内圣外王""修齐治平"等理想追求。正如岳麓书院讲堂的楹联：

> 是非审之于己，毁誉听之于人，得失安之于数，陟岳麓峰头，朗月
> 清风，太极悠然可会；

君亲恩何以酬，民物命何以立，圣贤道何以传，登赫曦台上，衡云湘水，斯文定有攸归。

这副对联作为书院最长的对联，不仅给儒生提供了一种积极的人生态度，更明确了儒生孝君亲、济生民、传圣贤的理想追求。这在白鹿洞书院朱子祠的对联中也得到了体现：

方寸中，质诸鬼神内圣外王之学；庙堂上，参乎天地衣锦尚纲之心。

又如江西信江书院乐育堂联：

琢质绣章，国之良干；揽英接秀，世有今名。

书院勉励学子要有胸怀天下的志向与担当，勤学奋进成为国家栋梁。同时，书院积极引导生徒去践行儒家出世的价值追求，并将理想追求概括为立德、立功、立言的"三不朽"。如湖南集贤书院有联曰：

希贤希圣希天，尚友诗书，其揆则一；
立言立功立德，名山俎豆，不朽者三。

《左传·襄公二十四年》中有言："太上有立德，其次有立功，其次有立言，虽久不废，此之谓不朽。""三不朽"正是来源于此，其包含了道德操守、建功立业与著书立说等内容，成为天下书生永恒的人生理想。除了引导书生树立人生理想，书院还积极培养书生的忠孝义节。江西白鹿洞书院忠节祠上有一则楹联：

　　大节精忠，二贤君臣义重；化名善俗，异世出处同心。

　　这则对联教导书生忠义节气，同时以自身德性改良风俗，养成仁心，引导士子忠君报国、教化生民。此在朱熹为考亭书院手书的楹联中表现得更为明显：

　　爱君希道泰；忧国愿年丰。

　　书院是教学之所，更是育人之地。书院注重引导生徒协调好读书与修身的关系，认为读书是为了修身，不可本末倒置，而爱国一直是古代儒生求学问道的精神归宿。犹如清人冯子材为广西秀阳书院所作楹联：

　　不看破义利关，何须讲学；要认识忠孝字，才是读书。

　　书院要求儒生看破义利，坚守忠孝，认为这是读书讲学之根本，且只有看破义利，才有可能坚守忠孝，才会将国家利益置于个人利益之上。书院楹联还为儒生树立爱国榜样，作为诸生学习的道德标杆，如抗金名将岳飞与匡扶汉室的关羽等忠义人物。为纪念北宋理学大师胡瑗（安定）先生而建的江苏安定书院，撰写楹联纪念胡瑗与南宋泰州知州、抗金名将岳飞。安定书院有联曰：

　　精忠上仰将军岳；正学肯瞻教授胡。

　　更有清人戴凤仪为福建诗山书院关帝庙题写一联纪念关羽：

惟帝其难之，浩气忠心，史官休议一聱字；

父子既圣矣，振顽起懦，后学宜尊百世师。

以上两副楹联高度评价了岳飞、胡瑗与关羽等先贤，其中安定书院的楹联更是引导儒生精忠要学岳飞将军，作学修身要学胡瑗大师，正是在这种榜样的精神指引下，书院儒生始终将爱国尽忠与作学修身紧密结合并努力践行。儒生践行爱国也体现在社会担当之上，如前文所述的东林书院楹联：

风声、雨声、读书声，声声入耳；家事、国事、天下事，事事关心。

这副楹联讲明了读书修身与关心时事的关系，强调书院生徒不仅要读书修身，更要关心天下大事，不能做死读书本的书呆子。再如清代贵山书院，光绪六年（1880）重修之际，贵州巡抚岑毓英撰联云：

大任从劳苦得来，愿诸君皆以天下为己任；

酬知在居恒造就，效曩哲勿忘性内之良知。

清代广西桂林书院有对联意境阔大，当可激励学子的士气，云：

学者当以天下国家为己任；我能拔尔抑塞磊落之奇才。

书院不仅是学子潜心研习之处，有时也是倡议时政之所，鼓励学子励精图治，以天下大事为己任，克己修身，忠君报国。学生每日耳濡目染，受益良多。清代的湖南城南书院有联：

考古证今，致用要关天下事；先忧后乐，存心须在秀才时。

这是一副关于学习态度及目的的绝好对联，指引书生关心天下事，先忧后乐。在浙江杭州的求是书院有对联曰：

性道文章，未有天人深浅异；江湖廊庙，谁将忧乐后先同。

讲的是求学作文没有高下之分，关键在于真正地领悟圣贤之道；无论地位高低，都应该秉承忧国忧民的精神。在湖南求实书院中，有清代"戊戌六君子"之一谭嗣同所撰写的一则对联：

揽湖海英雄，力维时局；勋沅湘子弟，共赞中兴。

对联鼓励书院书生全力挽救时局，助推国家实现中兴，这亦成为谭嗣同一生的真实写照，楹联字句间书生意气尽显。在江苏虞山书院体圣堂、大门分别有楹联曰：

明心见性，即诗书所称何加；易俗遗风，则礼乐之用为急。
学求正人心自淑；教化行风俗斯美。

此两副对联强调，书院读书人首先要通过学习读书明伦修身，同时进一步影响周围人的道德，达到改良风气、教化生民的社会效应。对联是在引导书院生徒肩负社会教化的责任。

二、教育内容

书院爱国主义精神的培育离不开系统的课程学习以及具体的行为践履，书院在教材选用上面以"明人伦"为根本依据，设置"晓其理"的课程内容，通过树贤祭祀等教育方式，不断加深生徒的道德知识、爱国认知，理解并接纳爱国主义精神规范的基础与保证，这亦是书院培育爱国主义精神的有效途径。

（一）教材选用

书院作为传承儒家文化的重要场所，选取教材时以"四书""五经"等经典文本和本学派大师著作为主，引导儒生"以忠事君、以孝事亲、以义从兄、以智导引思想、以礼节制其私欲、以信规范其行为"，最终达到"忠、孝、仁、义、礼、智、信"的状态，实现国家安定、天下太平。

首先，"四书""五经"等经典著作是书院爱国教育的核心内容。其不仅体现了儒家积极入世、"内圣外王"的价值追求，亦是科举考试的重要内容。"宣讲教化，敦励风俗"，随着科举制度的发展，书院教学对儒家经典的选用更为重视。朱熹继承二程的思想，又通过注解"四书"，为个体"修己"成为圣贤提供了路径。"四书""为六经之精华，乃读书之本务"，在为人处世、为学治国方面具有重要的参考价值。因此，书院在儒家经典的教学中，尤其重视生徒对"四书"的研读体会。书院教育家对生徒研读儒家经典有着更为具体详细的规定。南宋学者徐元杰在《延平郡学及书院诸学榜》中强调："早上文公'四书'，轮日自为常程，先《大学》，次《论语》，次《孟子》，次《中庸》。'六经'之书，随其所已，取训释与经解参看。"《四书》虽都是经典之作，但每本书的内容与本质内涵有所差别，要有针对性、有目的性地研读。"如《论语》言仁，其要在忠恕；《大学》言明德，其要在知止有定；

《中庸》言诚，其要在喜怒哀乐之未发；《孟子》言仁义，其要在好恶与人相近；凡此皆圣学点睛处，其旨一也。"（李瀚昌《澧阳书院学约》）①学不止于"四书"，还有"五经"，具体为《诗经》《尚书》《礼记》《周易》《春秋》的合称。其中，《诗》讲究温柔宽厚，《书》注重疏通知远，《礼》意向恭俭庄敬，《易》体现洁静精微，《春秋》则属词比事。"五经"不同于"四书"，其指向的是政治生活，而非个体道德，注重引导生徒思考家国背景下的共同体生活，最终将五经义理转化为个人修己，以达到胸怀天下、忠君爱国的境界。

其次，书院教学教材的选用中，内容主要包括"经""史""子""集"。其中"经"在古代社会主要指纲常伦理、道德规范等教条，包含前文所述的各儒家经典著作。"史"指历史著作，主要包含正史、编年、纪事本末等。"子"则包含儒、兵、法等方面的十四类著作。"集"是历代散文、诗、词、曲等著作。古代历史典籍是爱国主义教育教材的重要组成部分。白鹿洞书院要求生徒必须学习《左传》《公羊传》《穀梁传》《史记》《汉书》等著作。学海堂教学教材选用《史记》《汉书》和《三国志》等，引导生徒借鉴历史往事，好人好事多加学习，奸人恶事引以为戒，以进一步增强生徒的家国情怀和社会担当。在《弘道书院学规》中有言：每日读经书，一般《易》《诗》《书》《春秋》《礼记》之类。"四书"，一般《论语》《大学》《中庸》《孟子》之类。史书，一般《通鉴纲目》《续通鉴纲目》《通鉴节要》《续通鉴节要》《史略》《史断》之类。随其资质高下，限以遍数，多读熟记，厥明升堂背诵。②"经世之术，济变之方，实莫备于史"，"读史者，验古今治乱兴亡得

---

① 杨布生、彭定国编著《中国书院与传统文化》，湖南教育出版社，1992。

② 邓洪波、陈吉良：《从学规看明代书院之课程建设——以弘道、大科、湖南三书院为例》，《湖南大学学报（社会科学版）》2007年第6期。

失之故，以长己之才识，以扩己之心胸"（郑之侨《壬戌示诸生十要》）①，熟读历史典籍可以帮助生徒掌握社会发展变迁的知识，可以完善生徒的知识结构，进一步涵养广阔胸怀与天下视野，增强历史使命感与责任感。

最后，书院大师的著作是培育爱国主义精神的必要内容。因初学士人直接研读典籍存有难度，书院教育家疏通"四书""五经"的内涵、揭示其中深刻的意蕴，由此不仅可以将自己的思想贯穿于著作、讲义、语录和注疏当中，还能帮助生徒更好地学习领会书典内容，引导他们习得正道并担当道义。如周敦颐的《太极图说》和《通书》，张载的《正蒙》和《西铭》，陆九渊的《语录》，以及张栻的《南轩易说》《伊川粹言》等都被书院奉为读本。朱熹的《四书集注》，朱熹与吕祖谦共同编撰的《近思录》，记载王阳明语录的《传习录》以及记载朱子与门人言论的《朱子语类》也都曾列为书院的重要读物，《大学章句》《中庸章句》《论语精义》和《孟子精义》等书院大师著作亦是书院学习的补充内容，对于书院生徒与普通民众的精神养成意义非凡。诚如虞集在《白鹿洞书院新田记》中所称：

> 朱子之书，学者盖家藏而人诵之矣。其于圣贤之传，为学之要，本末始终，毫分缕析，无复余蕴，使穷乡下邑独学特行之士，苟能玩而习之，思而得之，体而践之；及其久也，犹可以入圣贤之域，况乎有明师良友相先后之，讨论问辩以求其正，观感契会以推致其极者乎！②

可见，朱熹的著作可以用来教化民众，让百姓学习典籍之内容，使他们接受道德规范并自觉付诸实施，实现社会担当。

---

① 邓洪波编著《中国书院学规》，湖南大学出版社，2000。
② 陈谷嘉、邓洪波主编《中国书院史资料》，浙江教育出版社，1998。

（二）课程内容

书院教育中的课程内容亦是书院爱国主义精神的重要载体，培育爱国主义精神的课程内容主要表现在爱国主义相关主题会讲或讲会、注重实务的课程设置、体察民情的社会游学。

会讲开始于南宋时期，明代时较为盛行，是书院间举行的一种学术交流活动。书院会讲以"朱张会讲"为开端，各个时期的书院都借由这样的传播形式教导生徒、教化民众。陆九渊受朱熹之邀主讲"君子喻于义，小人喻于利"，他以场屋得失为例来阐述义利之辨，教导诸生心系家国、念及苍生。陆九渊教导诸生"志乎义、行乎义"，他在会讲中把德性长进、践行道义作为最终目标，影响不少书生将其作为毕生追求。诸多学院亦将培育个人德性与增强家国担当相结合，将其视为治学良方，并通过设置"仁民爱物"等相关论题开展会讲，进一步培育爱国主义精神。

书院教育虽以提倡自学自悟为主，教师讲授为辅，但书院讲会仍旧是启发生徒、传授知识的重要途径。书院从产生之时起，就特别注重通过开放交流的讲会形式，设置热爱他人、利人济世、厚德载物等论题，向生徒及参会者传播儒家"仁民爱物"的道德规范。

书院教导生徒要有"仁民爱物"的爱国情感，这是爱国主义教育的情感基础。在此基础上，书院教育家通过实务课程内容的讲授，培育生徒"经世致用"的务实精神，力求在体用并重上培育"润泽斯民"的理性爱国精神，实现由"致良知"到"致良策"。此外，书院根据国家需求与社会发展，开设讲武、水利、算数、医学等时务课程，在当时为国家培养了发展需要的各类人才。如凝秀书院要求"士子读书明理，原期实用，如兵刑、钱谷、礼乐、律历、河渠、水利、农田等，必须一一究心，考验应试，则对策详明，胸中了了。观者自然怵目，临事则考求有素，措注有方，国家倚以为重"①。书院要求学生学习兵刑、钱谷、礼乐、律历、河渠、水利、农田等国家治理所需的技术知识，通实务以报效国家。

又如历山书院是一所多学科的综合性书院，聘有文学教师与医学教师，开展文、医两科的专业教学，生徒除了学习文学或医学外，还兼习军事，进行训练。主持医学教学的教师，除了课堂教学之外，还设立门诊，接待"乡之求七剂者"，开展实际的医疗活动。

辽阳武书院（亦称习武书院、辽左武书院）以"作兴人材"为务，认为"文武二途，粤为国纪，而储养造就人材斯盛"，并以培养"服孝悌忠信之行，怀亲上死长之心，入则足以羽仪王朝，出则足以威怀敌国"的人才为目的，择武士之秀者读书、习射其中，此即中国古代军事教育书院的基本规制。此外还有南阳府博山书院开设数学、书学，鄱阳县鄱江书院设有蒙古字学等。开设"经世致用"之学，传授对国计民生有用的实际知识，是书院爱国教育课程的重要内容。

同时，书院对生徒的爱国主义教育不限于书本之中、课堂之上，而是鼓励师生走向民间，走近名山大川，增强其对自然、民族与国家的热爱之情。书院大师朱熹常携生徒游历名山大川，"绝其尘昏，存其道气"，追寻名士遗迹，使生徒"聆清幽之胜，蹑明贤之迹，兴尚友之思"②，强化生徒的社会责任感。游学增强生徒对家国的情感认知，拓展"仁民爱物"的爱国内容，并引导生徒将爱国之情转为报国之行。

（三）祭祀对象选择

书院不仅从教材选用、课程内容方面培育生徒的家国情怀，更注重通过

---

① 邓洪波编著《中国书院学规》，湖南大学出版社，2000。
② 朱汉民主编《中国书院》，湖南教育出版社，1997。

祭祀对象的选取，培养生徒"传道济民"的爱国精神。

早期的书院，祭祀对象都以儒学先贤为主，如孔子及孟子、颜渊、曾参、子思等"四圣"祭祀于文庙。自宋代开始，书院的祭祀对象出现了新的变化。历史上与书院属地相关的良臣贤才等出现在祭祀对象里。如岳麓书院祭祀屈原、贾谊、王夫之等，白鹭洲书院祭祀欧阳修、江万里、文天祥。这些祭祀对象的选择具有明确的导向性——富有浓厚的爱国主义精神特质。

岳麓书院除了设文庙祭祀孔子及"四圣"，还设置专祠祭祀湖湘学统的主要代表人物。如设置屈子祠（祭祀屈原）、贾太傅祠（祭祀贾谊）、濂溪祠（祭祀周敦颐）、崇道祠（祭祀朱熹与张栻）、船山祠（祭祀王夫之）、六君子堂（祭祀与湘学有关的山长官员）、慎斋祠（祭祀罗典、欧阳厚均等著名山长）。其中，岳麓书院选择祭祀三闾大夫屈原、长沙王太傅贾谊、明末清初思想家王夫之，一方面在于阐明书院的湖湘文化学统，另一方面更在于倡扬忠君爱国精神。具体说来，中国历史上有名的爱国主义诗人屈原，为战国时期楚国诗人、政治家。早年受楚怀王信任，任三闾大夫，兼管内政外交大事。提倡"美政"，主张对内举贤任能，修明法度，对外力主联齐抗秦。因遭贵族排挤诽谤，被流放至沅湘（今湖南岳阳、常德一带）流域，留下了诸如《离骚》《九歌》等爱国忧民的诗篇。楚国都城郢都被秦军攻破后，屈原倍感悲愤自沉于汨罗江，以身殉国。司马迁《史记·屈原贾生列传》中有言："屈原虽流放，眷顾楚国，系心怀王，不忘欲反，冀幸君之一悟，俗之一改也。其存君兴国而欲反复之，一篇之中，三致志焉。"屈原的爱国忧民情怀也为后世儒生所尊崇，岳麓书院亦设置屈子祠祀奉他。另外，岳麓书院设置贾太傅祠祀奉贾谊，设置船山祠祀奉王夫之，亦是以表敬重其气节。后世学院诸生备受鼓舞，先后涌现出左宗棠、谭嗣同等爱国代表人物。

岳麓书院这种通过祭祀激励后生，培育爱国儒生并非个例，江西吉安白鹭洲书院亦是如此。白鹭洲书院由江西提举兼吉州知州江万里创建于宋淳祐元年（1241）。初建时，江万里自任导师，教学授徒，设置专祠崇祀属地忠臣贤士，即"庐陵四忠一节"，分别是刚正不阿的政治家欧阳修、言事不避权贵的大学问家周必大、积极抗金的爱国名臣胡铨、威武不屈的爱国志士杨邦乂以及不苟合求荣的杨万里。

江万里为南宋著名爱国丞相，一生清廉刚正，政绩卓著，始终不畏权奸，不泯忧国爱民之心。在国破家亡之际，江万里和他的儿子江镐，毅然决然地率180多家人投池殉国，希望由此"天下忠义节烈之士闻风而起，聚集万千众人之力，保江山社稷不移腥膻，道德文章不堕宇内"，后人感其忠烈，设专祠祀之。

书院先贤的精神感召力量强大，激励后生忠君爱民。时为书院儒生的文天祥看见书院所祭祀的先生欧阳修、杨邦乂、胡铨等"庐陵四忠一节"的画像，慨然誓言，"殁不俎豆其间，非夫也"，表示死后不能为国建功立业便誓不为人！加之书院创建者江万里的楷模示范，成就了文天祥"人生自古谁无死，留取丹心照汗青"的千古绝唱！文天祥之外，忠节名臣邓光荐、因掩护文天祥避难而被元兵烹死的刘子俊、为国捐躯的刘沫父子四人、被元兵俘虏后绝食八日而死的罗开礼……书院儒生爱国如斯，仅南宋末年的爱国儒生就不胜枚举。

书院道义并非玄妙之辞、空洞之物，而是一种儒生信仰与道德使命。祭祀先贤不仅是一种教学方式，更是书院德育的一种形式。书院设专祠以忠臣贤士的事迹感化生徒，以其精神垂范后世诸生，是进行榜样教育的生动形式。

三、社会服务

在中国传统政治体制中，书院的社会服务功能是历代文教工作的重要组成部分，也是实现地方治理的重要内容，书院的爱国精神往往通过其社会服务功能来体现。书院既是学术学派的活动中心，又是地方文化与教育中心、文化传播机构，通过兴办书院普及文化、社会宣讲改风易俗、修书藏书传承文化，对所在地乡俗教化以及文化发展起到积极的作用。

（一）兴办书院

正如前文所述，自宋代起文化教育逐步出现平民化倾向，书院生徒多以社会教化为终身己任，成为文化知识的主要传播者，同时主导着社会舆论与道德评判。兴办书院、教授生徒成为儒生服务社会的主要形式。在此形势下，官吏、乡绅、商人或士人都延师授徒讲学，一大批书院在全国范围内迅速铺开，新创建的书院到清代达 3757 所。书院遍布全国各地，数量远远超过官学，成为传播文化的重要基地。特别是少数民族地区开设的书院与宗族创办的书院，更是在地方风俗教化方面扮演了重要角色。

书院促进了少数民族文化的发展。黎州玉渊书院等就是宋代时期在少数民族地区所建。至明代，书院在少数民族地区变得更多。如湖南的湘西地区，少数民族较为集中，史有"五溪蛮"之称。素有"湘西门户""南天锁钥"之谓的辰州"上捍云贵，下蔽湖湘"，其所辖"四县三厅"在官方支持下先后设立了府县学宫。虎溪、崇正、让溪、龙山、酉阳、鹤鸣等十五所书院也先后建立，书院发展有了很大起色。①当时设在沅陵的虎溪书院十分著名，王阳明曾在此讲过学，所来学者甚多。这极大地活跃了当地的文化氛围。

又如湘西以北的永顺县是土家族聚居之地。明时，受朝廷之令土司子弟就学于辰州。至万历年间，土司彭元锦建立了福石城第一所书院——若云书

---

① 席绍葆等修，谢鸣谦等纂《辰州府志》，乾隆三十年（1765）府衙刊本。

院。①到清时改土归流②，才有义学设立。在官方的推动下，地方书院的建立也获得改善，如崇文书院、灵溪书院和大乡书院等，推动了当地的人才培养和文化发展。

再如湘南江华地区，地处边陲，宋时迁入瑶民，生活原始。后来清代官府为了"归化新民"，设立了义学，随之书院也在这里兴起。《江华县志》载，乾隆九年（1744）和乾隆三十八年（1773）的邑令陈嘉谷、欧阳桂分别建秀峰书院于锦岗（原岗义学旧址）、建三宿书院于上五堡义学旧址。三宿书院设有专人管理，瑶族子弟在此学习，给瑶族的文明开化带来了积极的影响。同时，为满族子弟设立的吉林白山书院、龙城书院、启秀书院、满城维新书院、辅文书院，为蒙古族子弟设立的启运书院，在新疆哈密建立的伊州书院，供维吾尔族、汉族子弟同学肄业，在台湾地区为教化高山族子弟设立的正心书院等，授以《百家姓》《千字文》《三字经》等儒家蒙学经典。书院对于加强民族文化交流，推进少数民族文化的发展，增强中华民族文化认同起到了重要作用。

此外，宗族书院的兴起对乡俗教化亦起到了重要作用。乡俗教化是在社会群体中约定俗成、自主形成的共同准则，是维系古代社会的重要内容。因此，书院教育理念与乡俗教化相融通，特别是宗族性书院逐渐成为实际的乡俗教化机构。这类书院在唐时便已出现，至清代仍有延续。如唐大顺年间由陈氏义门建立的义门书院（又称东佳书堂），是一所典型的宗族性书院。《宋史》称，"崇为江州长史，益置田园，为家法戒子孙，择群从掌其事，建书堂教诲之。僖宗时尝诏旌其门，南唐又立为义门，免其徭

---

① 席绍葆等修，谢鸣谦等纂《辰州府志》，乾隆三十年（1765）府衙刊本。
② 改土归流，又称土司改流，指废除西南少数民族地区的土司制度，改由朝廷委派流官直接进行管理。

役"①。书院在《陈氏家法三十三条》的保障与家族的支持下，不断对家族子弟进行人伦教化，以增强其宗法伦理意识，从而在这片乡土上涵养出了"世守家法，孝谨不衰，闺门之内，肃如公门"的敦厚家风。村民也受此熏陶，自觉地执行忠义孝悌的伦理标准，读书学习蔚然成风。

此外，唐代江西高安幸氏家族亦办有书院，五代与宋代江西建昌陈思悦创办的社平书院、洪氏的雷塘书院，奉新胡氏的华林书院、分宁祝氏的流芳书院，如此种种不一而足。以上陈氏义门书院、洪氏雷塘书院、胡氏华林书院，虽为家族性质的书院，但教训本族、延学四方，既泽被后世，又造福乡邻，为后世推崇。书院教育本不以身份取胜，具有平民教育色彩的宗族办学不分贫贱，又利于本族子弟就近入学，一时人才辈出，经久不衰，士风民俗为之一新。

（二）社会宣讲

书院要求所培养的生徒要以自己的德行去熏陶其他人，即所谓"使一人之行修，移之于一家；一家之行修，移之于乡党郡邑；则一县之风俗成"（曾巩《宜黄县学记》），这也是古代知识分子修齐治平的学习进路。②与书院通过学术性会讲或讲会教授生徒不同，书院还不限身份、通过面向普罗大众宣讲传播知识道义，服务社会，如陆九渊在象山书院讲学时来访士子甚众。可见书院办学开放，以达到传播和普及文化的目的。

明代将社会宣讲加以推广，形成较为完备的制度，使社会宣讲在学术传播和社会教化方面起到重要促进作用，增加了书院的平民化色彩。王阳明继

---

① 脱脱、阿鲁图：《宋史》，中华书局，1985。
② 王志刚：《古代书院教育对现代大学精神建设的启迪》，《内蒙古社会科学（汉文版）》2016年第37卷第3期。

承和发展了陆九渊的心学，促进了心学和书院的结合，他非常重视发挥书院的社会教化功能，将社会宣讲作为一种影响广泛的学术传播活动。

阳明之学史称"心学"。他认为"至善是心之'本体'，故心即理也。天下无心外之事，无心外之理"①，这与朱熹学说有所不同。然而"心"并非玄幻虚无之物，必须与具体事务或行动相结合。王阳明认为要想影响人们的思想与行动，必须"破心中贼"。因此贬谪龙场时，他意识到通过教育移风易俗的重要性。在龙冈书院讲学时，他重视风俗教化，深受基层社会民众的尊崇。此后的其他讲学中，他也兴社学、办乡约、开宣讲，长期实践与推行多种类型的社会教育活动。如他在浙江指导弟子创办社团组织，包括中天阁社会、安福惜阴会等，主张通过开展社会宣讲"用百姓日用指点良知"。邹守益属其门人，也热衷世俗教化，曾刻《谕俗礼要》，王阳明赞之：

> 古之礼存于世者，老师宿儒当年不能穷其说，世之人苦其烦且难，遂皆废置而不行。故今之为人上而欲导民于礼者，非详且备之为难，惟简切明白而使人易行之为贵耳。中间如四代位次及祔祭之类，向时欲稍改以从俗者，今皆斟酌为之，于人情甚协。……故持为此简易之说，欲使之易知易从焉耳。冠婚丧祭之外，附以乡约，其于民俗亦甚有补。至于射礼，似宜别为一书以教学者，而非所以求谕于俗。今之附于其间，却恐民间以非所常行，视为不切，又见其说之难晓，遂并其冠婚丧祭之易晓者而弃之也。②

此记载亦可见王阳明的看法，除开展社会宣讲时将古礼化繁为简以教之

---

① 王阳明：《传习录》，于自力等注译，中州古籍出版社，2004。
② 《年谱》，载王阳明《王文成公全书》卷三十四，商务印书馆，1933。

于民，他还主张要把乡约的内容同步传授，以补民俗教化。可见，他对书院教化功能的重视。受其影响，其弟子大多通过社会宣讲下启市井，注重贴近民间生活，一时间王门的宣讲对明代社会产生了广泛影响。①

王阳明把乡俗生活纳入了书院的教育内容和范畴，使书院教育主动参与乡俗教化事业，特别是通过社会宣讲发挥书院的社会文教功能，具有一定的进步意义。与此同时，广泛开展社会宣讲改变了宋代书院读书穷理的内在模式，开创了面向社会现实开展学术研究与教学工作的传统，对后世的书院教育产生了深远影响。受"有教无类""人人皆可成尧舜"思想影响，书院为传播文化知识逐渐加大了向平民百姓的开放程度，山林布衣、贩夫走卒都可以进书院听讲。如虞山书院规定："虞山会讲，来者不拒"，"凡我百姓，年齿高者与年少而知义理者，无分乡约、公正、粮里、市井、农夫，无分僧道游人，无分本境他方，但愿听讲，许先一日或本日早报名会簿"。书院讲会的参与人数多者达上千人，社会教化效果越来越好，另外增加有"市民学堂"的功能，新添教化平民百姓的工作。②

在社会宣讲中，外来听众也同书院学生一样可以同讲学教师质疑问难、相互交流，使书院教育别开生面。如明代关中大儒冯从吾讲学首善书院时，制定了会期：二、八为京师中缙绅的听讲，四、六则为举贡生员及军、民、工、商一切杂色人等听讲。可见，冯氏讲学针对不同文化层次、地位身份的听众宣学。听众亦具有不定性，其学习不受限制。如明代关学著名学者周蕙，本为兰州守城门的兵卒，听说大儒段坚集众讲理学，"时往听之，有闻即服行。久之，诸儒令坐听，既而与坐讲，既而以为畏友。有疑，与讲论

① 丁钢、刘琪：《书院与中国文化》，上海教育出版社，1992。
② 王兴龙：《传统书院制对我国当代高等院校德育工作的价值研究》，西安电子科技大学，2014。

焉"。社会宣讲不仅有助于文化知识的传播与普及，其平民化倾向更推动了地方乡俗教化的不断深入。

（三）藏书、刻书

书籍对于文化传承而言非常重要，书院作为育人之所，不论学术研究还是日常教学，均离不开书籍。藏书、刻书是书院与生俱来的功能，在书院发展的过程中，在知识传播和文化普及方面日益显现其重要作用。书院通过尽可能多地收藏图书、刻书，进行文化积累，在院内师生及院外士人之间进行文化传播，扩大社会影响，从而践行"勇担道义"的爱国主义精神。

在藏书上，不同时期、不同书院藏书规模差异较大。如宋初（1009）应天府书院"聚书数千卷"，在当时印刷术条件有限、图书搜求不易的情况下，此数量已属难得。到南宋时期，伴随印刷术的普及、文化的繁荣，书院藏书也迅速增长。四川鹤山书院的藏书更是达到十万卷。江西石林书院、福建梁山书院、浙江南园书院亦是如此。元代之后，藏书数万卷者甚繁。岳麓书院在同治年间，各地获新捐藏书 220 多部，5720 余册，凡 14130 余卷，同治六年（1867）刊刻的《岳麓书院新捐官书目录》即有所记载。同时期，湖南箴言书院藏书计 1337 部，凡 36261 卷。

数量巨大的书院藏书，不仅增加了当地文化底蕴，更提升了当地的社会文化水平。虽然大多书院规定"院内之书，只准诸生在院翻阅，概不外借"，但亦有不少对社会民众开放，承担着类似于公共图书馆的功能作用。如元代建颍昌书院的冯梦周曾撰文曰："买书千卷，构堂蓄之，以待里之不能有书者，为之约曰：凡假者恣所取，记其名若书目，读竟则归，而销其籍。"书籍对外开放，以待向学之士，促进了知识的普及与文化的传播。

书院图书主要来源有两种：一是直接购置。围绕教学内容，根据书院自身条件和需要有选择性地购置书籍。王应麟在《玉海》中记载："应天府新建书院以府民曹诚为助教……至是，诚出家财，即同文旧居建学舍百五十间、聚书千五百卷。"书院为聚集藏书不惜斥巨资，补充书院藏书量。二是刊刻。唐代已有丽正、集贤书院"刊辑古今之经籍"，直到南宋"书院本"赫然面世，刻书这一职能不断得到强化。

在刻书上，宋代雕版印刷术臻于完善，为书院刻书提供了便利。从宋代开始，书院开始刊刻儒家经典教材，并将理学大家的著作、讲义、语录与注疏等作为重要文献，作为书院生徒的教本。如开庆元年（1259），建康府明道书院"粹二程先生之言之行，辑为一书，以《大学》八条定篇目"，刊刻并用来授课；又如司马光的《切韵指掌图》二卷被婺州丽泽书院重刻；袁爕的《家塾书抄》十二卷曾由象山书院刻用；《陈北溪集》五十卷曾由龙溪书院刻用；《朱文公文集》一百卷、续集十卷、别集十一卷曾由建安书院刻用；《秋崖先生小稿》曾由竹溪书院刻用；《豫章罗先生文集》曾由豫章书院刻用；《止斋先生文集》曾由屏山书院刻用；《陈龙川先生集》曾由龙川书院刻用；《纂图互注春秋经传集解》曾由龙山书院刻用；《汉书集注》曾由白鹭洲书院刻用；等等。

元代时，出现了专于出版事业的书院。其时，最具典型意义的是杭州西湖书院。它继承了南宋国子监原有的 20 余万片雕刻木板，总计 3700 余卷。先后多次校勘经史典籍，整理图书，编制目录，并在其基础上大量刊印图书，此即所谓"收拾宋学旧籍"，从事"书刻"的工作。其中，最大一次的规模属重刻经、史、子、集板片 7893 块，3436352 字。此外，西湖书院两次刻印叙录古代典章制度的巨著——《文献通考》，还主持刻印了元代诗歌总集、苏天爵的《国朝文类》等图书著作，同时，《西湖书院重整书目》体现了有元一代书院出版事业的最高峰。西湖书院"书刻"数量之大，质量之高，既称闻于当时，更有名于后世，其被称作元代国家出版中心实在当之无愧。

明代弘治前后，书院大量编辑、刊印书院志，以总结经验教训，进一步指导书院的发展建设。到书院大盛之时，纂修书院志成为一种时尚。如岳麓书院有明一代曾于正德九年（1514）、嘉靖年间、万历十八年（1590）、崇祯六年（1633）四修院志。白鹿洞书院曾五修院志。书院通过藏书、刻书，为社会公众提供共享的文化资源，极大地推动了知识的普及与文化的传承传播，为地方文化的发展提供了不竭动力，这些社会功能深深体现了书院"勇担道义"的爱国主义精神。

第三节　书院爱国精神之典范

一、岳麓书院诸儒以身许国

南宋在政治上有一个最大的任务，即抵御金兵入侵，收复沦于金军铁蹄之下的国土，使国家获得统一。当时，整个学术界中不乏空谈心性、闭门修养的读书人，让不少儒家学者在国家危难之际心有余而力不足。但是，岳麓诸儒在抵御金兵的军事斗争中，却充分展现了其依靠人民战胜金兵的战略思想、灵活机动的军事才能和抗金复仇的爱国主义热情，他们都是主战派，反对求和。

主教岳麓书院的张栻本人以"晓畅军务"著称，是抗金爱国的杰出代表，曾奏疏"吾与敌人乃不共戴天之仇"。"修德立政，用贤养民，选将帅，练甲兵，通内修、外攘、进战、退守为一事"是他的主张，希望孝宗做好备战工作。他认为要实现抗金救国，必须懂得军事，曾刻写《孙子兵法》，号召学生学习兵法，用军事知识武装自己，并亲为作跋："夷虏盗据神州有年，于兹国家仇耻未雪，圣上宵衣旰食，未尝忘北顾。凡在臣子，所当仰体至意，思所以效忠图称者，然则于是书又可以忽而不讲哉！予故刻而传之，愿与同志者共焉。"他的爱国主义行为和思想，深深地影响了他的门生。

岳麓诸儒在如何取得抗金胜利上亦提出了自己的战略思想，进一步发展了张栻的思想。宁宗时，赵方知襄阳府，"谍知金人谋犯境，上疏力陈不可和者七，战议遂定"。他认为要取得战争胜利，必须依赖人民的力量，提出"合官民兵为一体"的战略思想，即团结和依靠人民进行对敌斗争。他们还直接参加抗金战争，表现出卓越的军事才能。开禧北伐中，他战败完颜赛布所率金兵十万，并守坚城，袭敌后，又杀敌三万，迫使主帅完颜讹可单骑逃遁。另有被称为"岳麓巨子"的吴猎，亦在此次战役中以湖北路安抚司"节制本路兵马"，获得中路西部战区的胜利。

由于宋长期与他国交战，书院在讲堂上不断强调忠孝节义等思想，使精忠报国、夷夏之防等思想深入人心，形成了"饿死事小，失节事大"的社会共识。在"勇担道义"的爱国主义精神影响下，岳麓书院不仅有投笔从戎、领兵抗金的帅才，更有忠贞赴死的忠宦义士。①

岳麓书院山长尹谷，字耕叟，潭州长沙人。在元兵围城之前，率学生坚持读书，不废学业。激战之时，又毅然放下书本，荷戈登陴，与军民一起乘城共守。城破，岳麓诸生"多感激死义"，"死者什九"，尹谷则举家自焚，以身殉国，表现出大无畏的爱国精神。据《宋史·列传》之《忠义五·尹谷传》载：

晚入李庭芝制幕，用荐擢知衡州，需次于家。潭城受兵，帅臣李芾礼以为参谋，共画备御策。时城中壮士皆入卫临安，所余军仅四百五十

---

① 李国钧主编《中国书院史》，湖南教育出版社，1994。

人，老弱太半。芾纠率民丁，奖励以义，人殊死战，三月城不下。大军断绝险要，援兵不至，谷知城危，与妻子诀曰："吾以寒儒受国恩，典方州，义不可屈，若辈必当从吾已耳。"召弟岳秀使出，以存尹氏祀，岳秀泣而许之死。乃积薪扃户，朝服望阙拜已，先取历官告身焚之，即纵火自焚。邻家救之，火炽不可前，但于烈焰中遥见谷正冠端笏危坐，阖门无少长皆死焉。芾闻之，命酒酹谷曰："尹务实，男子也，先我就义矣。"务实，谷号也。

初，潭士以居学肄业为重，州学生月试积分高等，升湘西岳麓书院生，又积分高等，升岳麓精舍生，潭人号为"三学生"。兵兴时，三学生聚居州学，犹不废业。谷死，诸生数百人往哭之，城破，多感激死义者。

潭州城被敌兵包围，尹谷成为帅臣李芾的参谋，他们共同谋划御敌策略。当时城里的壮士都在守卫临安，剩下的只有四百五十人，其中一大半是年老体弱的人。李芾集聚并率领壮士，用义来勉励他们，人们拼死战斗，敌人耗时三个月也没有把城攻下。敌军守在险要地段，援兵不能到达，尹谷知道潭州城危在旦夕，和妻子儿女诀别："我以一个寒微的儒生的身份蒙受国家的恩德，主管一方州土，论义当不屈，你们一定要跟随我去死啊。"尹谷叫来他的弟弟尹岳秀，让他逃出去，以便保存尹氏的祭祀之人，尹岳秀哭着答应。尹谷随即堆积木柴，锁上门窗，穿上朝服，朝着朝廷所在的方向跪拜之后，取出所任官职的委任凭证予以烧毁，然后跳入火中自杀。邻居来救他，火势猛烈不能靠近，只远远地看见尹谷头上戴着帽子，手里拿着笏，正襟危坐，全家无论年少年长均就义了。李芾听说后，派人拿酒来祭奠尹谷："尹务实，真是一个男子汉，在我之前就义了。"务实是尹谷的号。

起初，潭州的读书人非常重视读书学习，州里的学生每月考试得分高者，升为湘西岳麓书院的学生，再得分高者，升为岳麓精舍的学生，潭州人称之为"三学生"。发生战乱时，"三学生"聚居在州学，仍然不废弃学业。尹谷死后，诸生几百人前去吊唁他。城被攻破以后，很多人都被他感动，为大义而死。

元代岳麓诸生的抗元爱国事迹，乃朱张教泽的发扬光大。国家危急存亡，书院诸生英勇斗争以维护正义，这与岳麓书院的爱国主义教育密不可分。明末山长吴道行和学生王船山"不顶清朝天，不着清朝地"反清入据，清代左宗棠抬棺收复新疆等，一代代岳麓师生的爱国义举，是岳麓书院勇担道义爱国精神的延续。①

二、东林书院开创书院议政传统

东林书院，位于无锡城东门内。宋政和年间著名理学家杨龟山，从京洛南旋侨寓于此，倡道东南，与诸生讲学十有八年之久，故又名龟山书院。历南宋、元、明，久已倾废，元朝时曾改为僧寺。明朝末年，以宦官魏忠贤为代表的大地主集团逐渐变得腐朽反动，其他官吏受到排斥和打击，甚至在激烈斗争后先后被罢官。顾宪成与同好高攀龙等人，回到无锡，开始里居讲学。顾氏"弟子云集"，泾里镇上不能容纳，又构筑"同人堂"，经常"月集诸从游者会焉"。除居家讲学外，他还常到苏州、松江、常熟、太仓、嘉兴、宜兴等地参加讲会。世人有言："龙山（惠山别称）胜会，不减鹿洞、鹅湖。"高攀龙亦"偕四郡同志会讲于乐志堂"。两人倡议申述重修东林书院，终于在万历三十二年（1604），经官府批准复建东林书院，

---

① 唐亚阳、陈厚丰：《中国书院精神之探析》，《湖南大学学报（社会科学版）》2005年第6期。

设丽泽、依庸、中和三堂，院左为龟山祠，招集士绅讲学其中，开始了他们的东林讲学活动，论学会友为一时宗。当时，学者向慕，远近麇集。他们以在野官僚的身份，展开学术和政治活动，经常在讲学之余，"讽议朝政，裁量人物"。于是，东林书院闻名天下。由于他们的学说不同于正宗的理学，被后世称为东林学派。

可见，东林书院闻名于当时，不仅是因为其学术上的主张切中时弊，更在于它把学术活动同政治斗争密切结合起来，人人磨砺气节，个个讲求实学。东林书院因此影响扩大，社会地位得到提高，甚至招致了一些当权者和王学拥护者的忌恨。据《明史·顾宪成传》载："当时是士大夫抱道忤时者，率退处林野，闻风向附，学舍至不能容。"宪成尝曰："官辇毂，志不在君父；官封疆，志不在民生；居水边林下，志不在世道，君子无取焉。""故其讲习之余，往往讽议朝政，裁量人物，朝士慕其风者，多遥相应和，由是东林名大著，而忌者亦多。"《明儒学案》卷六十又载：顾允成（宪成之弟）一日喟然而叹。泾阳（宪成）曰："何叹也？"曰："吾叹夫今之讲学者，恁是天崩地陷，他也不管，只管讲学耳。"泾阳曰："然则所讲何事？"曰："在缙绅只明哲保身一句，在布衣只传食诸侯一句。"泾阳为之慨然。

"风声雨声读书声，声声入耳；家事国事天下事，事事关心。"讽议朝政，裁量人物，反对明哲保身，反对传食诸侯，是东林书院树立的新学风。它不仅是一个教育机关、学术机关，而且是一个舆论中心、政治活动中心。顾宪成一直关心天下大事，注意时政得失，一贯主张扬善去恶，拯时救世。他曾说"士之号为有志者，未有不亟亟于救时者也"。其"论学与世为体。尝言官辇毂，念头不在君父上；官封疆，念头不在百姓上；至于水间林下，三三两两，相与讲求性命，切磨德义，念头不在世道上，即有他美，君子不齿也。故会中亦多裁量人物，訾议国政，亦冀执政者闻而药之也。天下君子以清议归于东林，庙堂亦有畏忌"。针砭时政的主张得到当时社会的广泛支持，同时也遭到宦官及其依附势力的激烈反对，东林书院受到了无端攻击，然而东林讲学诸君更是以"赤金在烈焰中借火之力得真色见于世"相勉，仍然讲学自修，挺立于世，成为正义的象征。诚如《明史》所记，"当是时，士大夫抱道忤时者，率退处林野，闻风向附，学舍至不能容"。又如陈鼎《东林列传》载，"虽黄童、白叟、妇人、女子，皆知东林为贤。贩夫竖子或相诮让，辄曰：'汝东林贤者耶？何其清白如是耶？'"可见东林贤明深入民心。因此，在"朝论纷纭，海宇震挠"的情况下，仍是"远近名贤，同声相应，天下学者，咸以东林为归"[①]。

东林书院也特别重视节气。顾宪成自万历八年（1580）三十一岁时登进士，即出入于朝野，一副忠肝义胆，敢发谠论，不避权贵。万历十六年（1588）三十九岁时移理处州，后又转调到泉州。考其政绩，成为公廉第一，又调进京升为考功司主事，万历二十二年（1594）放归田里。他以宣言被废，声名益高，遂以在野之身，到处讲学，以唤醒市民，挽救危亡。他的品格和精神深受天下学者的景慕和信赖，皆愿从学受教。高攀龙比顾宪成小十二岁，他二十五岁时曾听过顾宪成讲学。万历十七年（1589）登进士第，入官行事，曾因上疏反对张世则的《大学股古本初议》，拥护程朱理学，以及直言得罪阁臣，被贬到揭阳。在贬所艰苦求学，颇有长进。半年后归家，适逢顾宪成放归田里，于是二人相与讲学于东林书院。东林书院虽为顾宪成复修，但书院的规程多由高攀龙手订。他在东林讲学时间也较顾宪成长，达二十八年。其遗书有云"平生学问至此亦少得力"。这种精神感人至深。

以讲学议政而得民心、士心，此则正是东林获幸之所在，亦是其招祸之所在。俱往矣，其功过是非，历史已有公正评价，可以置之不论。但应强调

---

① 陈元晖、尹德新、王炳照编著《中国古代的书院制度》，上海教育出版社，1981。

的是，在明末的危局中，东林"一堂师友，冷风热血，洗涤乾坤"，开创了书院议政的传统。①学风如此，东林书院曾培养出了一批不畏权贵、刚正廉洁的人物，如杨涟、左光斗等人。明末有不少忠难死节的人物，如范景文、李邦华、倪元璐、刘宗周、黄道周、吴麟征、马世奇等，都是出自东林书院。后世士人也常以东林精神为赞词。

---

① 邓洪波：《中国书院史》，东方出版中心，2004。

第七章

书院精神的创新实践与启示

正如前文所述，书院精神涵盖了独立自主的治学精神、以德育人的人文精神、求真务实的实践精神、兼容并蓄的开放精神、勇担道义的爱国精神等精神内涵，无论其具体内蕴还是实施载体，都是在经年累月的发展过程中形成的文化遗产，更是中华传统绵延不绝的文化弦歌。究其本质，书院精神集中体现了"以文化人""追求知识"的本质内涵，亦体现了对个体德性的深切关注以及对生命价值的永恒探索。无论是从中华传统文化传承的价值取向，还是从教育教学改革的现实需求考虑，传承与发展书院精神都具有非常重要的现实意义。

清末戊戌书院改制，引入西方教育规制，各级书院依照清廷诏令纷纷改制，高等学堂、中等学堂、小学堂应运而生，传统书院实体改为学堂、图书馆、陈列馆、纪念馆等，书院成为历史，但书院精神并未消失与中断，其宝贵的办学经验及优秀的办学传统并未因此消亡，而是在现代高等教育中得以保存。五四运动前后，诸多名师宿儒围绕书院精神开展创新实践，某种程度上推动了书院精神的传承发展，取得了一定的成果。改革开放之后，"国学热"兴起，特别是21世纪以来各类新兴书院相继诞生。时过境迁，社会环境虽已发生巨大的改变，但书院精神仍然值得借鉴与弘扬。在新的时代背景下，探究书院精神的创新实践，理清书院改制以来书院精神的演变路径与现实发展，着力回答书院精神的现代启示、书院精神与高等教育如何契合等诸多时代命题，是回应新时代高等教育发展与书院复兴的现实需要。

第一节　书院精神的创新实践

书院精神的创新实践是指围绕书院精神开展的不同以往的全新探索。兹着重讨论自 1901 年书院改为大学堂以来书院精神的创新实践，主要从书院精神的传承创新、现代大学的价值重建、新兴书院的创新探索等方面进行解读，全面呈现书院精神创新实践的历史经验与当前现状。

一、书院精神的传承创新

自清末戊戌书院改制以来，中国进步教育家与改革家遵循"上法三代、旁采泰西"的基本思路，对高等教育体系进行了持续的改革，日本、德国、美国等国家的大学传统和高等教育体系先后成为我国改造自身高等教育体系的标准模板，书院还未来得及变通，便被新式学堂替代。1901 年清廷下诏，将省城所有书院改为大学堂，标志着持续千年的书院的结束。伴随着 1905 年科举制度废止，新式学堂占据了主流。五四时期，中国实行了十多年的新式教育体制已日渐暴露出不足，教育家与改革家逐步意识到清末的学制改革只是一场形式上的改革，并未使中国教育真正走向现代。"吾国教育界，乃尚牢守几本教科书，以强迫全班之学生，其实与往日之《三字经》、四书、五经等，不过五十步与百步之差"。①西方大学精神与中国文化传统似乎存在着难以逾越的隔阂，这促使他们回到古代书院中去找寻答案，尝试对书院精神进行传承创新，并取得了一定的成果。归纳起来，书院精神的传承创新主要有两种方式：

一种是以遵循古代书院传统为主，对新式学堂持保留意见。其中以章太炎、梁漱溟、熊十力、马一浮等人为代表，他们对清政府书院改制始终持怀疑态度，反对清政府全盘废除书院，推广新式学堂。这一观点在章太炎所作的《与王鹤鸣书》中有所体现，他认为中国之教育不能完全照搬欧美，而应该充分考虑自身的文化特质。而欧美教育之弊，集中体现在两点：一是在教学过程中追求学习效率，忽视自学过程中的自我探索，不利于学生研究能力与实践技能的培养；二是在教学组织形式中大多实行大班制，无法依照学生特性因材施教，不利于完善人格的培育。因而，章太炎更多地模仿古代书院制度，创办苏州章氏国学讲习会（1935—1936），招生讲学。此外亦有新儒家学者马一浮创办复性书院（1939—1948）、梁漱溟创办勉仁书院（1940）、张君劢创办民族文化书院（1940）等办学实践。然而，国学大师们的个人魅力难以阻挡时代变革的潮流。当时的中国，单纯依靠儒家思想不能解决国家发展的现实需要，同时，办学经费不足和学生出路困难等客观问题无法解决，按照古代传统书院模式办学，延续书院精神的尝试最终以失败告终。

另一种即寻求中国书院精神和西方大学制度的融合。其中以陈独秀、蔡元培、胡适、陈衡哲等为代表，主张中国教育要向西方学习，但坚决反对盲目抄袭，全盘西化。一方面积极引入西方现代教育体制，主动吸收西方教育理念特别是实用主义作为中国教育改革的理论支撑；另一方面加强文化反

① 蔡元培：《蔡元培全集》第三卷，浙江教育出版社，1989。

思，深化对中国书院精神的研究，力倡博采中西。陈独秀谈道："我们所以反对旧教育，并不是说西洋来的教育都是好，中国的旧教育都是坏"，"就是研究现在大家所公认的旧教育，只要他方法新，精神新，还是有用的"。①陈独秀主张在现代教育制度的基础上，汲取书院教育传统精华。陈衡哲、任鸿隽夫妇在《一个改良大学教育的提议》中指出："中国书院的组织，是以人为中心的，往往一个大师以讲学行谊相号召，就有四方学者翕然从风，不但学问上有相当的研究，就是风气上也有无形的转移，如朱文公的白鹿洞、胡安定的湖州，都是一例。但是书院的组织太简单了，现在的时代，不但没有一个人可以博通众学，满足几百千人的希望，而现在求学的方法，也没有一人而贯注几百人的可能。"②中国古代书院教育认为人格教育远比知识技术的获得要重要，而西方大学注重技术知识，培养个人德性不是其办学的主要目的。因此，他们希望将中国古代书院传统精神与欧美教育制度相结合。胡适屡屡强调中国的教育改革必须注重方法革新，推行平民主义教育，重视个性发展，认为"一千多年来的书院制度完全推翻，而以形式一律的学堂代替教育……实在是吾中国一大不幸事"③。胡适对完全推翻书院制度表示非常遗憾，同时强调学生应注重自修，指出"灌进去的知识学问是没有多大用处的，真正可靠的学问都是从自修得来的，自修的能力是求学问的唯一条件"④。因此，他们大多建议创设"中体西用"的新式学校，即在形式上借鉴西方现代教育制度，而在实质上传承优秀的书院精神，从而实现中国教育的现代化转型。

虽然众多教育家与改革家已认识到书院精神对于教育改革的价值，重视

---

① 陈独秀：《陈独秀文章选编》上册，生活·读书·新知三联书店，1984。
② 陈衡哲、任鸿隽：《一个改良大学教育的提议》，《现代评论》1925年第2卷第39期。
③ 胡适：《书院制史略》，《东方杂志》1924年第21卷第3期。
④ 蒋梦麟、胡适：《我们对于学生的希望》，《新教育》1922年第5卷第1期。

对书院精神的研究，但仅限于只言片语，缺乏系统的理论论述，付诸实践的更是少数。直到 1921 年 8 月，毛泽东在湖南长沙创办湖南自修大学，书院精神的创新实践正式步入新阶段。正如 1924 年 3 月，毛泽东在写给好友周世钊的信中所言："我们在长沙要创造一种新的生活，可以邀合同志，租一所房子，办一个自修大学（这个名字是胡适之先生造的）。我们在这个大学里实行共产的生活。"[1]湖南自修大学的创新实践，引发社会各界关注，也得到了蔡元培先生的大力支持。他在《新教育》上撰文介绍自修大学，认为它"合吾国书院与西洋研究所之长而活用之"[2]，并向学界推荐《湖南自修大学组织大纲》。《湖南自修大学组织大纲》第一章第一条即明确了办学宗旨："本大学鉴于现在教育制度之缺失，采取古代书院与现代学校二者之长，取自动的方法，研究各种学术，以期发明真理，造就人才，使文化普及于平民，学术周流于社会。"

清末改制后，书院精神成为中国现代大学制度转型的重要依托。五四运动之后，书院精神的回归，实际上源于对西方现代大学制度的反思。教育家与改革家出于教育救国的危机感，主张回归书院精神，以期从书院精神中寻求借鉴，给现实的教育改革提供经验与启示。

二、现代大学的价值重建

书院精神的价值从它的形成之日起，就与教育的本质内涵密切相关。某种程度上说来，只有回答了教育的本质内涵，才能找准书院精神的价值

---

① 中国革命博物馆等编著《新民学会资料（中国现代革命史资料丛刊）》，人民出版社，1980。
② 蔡元培：《湖南自修大学的介绍与说明》，《新教育》1922年第5卷第1期。

定位。只有明确了书院精神在价值重建中存在的问题，才能实现书院精神的复兴。

教育作为一种培养人的活动，其根本目的就是促进人的全面发展，而"人类的特性恰恰就是自由的自觉的活动"①。自觉性是人的本质特性，人只有在拥有个人自主性时，才能在现实世界与精神世界中实现自我建构，成为社会与自身创造价值的自我实现。而一旦丧失人的自主性，人自身之外的他物又会限制个体自主性的发挥，此即马克思所谓人与人本质力量的异化，成为工具人。教育引导着个体的自我建构。卢梭曾言："我们在出生的时候所没有的东西，我们在长大的时候所需要的东西，全都要由教育赐予我们。"②在物质世界与精神世界中的自我建构依赖于人的自主性，更需要用精神来实现建构。为此，个人的自我建构要在其精神生长中实现，而教育既能促进人的精神生长，又需用精神来促进人的全面发展。这也要求教育应该以激发人的自由自主，增强人的自觉性为目的。

中国自进行教育革新、创办新式学堂以来，高等教育始终难脱两大通病，即"模仿主义"和"实利主义"，究其根源在于大学教育的价值缺失。随着现代社会的发展特别是市场化的不断深入，这种教育的"亚健康"状态不断加剧。"模仿主义"简单移植以道尔顿制为核心的西方大学精神与学校规制，未能契合中国文化传统，加之西方大学规制讲求技艺讲授，使现代大学被实用主义和功利主义所控制，制约了人的自主性发展。所谓"实利主义"，是学生以最大限度谋求个人利益作为人生的终极价值。在市场经济的逻辑下，大学日趋职业化，将自身定位于职业训练的场所。钱穆先生曾批判现代大学在办学理念上"仅以实用主义谈教育，必使学者专务于谋出路，寻

① 马克思、恩格斯:《马克思恩格斯全集》第42卷，人民出版社，1961。
② 卢梭:《爱弥儿》，李平沤译，商务印书馆，1999。

职业，自私自利，只图温饱。而整个教育精神，亦必陷于急功而近利，舍本而逐末"①。大学的价值重建已经成为非常紧迫的时代命题。纵观中国书院精神的演变，中国传统书院教育的旨趣在于教导如何做人，着重精神层面的引导与顿悟。因而，大学的价值重建必然要从书院精神中去寻找答案，而书院精神中体现的人文关怀亦是大学价值重建的根本依归。

首先，要用书院精神去重构大学的育人价值。目前，在市场经济的逻辑下，大学日趋职业化，将自身定位于职业训练的场所，大学生更多为一职业而服务，以求生存。而真正的大学，应该着眼于国家与社会需求，不仅要重视学术知识传授，更应该注重个人德性培养，为社会培养出有实践能力与社会担当的好公民，即培养德才兼备、全面发展的社会主义合格建设者与可靠接班人。这意味着"大学不是资格的养成所，大学必须作为精神性的事件，是每个人在灵魂上的自我完善。正是自我灵魂向无限和整全的敞开，一个人才真正亲历了大学，大学才真正作为大学发生在年轻人的生命世界之中。否则，大学不过是一个俗世性的、为文凭而展开的知识训练的场所"②。

其次，要用书院精神去重构大学的求学价值。钱理群先生对此有一段认知，即"经济的发展并没有带来精神的高扬，却陷入了物质主义、实利主义、消费主义、虚无主义、犬儒主义的泥坑，造成了精神的危机"③。这种危机在大学中体现在其越来越多地在培养"精致的利己主义者"，即智商和情商都很高，专业和能力很优秀，但缺乏利他意识与社会担当，仅仅为了成为"成功者"，大学求学价值的问题凸显出来。"为学与做人，乃是一事之两

---

① 钱穆：《文化与教育》，九州出版社，2011。
② 刘铁芳：《大学通识教育的意蕴及其可能性》，《高等教育研究》2012年第7期。
③ 钱理群：《梦话录》，漓江出版社，2012。

面。若做人条件不够，则所做之学问，仍不能到达一种最高境界。但另一面言，训练他做学问，也即是训练他做人。如虚心，肯负责，有恒，能淡于功利，能服善，能忘我，能有孤往精神，能有极深之自信等，此等皆属人之德性。具备此种德性，方能做一理想人，方能做出理想的学问。"①大学应该引导学生树立正确的求学价值观，协调好做人与做学的关系。

最后，要用书院精神重构大学的办学价值。今日大学的办学价值会因时而变，教育目标大多分散多变，以适应时代发展对人才的需求。传统书院的教育理念更多地被束之高阁，甚至边缘化，但传统书院的办学理念对于回归教育本质，抵御现实诱惑，培养德才兼备的人才仍旧具有重要意义。因而，大学必须明确自身办学使命，坚守大学之为大学的价值所在。大学教育并非为了一时功利或需要，也不是为了个人生计，而应该树立更崇高的办学目的，传承书院的办学价值传统，推行以人文精神为核心的"全人"教育，培养人格健全的社会公民，以此延续人类至善的价值，创造人类美好未来。

三、新兴书院的创新探索

基于前文所述，当代书院的兴起，是对用书院精神重构大学价值这一时代命题最好的回应。当代书院伴随着"国学热"而来，旨在汲取中国书院精神，弥补现代教育之不足，重振中国道德风尚。时下新兴书院林林总总，根据书院创办或发起主体的不同，大致可将新兴书院分为高校书院与社会书院。

---

① 钱穆：《新亚遗铎》，生活·读书·新知三联书店，2004。

（一）高校书院创新

香港中文大学于1963年依托新亚书院（1949年成立）、崇基书院（1951年成立）、联合书院（1956年成立）三所书院共建而成，始终秉承钱穆先生创办新亚书院所提出的办学宗旨，即"旨在上溯宋明书院讲学精神，旁采西欧大学导师制度，以人文主义之教育宗旨，沟通世界中西文化，为人类和平社会幸福谋前途"①，将古代书院制度与西方大学住宿学院制度紧密结合，致力于建设集中国文化中的"人文精神"与西方文化中的"博雅教育"于一体的国际性大学。近年来，中国高校创办书院蔚然成风，自2005年复旦大学成立书院之后，清华大学、北京师范大学、西安交通大学、华东师范大学、山东大学、苏州大学等先后进行书院建设，以书院制为核心开展创新探索。目前共有80多所高校实施书院制，在保留书院精神、通识教育、导师制等核心要素的基础上，多元探索，形成了以下几种有代表性的书院创新模式。

1. 以学科人才培养为特色的书院创新模式

此类是以湖南大学岳麓书院推行的书院创新为代表。岳麓书院创建于北宋开宝九年（976），是中国古代四大书院之一。1903年，岳麓书院改制为湖南高等学堂，后发展成为现代化的高等学府——湖南大学，堪称中国书院创新的"活化石"。目前，岳麓书院是湖南大学下属的二级学院，从1990年开始，岳麓书院开始招收历史学硕士生，到2009年，岳麓书院已经形成从本科到硕士、博士、博士后完备的人才培养体系。书院充分利用文化资源优势，将传统书院教育的人才培养理念、教学教育方式融入本科生导师制的

---

① 钱穆：《新亚遗铎》，生活·读书·新知三联书店，2004。

运行之中，为每位本科生配备学业导师、生活导师、班级导师、学术兴趣小组导师，并依托"三祭三礼"、书院义务讲解、国学大典等书院育人资源，着力培养具有书院人文精神的新时代历史学、中国哲学专业人才。

2. 以集中开展通识教育为特色的书院创新模式

此类以复旦大学早期实行的书院制为代表。复旦大学 2005 年成立复旦学院，学院下设志德、克卿、任重、腾飞四个书院，旨在通过在全校本科生范围内分阶段开展通识教育，传承书院精神，提升人才培养质量。复旦大学将全体新生分别划入四所书院，开展为期一年的文理基础、专业基础、综合教育等板块教育，第二年再进行分流，回到各自专业院系进行专业知识的学习。

3. 以培养拔尖人才为特色的书院创新模式

此类书院旨在通过对少数优秀学生实施精英教育，将书院精神贯穿于培养卓越人才的全过程。"一是以浙江大学竺可桢学院（2000 年成立）、四川大学吴玉章学院（2006 年成立）、中山大学博雅学院（2009 年成立）为代表的荣誉学院。浙江大学竺可桢学院第一学年在文、理、工三大类平台上进行大类通识教育培养，第二学年根据学生自己的兴趣、特长确认主修专业后进入专业培养阶段，同时实行导师制。四川大学吴玉章学院一、二年级进行大类通识教育，三、四年级实行宽口径的专业教育。中山大学博雅学院贯彻跨学科、跨领域的教学方式，着重培养从事高深学术研究的人文艺术和社会科学精英人才。二是以苏州大学的唐文治书院、敬文书院（2011 年成立）为代表的实体书院。唐文治书院建立全新的研究型教学模式，以培养复合型、学术型的高端文科人才为目标；敬文书院则以培养具有深厚人文底蕴、创新科学精神、扎实专业知识、宽广国际视野的卓越人才为目标"①。

4. 以全人教育理念为核心的书院创新模式

此模式是以香港中文大学、西安交通大学、复旦大学后期实行书院制为代表的全人教育模式。其中，香港中文大学实行完全形态的"书院制"人才培养，而西安交通大学、复旦大学后期实行书院与学院并行的"双院制"人才培养。香港中文大学以"全人教育"为宗旨，将中西方教育制度紧密结合，以西方的住宿学院为实体依托，实施中国传统书院管理。至 2007 年逐渐发展为 9 个相对独立的书院，围绕"通识教育"创新人才培养模式，将书院打造成为师生共同生活和学习的集体、完整的通识教育课程平台、非形式教育及海外交流资源库，促使学生完善人格、追求真理。西安交通大学从 2006 年起实施书院教育，将学校新生划入书院管理，至 2008 年共有 8 所书院承担学校全体本科生的书院制教育。复旦大学于 2012 年再次进行书院创新，不同于学校前期的书院创新模式，学校更倾向于将书院精神纳入人才培养的全过程，并且形成实体书院，即依据学科和专业将本科生划入 5 所书院，让不同书院的学生真正入住书院。可见，两所大学的书院创新模式是实行书院与学院并行管理，通过四年一贯制的书院通识教育或第二课堂教育，提升学生的综合素质能力，体现全人教育理念。

（二）社会书院创新

除了大学进行书院创新实践外，地方政府、文化机构、企业组织、宗教团体等也纷纷开展书院创新探索。其中有致力于传播中华优秀传统文化的研究机构，亦有商业元素浓厚的总裁班、辅导班、商业楼盘、私人会所等所谓

---

① 蔡俊兰：《继承与创新：香港中文大学书院制研究》，《高教探索》2017年第5期。

的"书院"，泥沙俱下，不一而足。

1. 地方政府参与创办的书院

此类书院以厦门筼筜书院、苏州德善书院为代表。"筼筜书院创建于2009 年，是一所政府主导的书院。它秉承'旧学商量，新知培养'的理念，广邀精英讲授国学要义，开展多层次的国学教育普及、海峡两岸国学论坛以及国学专题研究、经典文集出版等活动，是一个弘扬中华优秀传统思想文化的平台。书院聘请著名学者饶宗颐先生为名誉院长，并延聘海峡两岸百余位知名学者为学术顾问，同时与北京大学、清华大学、台湾大学、复旦大学、北京师范大学等海内外数十所高校、研究机构建立紧密联系，构建学术交流共享的平台。在高端的学术交流研究之外，公益性质的传统文化普及活动也是书院活动的亮点。书院坚持一年三期的'国学经典公益常设班'活动，面向青少年开展国学经典启蒙，面向市民开展国学经典原文的讲习，并且定期举办公益'名家讲座'以及'竹林读书会系列活动'。"①可见，筼筜书院定位为国学普及、研究、交流的公益平台。苏州"德善书院"亦属于此类。

2. 文化科研机构创办的书院

此类书院以北京的华鼎书院为代表。"该书院创办于2009 年，依托北京大学产业与文化研究所、中国社科院经济学部企业社会责任研究中心、首都师范大学国学传播中心的经济、产业、文化、国学等学术平台和专家背景支持，是从事国学教育研究、国学教育、实践和服务、国学教育图书出版的国学专业机构。书院以传承国学、开启智慧、成就人生、奉献社会为宗旨，秉承以三坟文化、儒释道文化为一体的国学文化，倡导人生国学、践行

---

① 赵卫东:《德、才、功: 当代新兴书院的基本精神》,《大学教育科学》2017年第9期。

国学、应用国学、心性国学的国学观。"①这类书院将自身定位为国学教育的研究者、实践者、推进者和服务者，以弘扬中华传统文化，传播国学经典为宗旨。

3. 企业组织创办的书院

此类书院以明伦书院和华商书院为代表。"明伦书院成立于 2005 年 8 月，最早为企业的国学课堂。书院以其丰富的高端学术资源与研发能力，致力于中国传统产业化，搭建以企业家国学书院、国学与企业文化建设、少儿国学、高端文化旅游，以及中国移动国学彩信内容供应、社区文化建设、图书音像出版为核心的综合文化平台。华商书院成立于 2006 年 9 月，由聚成股份公司与中山大学中外管理研究中心联合创办，与中国人民大学国学院合作办学，其定位就是企业高级管理人才的高端国学研修书院。"②

4. 宗教团体创办的书院

以苏州的菩提书院为代表。"该书院位于苏州西园戒幢律寺内，是一个佛学社团，是'引导大众修学佛法、走向生命觉醒的心灵学院'，是开展人生关怀和心灵慈善的精神家园，是面向海内外进行佛教文化交流、弘扬中华传统文化的民间组织。"③这类书院，将宗教教义作为教学内容，将宗教仪式和宗教修炼作为主要教学形式。某种程度上，这种书院更像是冠以书院之名的宗教研究班，但也算是一种创新尝试。

---

① 赵卫东：《德、才、功：当代新兴书院的基本精神》，《大学教育科学》2017年第9期。
②③ 同上。

第二节 对当代高等教育的启示

古代书院虽已成为历史，但书院精神却在创新探索中焕发生机。陈平原在其《大学何为》中指出："谈论本世纪书院精神之不绝如缕，并非完全否定现代大学制度。面向二十一世纪，毫无疑问，现代大学仍是主流。问题在于，传统的书院教育，是否能为我们提供某种思想资源？我的答案是肯定的。"面对当代高等教育发展形势，书院传统中所蕴含的人文精神、治学精神、实践精神、开放精神、爱国精神等内涵，对于重新审视高等教育的不足，推进当代高等教育发展仍有着重要的时代价值。

一、匡正大学的办学定位

高校的办学定位是一所大学发展的压舱石，办学定位高低直接决定了大学发展质量与人才培养水平。当下，新时代高等教育发展与挑战并存，我国高等教育研究专家潘懋元曾深刻地指出，"当前大学正面临着'理念危机'——大学理想的黯淡、大学观念的落后、大学精神的失落、大学形象的扭曲、大学使命的弱化、大学目标的混乱"[①]。对此情形，如何从书院精神中找寻力量，匡正大学的办学定位，显得尤为重要。

（一）树立为国育贤的办学宗旨

一所学校的办学宗旨是其办学定位的核心内容，直接决定了一所大学的

---

① 潘懋元：《多学科观点的高等教育研究》，上海教育出版社，2001。

办学理念与价值取向。古代书院千年的办学历程体现了其为国育才的办学宗旨。朱熹有言："立学校以教其民，……必始于洒扫、应对、进退之间，礼、乐、射、御、书、数之际，使之敬恭，朝夕修其孝悌忠信而无违也。然后从而教之格物致知以尽其道，使知所以自身及家、自家及国而达之天下者，盖无二理。"（《朱子语类》）主张学校教育在于实现修己治人、齐家治国的目标，而不在于个人功名利禄。这种办学宗旨在张栻的《岳麓书院记》得到了更为明确的体现，他提出书院教育之目的非"使子群居佚谈"，"为决科利禄计"，亦非"使子习为言语文辞之工"，"盖欲成就人才，以传道而济斯民也"。将书院办学宗旨明确为培养传道济民的国家人才，而非培养汲汲于私利的空谈家与名利家。

当下，无论是大学"理念危机"，抑或"精致的利己主义者"的问题，根源仍在于大学办学宗旨不明确。习近平总书记在全国高校思想政治工作会议上发表讲话，明确提出："我国高等教育发展方向要同我国发展的现实目标和未来方向紧密联系在一起，为人民服务，为中国共产党治国理政服务，为巩固和发展中国特色社会主义制度服务，为改革开放和社会主义现代化建设服务。脱离了这个最大实际，高等教育就丢失了办学的根本，就很难办好。""四个服务"站在国家与民族的高度，集中体现了培养社会主义合格建设者和可靠接班人的办学初心，也为高校树立办学宗旨提供了明确的方向。不难看出，书院的办学宗旨与社会主义大学的办学方向在"为谁培养人"的根本问题上高度一致，这就需要我们充分挖掘书院精神中蕴含的家国情怀，将古代书院的办学宗旨与现代大学的办学方向结合起来，将培养能肩负国家富强与民族复兴大任的时代新人纳入学校办学章程，真正树立起"为国育贤"的办学宗旨。

（二）培育引领社会风尚的大学精神

古代书院是一个地方学术的中心，是产生和传播新思想的阵地，它对一个地方的社会政治、经济、文化、生活产生很大的影响，具备一种淳风化俗、引导社会文化发展的特殊功能。如何培育积极向上的大学精神，引领健康向上的社会文化发展，这是我国高等教育发展必须考虑的时代命题。大学精神是大学在长期办学历程中积淀形成的价值体系，主要体现在办学思想、群体观念、制度环境和行为准则等方面，是大学存在与发展的文化根基。随着办学环境的不断发展变化，现代大学精神内涵也不断拓展丰富，包含了人文关怀、理性批判、追求卓越和创新探索等。这与书院精神所蕴含的独立自主的治学精神、以德育人的人文精神、求真务实的实践精神、兼容并蓄的开放精神、勇担道义的爱国精神有着太多的内在关联与属性耦合，也为汲取书院精神内涵、培育现代大学精神提供了可能。

当下，伴随着中国市场经济的飞速发展，诸多文化潮流纷繁复杂，大有"乱花渐欲迷人眼"之势，一边是大学精神的缺失，一边是庸俗文化的侵蚀。作为文化建设重要阵地的大学，要以社会主义核心价值体系为指导，从符合中国文化特质的书院精神中去挖掘文化内涵，借鉴西方大学文化精神，结合高校历史和文化差异，培育具有文化特色的大学精神，让大学真正成为引领社会文化的高地，在"百花齐放""百家争鸣"的文化发展繁荣过程中传承中华民族先进文化，自觉抵制庸俗腐朽的思想，大力培养文化传播人才，推进当代文化的健康发展。

（三）完善社会服务功能

古代书院不仅承担着人才培养、学术研究与文化传承的职责，更是通过刻书印书、乡俗教化等形式实现其社会服务功能，特别是明代书院重兴，

"底层民众的身影出现于书院讲堂，森森学府之门得向市井布衣开放"①。书院的发展史上出现了针对普通人的社会宣讲，呈现出满足平民教育需求的积极倾向，此亦成为古代书院社会服务功能的最好体现。

当代高校主要承担了人才培养、科学研究、文化传承创新、社会服务四大基本职能。作为高校四大职能之一的社会服务功能，是人才培养、科学研究、文化传承创新三大基础职能的延续与表现。习近平总书记在全国教育大会上指出，要提高教育发展质量，提升教育服务经济社会发展能力。结合时代背景，这就要求高校积极对接国家与地方经济社会重大发展战略，充分整合校内外资源，建立高校专家智库，为学校和社会在各发展领域提供智力支持。加快世界一流大学和一流学科建设，根据社会发展需要，进一步优化学科结构与专业设置，着力培养社会发展需要的创新型、复合型、应用型人才。同时，积极搭建"产学研"一体化体系，聚集优秀资源，打造科研成果转化平台、创新创业孵化平台、人才培养平台、公共服务平台、公共试验平台、信息化共享平台等，加强校地合作共建，进一步完善高校社会服务功能，全方位提升高校服务地方社会的能力。

二、改革管理机制

高校管理机制是高校实现其内在联系与功能的"中转器"，某种程度上，高校管理机制决定了学校的管理功效和治理能力。自引入西方现代大学管理制度以来，目前高校已经形成了相对完善的治理体系，治理能力也得到很大提升，但高校泛行政化、权力边界模糊等问题依旧存在，而古代书院在大师治校、自主办学、规范管理等方面的经验值得探究与借鉴。

---

① 邓洪波：《中国书院史》，东方出版中心，2004。

（一）坚持"大师治校"的管理理念

中国传统书院实行山长负责制，山长集主要教学者、最高管理者、学术带头人于一身，在人才培养的教育教学、书院运营的日常管理、学术理论的研究传播等方面发挥着主导作用，并始终将学术理论的研究传播作为书院工作的重点，这就对山长的综合素质有较高的要求。通常而言，书院名气大小与山长的任职标准高低是正向相关的。特别是名扬天下的书院，作为当时的思想文化中心，山长大多由名师宿儒担任。历史上众多大师也都曾担任山长，如朱熹执掌白鹿洞书院、张栻执掌岳麓书院、陆九渊执掌象山书院、吕祖谦执掌丽泽书院等，大师精神风范融入书院管理中，深深影响了书院的办学特色。正如梅贻琦先生所言："所谓大学者，非谓有大楼之谓也，有大师之谓也。"大师大多崇尚学术研究，师生自然从善如流，其治下的书院大都成为当时的思想文化交流中心。

陈衡哲、任鸿隽夫妇在《一个改良大学教育的提议》中特别重视中国传统书院的精神，"我们以为当参合中国书院的精神和西方导师的制度，成一种新的学校组织"。书院传统中的"大师治校"是最适合与西方"教授治校"制度相结合的精神内容。无论是作为学术研究机构的书院还是现代大学，其内部均存在学术权力与行政权力的相互交织，而"大师治校"确立了书院学术权力至上的原则。这不仅是出于对知识人才的尊重，更符合书院学术机构的发展趋势。无论是古代书院还是现代大学，其学术研究都来源于知识的传承创新与理性批判，这就要求从业人员具有较高的学术能力，只有经过学术训练的学者才能担此重任。大师作为学者中的佼佼者，有着非凡的学术能力与人格魅力，更适合掌管书院，扮演重要角色。

无论是过去、现在还是将来，大师治校一直是高校管理最理想、最美好的形式，也应该是高校始终坚持的管理理念。它保障了学者的基本权利，保证了学术研究的有序进行，确保了高校的良性运转和健康发展。

（二）探索独立自主的管理模式

古代的书院，最早就是独立于官学之外的民间教育机构，属于民间办学范畴，多由私人创办，学者自由讲学其中，其与生俱来的民间性决定了它拥有较大的办学空间，并在人员选任、学术研究、自主管理等方面有着较大的自由度。

一是在人员选任上，书院的管理实行山长负责制。山长（或称洞主、堂长、山主等）既是书院主要管理人又是课业主讲人，管理人员除山长外，有的还设有副山长、助教、讲书等，协助山长管理书院教育教学等事宜。"书院还鼓励学生自理并参与书院的管理乃至教学工作。例如书院的管干、司计、掌持等多在肄业生中择优选拔，这些担任职事的学生被称作'职事生员'。"[①]书院管理队伍也比较精干高效，教学、研究成为管理服务的中心。同时，山长的聘任具有一定的独立性。如长沙《云山书院章程》规定："院长为士林楷模，必择本邑宿学名儒，预年由地方官聘，择期释奠，届期首事备舆迎接。"[②]可见，书院院长需由地方政府官聘，聘后接受差遣，但聘任需遵从"术业有专攻，德高而望重"的书院标准，同时遵照书院的规章制度进行。这既保证了书院山长的综合能力水平，也使得山长不易受外界因素掣肘，在日常管理与教学管理过程中保持相对自主性。

二是书院具有较大程度的学术自由。纵观中国书院史，中国自宋以后"国内的最高学府和思想渊源，惟书院是赖"[③]，各种私家之学率以书院为中

---

① 李晴：《书院的现代意义研究》，《河南教育学院学报（哲学社会科学版）》2004年第9期。

② 邓洪波主编《中国书院学规集成》第二卷，中西书局，2011。

③ 胡适：《书院制史略》，《东方杂志》1924年第21卷第3期。

心，在书院内自由研究和讲学，在社会上独立发展，形式多样，蔚为风尚。因此认为"学问一途能离国家制度而独立，是其良者也"[①]，只有书院具有一定的独立性与自主性，才能保持书院的学术创新活力。

三是书院在一定程度上的管理自主。书院制度能够绵延赓续的重要原因，在于它有着较为稳定的经济来源。经济独立是书院能够自主管理的前提。书院经费来源广泛，官赐学田房屋、名人捐款捐物等构成了其经费的主要来源，此外，书院山长亦能自筹办学经费，形式灵活多样。其中，学田是书院赖以生存和发展的基础，构成了书院最为稳定的院产资源，为书院的教育教学和学术的自由独立提供了重要保障。同时，政府通常会保护学田免遭侵占，这亦减少了书院对外界的依赖。由于田产为书院持久生存和发展提供了可靠的经济保证，书院得以在山长选聘、生徒管理等方面相对不受官府管控，拥有一定的自主权。

因此，在新时代背景下，探索独立自主的管理模式关键在于坚持和完善党委领导的校长负责制，进一步厘清学术与行政权力边界，改革高校人事管理机制与经费保障机制，保证高校相对独立的办学空间，创新与完善中国特色现代大学制度，推进高校治理体系和治理能力现代化，进一步提升高校治理效能。

（三）健全严格规范的管理制度

书院精神能够历久弥新，根源就在于书院堪称"永恒"的精神及维持精神的制度保障，书院精神亦如数体现在其颁布的学规与章程之中。书院学规繁多，主要分为三类：一是确立了办学宗旨，宣示书院教育方针；二是规定修身养性、日用伦常的规范；三是读书治学的经验方法。如朱熹的《白

[①] 蒋百里：《今日之教育状态与人格》，《改造》1921年第3卷第7期。

鹿洞书院揭示》，分"五教之目""为学之序""修身之要""处事之要""接物之要"，被宋理宗抄录作为南宋国子监的学规，并颁行天下，成为指导国家文化教育事业发展的准则。书院章程不同于学规的远大追求，其强调可操作性，内容多是具体的硬性规定规章，日常管理的细致做法。比如山长的择聘、待遇、责任，生徒的甄别、录取、分级、考课，教材的选择、教学组织、课程设计、课时安排，讲会的组织、程序、仪式、日期、会讲内容，经费的筹措、管理与开支，图书的征集、整理、编目、借阅，员工的配备、责任、工食，书版的校刊、印刷等，起到维系书院正常运作的作用。

书院的学规与章程是实现规范化管理的制度保障。书院所订学规、章程为师生提供了共同的思想目标与行为准则，要求师生共同遵守、互相监督，将书院日常运行与管理纳入了制度规范的范畴，健全的制度管理为古代书院的发展提供了和谐稳定的环境。当前，随着我国高等教育管理体制改革不断走向深入，逐步由宏观步入微观，高等教育处于突出内涵式发展阶段，体制机制创新无疑是十分突出的任务和目标，必须牢牢树立依法治校、依规治校的意识，进一步改革大学管理制度，汲取书院制度精华用以完善大学制度建设，特别是制订、完善适应时代需求的制度行为规范，建立健全管理体制和运行机制，促进高校各项工作的有序发展。

三、创新人才培养模式

古代书院不同于一般官学，在人才培养模式上有更多的自主探索空间，并且在教学方法、治学精神与培养方式上积累了很多优秀经验，这也为新时代高校创新人才培养模式，提升人才培养质量提供了丰富的经验。

（一）实行自由思辨的教学方法

古代书院注重培养生徒的思辨能力，虽然书院在日常教学中主要传授本门派的学术思想，但又提倡破除门派之见，在讨论和诘难的过程中开展学术交流，正如胡适所谓"书院之真正的精神惟自修与研究，书院里的学生，无一不有自由研究的态度，虽旧有山长，不过为学问之顾问"①。书院教学以学生自修研究为主，教师讲学指导为辅，老师只是学问上的顾问，做指导性教学，着重于启发学生自主学习与思辨思维。自修与辩论是书院的主要教学方法。讲会则是书院的一项常规教学活动。即每次将教学活动设定成一个主题，主讲者阐述个人看法，然后生徒听众进行问难、质疑、讨论，以此激发对问题的思考，实现教学相长。师生相互交流切磋，吸收不同的学术观点，深化学术思想，极大地丰富了教学方式，提升了书院的学术创新活力。

除"讲会"外，中国古代书院之间更推行"会讲"制度，即邀请不同学派的大师来院讲学，通过参与会讲老师的辩论，展现不同老师的观点，实现课堂教学的目的。其中，朱熹和张栻的"朱张会讲"、朱熹和陆九渊的"鹅湖之会"是典型代表。正是在书院相对自由的氛围之中，不同等级、资历、年龄的群体紧紧围绕学术观点开展学术争鸣，由此拓展学生视野，激发其思维活力，促进其思辨精神与思维能力的提升，让书院真正成为多元思想的"汇集地"，保障书院的学术创新能力。这对学术研究至关重要。

目前，中国大学教学大多以传授知识为主，以灌输注入式为主，忽视了培养学生解决问题的能力，忽略了学生自主学习的教学模式，约束了学生的自主创造能力与主体个性，不利于时代不断变化发展的需要。因此高校要构建以学生为主体的教学模式，变教师主体型教学模式为教师主导型模式，将

① 胡适：《书院制史略》，《东方杂志》1924年第21卷第3期。

学生个人读书钻研与师生自由研讨相结合，创新课堂教学环节，增加师生互动交流，努力调动学生的积极性和主动性，注重培养学生的自学能力与批判性思维，提升学生的创新实践能力。

（二）坚守求真务实的治学精神

古代书院非常强调务实求真，即崇尚务实、反对空谈，强调言行一致，力戒空谈浮言。求真务实既是书院衡量优秀人才的重要标准，也是办学治学的教育理念与学术传统。岳麓书院倡导"务实学""通实务""重践履"，并制匾额悬挂于书院讲堂之上，体现了其"实事求是"的办学准则。胡适在其《书院制史略》中提到，"在清朝时候，南菁、诂经、钟山、学海四书院的学者，往往不以题目甚小即淡漠视之，所以限于一小题或一字义，竟终日孜孜，究其所以，参考书籍，不惮烦劳。"①书院学人刻苦钻研、殚力著作、讲学不休、写作不辍，将这种求真务实的治学精神体现得淋漓尽致。纵观千年，作为学术研究机构的书院，始终将求真务实作为自身的核心理念，并在此基础上形成了求真务实的精神传统，具体涵盖了实事求是的思想方法、学贵力行的治学风格与追求真理的实践品格等。

求真务实的治学精神不仅是中国传统文化中别具特色的教育传统理念，也是推动中国古代思想文化实现现代化转型的精神力量，且已经融入现代的思想文化之中。"其价值内涵如'实事求是'经过理论提升与实践发展，已经成为马克思主义的科学方法论，同时也成为中国共产党的思想路线。"②至于其"学贵力行""追求真理"等思想更是与"实践论""认识论"有着深刻

---

① 胡适：《书院制史略》，《东方杂志》1924年第21卷第3期。
② 周守红：《中国传统书院的办学理念及其对现代大学的启示》，《科学社会主义》2009年第6期。

的联系，并作为改造世界的重要理论武器正焕发出生机与活力。

因此，在科技高度发展的智能时代，人类对知识、规律与未知的探索越来越深入，求真务实的治学精神显得愈发重要。作为知识传承与创新的重要场所，高校更应当树立求真务实的治学精神，强调知识追求与世界未来发展、人类福祉相关联，追求真知、尊重规律、探索真理应该成为高校科研工作者普遍认同并努力追求的价值目标。

（三）推行潜移默化的影响模式

古代书院通过师生关系、游学实践、学习环境等多方面对生徒进行影响，产生了很好的教育实效。这种潜移默化的教育模式值得当代高等教育借鉴。

一是培育亲密无间的师生关系。古代书院倡导自由择师，学生往往因志趣相投、感其道义而择师从之，师生之间多以君子相交、道义相守、真诚相待，大都能保持良好的师生关系。同时，书院实行导师负责制，要求教师从读书、践履、修养等方面对生徒开展全方位、个性化指导。师生成为共学之友，能有效克服学校里"教师抱一个金钱主义，学生抱一个文凭主义"的倾向。梁启超先生曾指出："教者与学者关系之浅薄，诚近世教育之大缺点，不能讳也，故此种教育，其弊也，成为物的教育，失却人的教育。"①当代大学应鼓励老师通过师生间面对面的交流，影响学生品格的塑造、兴趣的培养及生活习惯的养成，全方位构建言传身教、教学相长的人文环境，对学生学习、生活、思想实行个性化的指导。

二是书院注重"游学"等"非形式教育"，提升学生的人生阅历、自信心、责任感和沟通技巧。书院"课程简而研讨周，可以优游暇豫，玩索有得"。书院功课和考课安排不多，攻读任务不重，生徒拥有相对充足的自由

---

① 梁启超：《自由讲座制之教育》，载《饮冰室合集》，中华书局，1936。

时间，或阅读自修、凝神思索，或广交学友、共同研究，抑或流连山水、游学实践，形式多样，收获各异。正如毛泽东在《沁园春·长沙》中所言："携来百侣曾游，……指点江山，激扬文字。"毛泽东、蔡和森、萧子升等青年学子对古代书院生活十分向往，极力开展"大规模之自由研究"。毛泽东与萧子升更是在1917年暑假完成了对湖南农村的游学调研。可见，"非形式教育"较之课程教育，在培养综合性人才，实现人文教育与专业教育的均衡发展方面有着巨大的优势。

三是提供良好的学习成长环境。古代书院大多择名山大川而建，幽静的自然环境既为专心读书、潜心作学提供了好场所，又为返璞归真、陶冶性情营造了好氛围。同时，通过精心设计其人文环境，书院展示其历史文化积淀，激发学生的认同感，发挥书院的隐性教育功能。值得一提的是，书院隆重的祭祀仪式是书院教育的重要内容。每个书院各有不同的祭祀对象。不同的祭祀对象代表了书院不同的价值追求，书院通过祭祀达到了明确道统、树立价值的目的。另一方面通过祭祀引导生徒对先贤产生敬仰之情与效仿之意，并在学习与生活中予以践行。如岳麓书院扩建时，在书院文庙及专祠各处"塑先师十哲之像，画七十二贤"，让生徒于日常观览中产生"入其堂如见其人"的强烈心理效应，隆重的祭祀仪式更引得生徒争相体悟先贤精神而仿效之。再者，书院学生实行混合集居模式，书院本身既是学习之所又是生活之地，是一个集住宿、生活、学习、娱乐、成长于一体的温馨家园，为学生提供了多样化、多渠道、多类型的学习平台。

四、注重完善的人格培育

中国古代书院始终追求"求学"与"悟道"的统一，将"作学"与"做人"相结合，融德性与学问为一体，在关注知识传授的同时，更重视生徒德育，把道德培养作为书院教育的根本目的，强调"学以明伦""学以成人"，推崇成人教育，涵养个体德性，注重完善的人格培育。

（一）明确"德育为先"的培养目标

古代书院教育继承了儒家重视道德教育的传统，始终将德育作为首要培养目标，以教生徒"明乎人伦""传道济民"为其根本办学宗旨，无论是山长选聘、生徒管理，抑或日常教学管理以及学规章程、书院环境建设等，都以道德培育为依归，此在历代书院教育实践中得到了很好的印证。如湖湘学派的创始人胡宏曾明确提出，书院的教育宗旨在于传承道义，培养体用结合的人才。"有体"即具备较高的道德素质，成为有完善人格的君子，"有用"即将毕生所学用作经世济民。他认为书院开院讲学的目的，首先在于使个体"明义理""定心志"，具备一定的道德观念后，才能实现治国安邦的更高目标。又如胡宏先生高足、曾主教岳麓书院的张栻亦把道德培养当作书院教育的首要目标，认为"孩提之童，莫不知爱其亲；及其长也，莫不知敬其兄……迁于物欲而天理不明，是以处之不尽其道，以至于伤恩害义者有之。此先王之所以为忧而为之学以教之也"[①]。在他看来，书院必须通过道德教育，让人们懂得纲常伦理，并将其内化为自己的道德信念与价值准则。朱熹主张"教人为学之意，莫非使之讲明义理，以修其身，然后推以及人"。他认为书院的人才培养目标，不仅是传授知识，更在于使人明白做人的道理，并将"修己"视作教育的初级目标，而后依靠这种人格力量影响周围群体，进而建立和谐的社会秩序。

书院"德育为先"的育人理念不仅体现在名师宿儒的办学理念中，更体现在书院学规章程之中，对学生品德修养、待人接物和言行举止的具体要求

---

① 张栻：《南轩集》卷十五，上海古籍出版社，2003。

尽收其中。其中清代的《岳麓书院学规》，十八条中的前九条都是强调道德修养的重要性，并从省问父母、恭谒圣贤等思想方面到举止、服食、行坐等行为方面提出具体要求。历代书院教育家重视道德教育，在办学历程中生成了书院的德育理念，对后世产生了深远影响。

当前，我国的高等教育偏重于知识技能传授，忽视道德规范的培养。学生偏重于书本知识的学习，忽视课外生活的实践，解决实际问题的能力不强，造成了"高分低能""精致的利己主义者"等人格不健全的现象。当代人格教育理念、素质教育理念都反映了这种回归人本的趋势，重新定位"德育为先"的培养目标，回归教书育人的基本规律，注重完善的人格培育，加强对学生日常行为的规范和品格的培养，协调好知识、能力、人格三位一体发展，对于落实立德树人的根本任务具有重要意义。

（二）发挥"人师"的引导作用

古代书院特别重视教师的道德修养对生徒成长的示范激励作用，要求教师不仅在知识修养上，而且在道德行为上都必须成为学生的榜样，以更好地发挥示范作用与社会教化功能。

一是高标准聘请"人师"。书院认为山长的学识水平与人格品行直接关系到书院的声誉与水准，因而对山长的聘请要求较高，尤其在能力与品行等方面都有着极高的要求，学问之深与品行之优是书院山长获聘的必备条件。清代要求"凡书院山长，必选经明行修，足为多士模范者，以礼聘请"，"不拘本省邻省，亦不论已仕未仕，但择品行方正，学问博通，素为士林所推重者，以礼相延，厚给廪饩，俾得安心训导"[①]。可见，古代书院以经明行修为第一要义，以品德高尚为第一标准，注重"品"与"学"，而非科名次第、

---

① 杨布生：《岳麓书院山长考》，华东师范大学出版社，1986。

官位高低，其实质在于给生徒的道德培育提供师资保障与模范榜样。

二是在从师从游中实现教化。古代书院教学团队一般以山长、堂长和掌教等为核心，而山长更是书院的核心人物，以经师而兼人师，以言传而兼身教，他们"对于课程有详细的指导，有定期的讲演；对于作文有精细的批改；对于行为有适当的指导，均以适合个人的需要为主"①。以山长、堂长等为代表的教师是生徒最为亲近的道德榜样，其严谨的治学方法、深厚的学术底蕴、高尚的道德品行深刻影响甚至决定了学院的办学质量与生徒的道德水平，如梅贻琦先生所言："中国古代读书人是从师、从游、从夫子游。大学好像一池水，师生们好像一群鱼，鱼在水里面游，大鱼那就是老教授，大鱼在前面游，小鱼在后面跟，游着游着，小鱼就变成大鱼，这个时候教育就成功了。"因此现代大学应该培养自己的大师、名师，充分发挥大师的引领作用，用学术思想与品格风范去感染学生，促使学生产生对理想人格的不断追求。

三是强调群体道德示范。朱熹制订的《白鹿洞书院揭示》，要求书院所有师生共同遵守。教师要特别重视身教，以"人师"自勉，不断加强自身道德修养。此外，古代书院不仅注重山长的道德示范作用，还特别重视其他成员的榜样示范作用。如清代阮元曾在学海堂推行八学长共同讲学的管理制度，即在肄业生徒中选拔代表担任学长，协助开展书院教学工作，并对学长的选聘有着严格要求，"向来共举学长，固推文学，尤重乡评。至专课肄业生，既设堂中公议，选定生徒已极严，拟补学长当倍慎，嗣后保举学长先求素行无玷，然后论其人才，永不改更，以符旧约"（《学海堂专课章程》）。由品学兼优的学长辅助老师对年资较浅的学生进行指导，这种学长制对现代大学完善全员育人机制很有借鉴性，香港中文大学、湖南大学等高校相继推行

———————
① 杨金鑫编著《朱熹与岳麓书院》，华东师范大学出版社，1986。

学业导师、生活导师、班级导师与学习兴趣小组导师等导师制就是对其的继承和发展。

（三）推行系统化的德育实施体系

书院教育高度重视德性培育，在继承与创新儒家教育理论的基础上，形成了一整套有计划、有内容的德育实施体系，具备了制度化、可操作的德育管理的理论与方法，在培养书院人才、化育人生等方面发挥了重要作用。

一是把握德性培育的发展规律。古代书院将德性培育视作生徒完善人格、不断生长的过程，也是"知、情、意、行"四个要素协调统一的过程，准确把握了个体德性渐进发展、相互联系的动态发展规律。为此，书院形成了一整套完整的德性培育体系。通过会讲、讲学等形式开展德性课程，要求生徒全面学习"四书五经"、古代历史典籍等儒家经典著作，充实道德知识，塑造个体人格；通过游学实践、祭祀习礼、广交朋友等方式丰富道德情感体验；鼓励生徒在生活中加强自省顿悟，积极克服困难，砥砺道德意志；最后，引导师生躬行践履，勇于知行实践，促成道德行为。这一过程遵循了个体道德品质形成和发展规律，将形式教育与非形式教育、知识传授与行为实践相结合，对现代高校的德育工作有很强的借鉴意义。

二是开展分层次的德性教育。书院教育家吸取了循序渐进的教育理念，根据生徒不同年龄阶段的认知水平和思维发展特点，制定了由低到高、由浅入深、由表及里的分层次德性培育法，为书院德育实践提供理论支撑。其中，张栻最早提出"分年"德性培育方法，他将书院教育划分为"小学"和"大学"两个层次，分别制定不同的德育目标与德育内容，并根据生徒的年龄将其归入相应的层次。朱熹在此基础上，更加系统地提出了"分年"德育法，加强德育效果。他强调"小学"阶段德性教育应该从日常生活细节、从待人接物之道做起，学习待人接物、言谈举止及饮食起居等最基本的礼仪规范，将"小学"阶段目标定为"学其事"。"大学"阶段德性教育则注重身心发展，提升分析判断能力与逻辑思维能力，使生徒明白为什么要按照社会道德规范去行动，即"穷其理"。最终达到德性培育的终极目标"成圣贤"，亦即"学者大要立志，才学，便要做圣人是也"①。"分年"德育法的出发点与终极目标在于要生徒"学做圣人"，并引导生徒实现"人人皆可为圣贤"的远大志向。

三是实行分类指导的道德教育。书院教育特别强调在道德教育中，根据生徒的天资、个性、优缺点等，进行因材施教式的道德教育。做好德育要充分考虑先天遗传、家庭影响以及个人生活环境等影响因素，根据生徒个性特征，针对性加以引导。同时，根据性情差异，充分发挥各自所长，针对个性薄弱处开展道德教育，弥补生徒个性发展之不足。依据生徒优缺点，及时指出德育过程中发现的生徒缺点不足，充分发挥生徒的优点长处，从而逐渐提升生徒个人道德水平。

---

① 黎靖德编《朱子语类》卷八，中华书局，1986。